Tornar-se Transpessoal

Dados Internacionais de Catalogação na Publicação (CIP)
(Câmara Brasileira do Livro, SP, Brasil)

Boainain Jr., Elias
    Tornar-se transpessoal: transcendência e espiritualidade na obra de Carl Rogers / Elias Boainain. – São Paulo: Summus, 1998.

    Bibliografia
    ISBN 978-85-323-0683-8

    1. Psicologia humanista 2. Psicologia transpessoal 3. Psicoterapia centrada no cliente 4. Psicoterapia transpessoal 5. Rogers, Carl R., 1902-1987 I. Título. II. Título: Transcendência e espiritualidade na obra de Carl Rogers.

99-2706   CDD-150.198

Índices para catálogo sistemático:
1. Abordagem transpessoal rogeriana: Psicologia transpessoal 150.198
2. Psicologia transpessoal rogeriana 150.198
3. Rogers, Carl R.: Abordagem transcentrada: Psicologia transpessoal 150.198

www.summus.com.br

Compre em lugar de fotocopiar.
Cada real que você dá por um livro recompensa seus autores
e os convida a produzir mais sobre o tema;
incentiva seus editores a encomendar, traduzir e publicar
outras obras sobre o assunto;
e paga aos livreiros por estocar e levar até você livros
para a sua informação e o se entretenimento.
Cada real que você dá pela fotocópia não autorizada de um livro
financia um crime
e ajuda a matar a produção intelectual de seu país.

Elias Boainain Jr

Tornar-se Transpessoal

Transcendência e Espiritualidade na obra de Carl Rogers

summus editorial

TORNAR-SE TRANSPESSOAL
Transcendência e espiritualidade na obra de Carl Rogers

Capa: Tereza Yamashita
Editoração: Acqua Estúdio Gráfico

Summus Editorial

Departamento editorial
Rua Itapirucu, 613 – 7º andar
05006-000 – São Paulo – SP
Fone: (11) 3872-3322
Fax: (11) 3872-7476
http://www.summus.com.br
e-mail: summus@summus.com.br

Atendimento ao consumidor
Summus Editorial
Fone: (11) 3865-9890

Vendas por atacado
Fone: (11) 3873-8638
Fax: (11) 3873-7085
email: vendas@summus.com.br

Impresso no Brasil

A Carl R. Rogers

Tenha certeza que nossas experiências terapêuticas e grupais lidam com o transcendente, o indescritível, o espiritual. Sou levado a crer que eu, como muitos outros, tenho subestimado a importância da dimensão espiritual e mística.

[...] a grande vantagem da aprendizagem centrada na pessoa, que nos impele para além do que sempre sonhamos, para áreas nas quais jamais havíamos esperado chegar.

Carl R. Rogers

Agradecimentos

Numerosas foram as pessoas que, de variadas e inestimáveis formas, colaboraram para a realização do trabalho que resultou – entre outras coisas não menos importantes – na elaboração deste, que é meu primeiro livro. A ajuda recebida foi tanta que, agora, na hora em que me compete publicamente agradecê-la, opto por evitar as citações nominais, por receio de cometer injustiças decorrentes de alguma eventual e involuntária omissão. Contudo, mesmo privilegiando as referências genéricas e anônimas, quero aqui registrar meus particulares agradecimentos a:

Meus pais, meus avós, meus filhos e demais pessoas com quem tive um convívio familiar íntimo e continuado. Cada qual, de maneiras inteiramente distintas, influenciou meu jeito de ser e minha personalidade, modelando, inspirando, despertando ou exercitando qualidades que foram essenciais na realização deste trabalho.

Meus professores, próximos ou distantes que, em diferentes estágios de meu aprendizado, desvendaram-me a riqueza da psicologia e da tradição espiritual, da abordagem centrada na pessoa e da psicologia transpessoal.

Meus colegas rogerianos que, com seu incentivo, interesse, diálogo, solidariedade, compreensão e colaboração facilitaram variadas etapas do desenvolvimento deste livro.

Meus alunos, meus clientes, colaboradores e participantes das primeiras experiências com os *Grupos Transcentrados*, assim como os colegas e amigos, e todos aqueles que têm-me ajudado a descobrir e a experimentar na prática as possibilidades fascinantes do *tornar-se pessoa* e do *tornar-se transpessoal*.

Meus colegas *pajés* e demais participantes, voluntários ou involuntários, da *incrível barca da Pajelança Holográfica*, uma história que, algum dia, ainda vou conseguir contar e que foi crucial em determinada fase deste estudo.

As instituições com as quais estive envolvido no período em que elaborei este texto e que me forneceram espaço e subsídio para poder desenvolvê-lo. Agradeço, especialmente, à Universidade de Taubaté, onde leciono; ao Instituto de Psicologia da Universidade de São Paulo, onde sigo meus estudos de pós-graduação; e à Summus Editorial que, agora, me dá a oportunidade de tornar público este escrito.

Agradeço, enfim, a todas as pessoas, ou outros tipos de seres e formas de consciência que, de uma maneira ou de outra, colaboraram na realização deste trabalho.

E, sobretudo, agradeço a Deus, que não me desamparou nos momentos difíceis em que a Ele recorri durante a execução desta tarefa, e a Quem, em última instância, "toda honra e toda glória" são devidas. Queira Ele continuar me guiando, inspirando, defendendo e abençoando em todos os passos e momentos de minha vida, e possa eu, de maneira cada vez mais plena, verdadeira e consciente colocar-me a Seu serviço e entregar-me a Seu Amor.

Sumário

Introdução 13

Parte I: O Contexto

1. A Psicologia Humanista 23
   Histórico 23
      O nascimento da psicologia humanista 23
      Principais influências e adesões 24
      A questão da *contracultura* 28
   Características 29
      Temática privilegiada 29
      Visão de homem 31
      Modelo de ciência 34
      Métodos e técnicas 37

2. A Psicologia Transpessoal 41
   Histórico 41
      Antecedentes 41
      A emergência da psicologia transpessoal 43
   Características 48
      Temática privilegiada 48
      Modelo de ciência 53
      Visão de homem 60
      Métodos e técnicas 70

3. A Abordagem Centrada na Pesssoa 77
   Desenvolvimento 77
      Os anos iniciais: propondo uma *terapia não-diretiva* 79
      Os Anos de Chicago: estruturando a terapia centrada no
        cliente 81
      Wisconsin: desenvolvendo uma *terapia experiencial* 83
      Os primeiros anos na Califórnia: a explosão dos grupos
        de encontro 86
      A última década de Rogers: aprendendo com os *grandes*
        grupos 89
   A tendência mística e espiritual da última fase 92
      ACP: psicologia humanista ou transpessoal? 92
      Uma tendência importante? 95

Parte II: A Configuração de uma Tendência

4. Uma Nova Visão de Mundo (e a visão de uma nova pessoa) .. 107
   Um panorama de crise e mutação 107
   Mudanças no paradigma científico: uma nova visão de
      mundo para a ACP 110
   Mudanças nas pessoas: por uma abordagem centrada na
      "pessoa emergente" 117
   "Novo mundo", "Nova pessoa"... uma "*Nova ACP*"? 124

5. Novas – e Inesperadas! – Dimensões da Vivência 137
   Grandes grupos: onde a consciência transcende o
      individual 140
   Terapia individual: onde o aprofundamento em si mesmo ....
      transcende o pessoal 159

6. Um Novo Jeito de Ser 175
   Um estado de consciência especial: "*ligeiramente alterado*"
      ou transpessoal? 180
   Sendo transpessoal num mundo transpessoal: um jeito
      transpessoal de ser 191
      Uma nova qualidade de intuição 195
      Do *poder pessoal* ao *poder transpessoal* 208

7. Novas Bases Teóricas: o Transpessoal como Centro 219

Um fundamento teórico transpessoal 219

Do *tornar-se pessoa* ao *tornar-se transpessoal*: uma nova
visão de homem para a teoria de personalidade 223

Uma teoria transpessoal de motivação, desenvolvimento e
evolução 224

Um conceito transpessoal de consciência e identidade 232

Do *centrar-se na pessoa* ao *transcentrar-se*: uma nova teoria
para a terapia 244

Conclusão. Uma nova identidade: a emergência de uma
abordagem transpessoal rogeriana 262

Referências Bibliográficas 277

Introdução

Este livro enfoca os elementos de teor místico, transcendente e espiritual que emergem como uma das tendências marcantes na última fase do pensamento de Carl R. Rogers (1902-1987) e no desenvolvimento recente da *Abordagem Centrada na Pessoa*, por ele criada.

O trabalho de Rogers, nos últimos anos de sua vida (entre meados das décadas de 1970 e 80), distingue-se, a meu ver, do restante de sua obra por três grandes características ou tendências. A primeira delas, em grande parte associada às duas outras, que marcam esse período, diz respeito ao desenvolvimento de aplicações de sua abordagem ao trabalho com *grandes grupos*, também chamados de *workshops* de aprendizagem comunitária ou comunidades de aprendizagem, inovação metodológica introduzida em meados da década de 1970; na qual Rogers esteve prioritariamente envolvido, desde então, em suas atuações práticas de trabalho com pessoas e nas propostas de utilização de sua abordagem. O segundo grande interesse e temática que o envolveu no período examinado diz respeito à conscientização da perspectiva política e do potencial transformador das relações de poder, inclusive no nível transcultural e socioplanetário, que passa a enxergar e a visar como aspecto intrínseco a abordagem centrada na pessoa, sobretudo a partir e em conseqüência do seu trabalho com os grandes grupos. A terceira tendência, que emerge nesse último período de sua vida, relaciona-se à aparentemente deslocada – dada a ênfase humanista e científica de sua trajetória anterior – inclusão de temáticas místicas, de teor espiritualista e transcendental em diversas de suas reflexões; tendência esta em que é acompanhado por alguns de seus colaboradores e seguidores. É esta última tendência que será visada como tema e objeto de estudo deste livro.

O tema é pouco estudado e bastante controverso entre os raros autores rogerianos que examinam mais atentamente a questão, dedicando a ela – ou mais freqüentemente a um ou outro de seus aspectos – algum artigo ou comentário. No geral, no ambiente acadêmico ou profissional mais estrito, essa tendência tem sido ignorada ou apenas muito superficial e perifericamente abordada. Naturalmente, a maioria dos *rogerianos* razoavelmente informada conhece colocações de Rogers ou de outro autor vinculado à sua abordagem, com esse teor temático, assim como reconhece, com simpatia ou desgosto, que tal assunto tem tomado vulto nas últimas décadas do desenvolvimento da abordagem centrada na pessoa. Mas, pelo que observo, esses trechos ou textos, tomados isoladamente, são vistos como pouco mais que exageros retóricos, divagações filosóficas, curiosidades "modísticas", interesses periféricos ou idiossincráticos de determinado autor, propostas descaracterizadoras ou dissidentes, ou mesmo excentricidades senis de Rogers, a serem caridosamente ignoradas.

Alguns motivos podem ser sugeridos para explicar a superficialidade e mesmo o descaso com que tem sido considerado e examinado esse aspecto tão significativo e inesperado da obra mais recente de Rogers. Talvez isso se dê porque tal tendência se encontre diluída em trechos esparsos, não-articulados e, muitas vezes, pouco conhecidos de uma vasta, variada e relativamente recente produção científicoliterária. Talvez porque apresente aspectos um tanto incômodos à respeitabilidade científica e ao espaço como escola influente que a abordagem centrada na pessoa conquistou, graças a décadas de trabalho sério, consistente e eficiente. Talvez porque sejam vistas como colocações enigmáticas feitas por Rogers no fim de sua vida e que, com sua morte, seja considerado impossível esclarecer o que, de fato, pretendia com elas. Ou, ainda, porque aparente ser uma temática de difícil integração, ou mesmo incompatível, com o todo articulado, coerente e harmonioso do restante de sua obra, sendo que, a simples possibilidade de uma consideração mais aprofundada do assunto pode ser percebida como uma ameaça à própria integridade estrutural da abordagem centrada na pessoa. Ou, até mesmo, simplesmente porque o *establishment* da comunidade centrada na pessoa não veja com bons olhos esse tipo de temática e de interesse, não desejando estimular ou dar maior divulgação a quaisquer eventuais associações de sua imagem com coisas que tais.

Qualquer que seja o motivo, assim me parece, faltava um estudo sistemático que pesquisasse, recolhesse e organizasse esses elementos místicos e transcendentalistas que afloram na obra recente de Rogers, assim como na de alguns de seus colaboradores e seguidores a partir desse período, para submetê-los a um exame mais detalhado. Isso nos permitirá avaliar sua amplitude, seu significado e suas possibilidades, tanto dentro do contexto mais localizado da evolução da abordagem centrada na pessoa quanto no panorama mais amplo da história da psicologia contemporânea, e até tomando por perspectiva o cenário das transformações culturais e planetárias deste fim de milênio. Esse é um de meus propósitos com este livro.

Não abordo, entretanto, a temática de uma perspectiva inteiramente neutra e restrita à elaboração de um *inventário* comentado das colocações desse teor, que emergem como uma tendência na última fase do desenvolvimento da abordagem centrada na pessoa. Posiciono-me antes no exame e na defesa de algumas hipóteses que me parecem implicadas na compreensão mais aprofundada das características, sentidos e possibilidades da tendência místico-espiritual observada em representativos segmentos da recente literatura centrada na pessoa, com especial destaque nos textos de Rogers. Essas hipóteses adotam como pressuposto a concepção, inicialmente proposta por Maslow e seu grupo de colaboradores, que descreve o campo da psicologia contemporânea como dividido em quatro grandes correntes ou *forças*, congregadoras de diversas escolas e abordagens: behaviorismo (ou *Primeira Força*), psicanálise (*Segunda Força*), psicologia humanista (*Terceira Força*) e psicologia transpessoal (*Quarta Força*).

Adotando essa leitura do grupo de Maslow sobre o panorama atual da psicologia,[1] a primeira hipótese que defenderei é a de que, mais que mudanças aleatórias ou vagamente direcionadas à inclusão na teoria e na prática centradas na pessoa de alguns elementos místico-espiritualistas – de incômoda *digestão* numa abordagem tão característica e congruentemente integrada no contexto reconhecido e respeitável da psicologia humanista – a tendência examinada dirige-se de forma coerente e articulada no sentido de aproximar a abordagem centrada na pessoa de todo um outro conjunto de escolas de psicologia emergentes nas últimas décadas, grupo este que tem-se reunido e organizado como a corrente autodenominada psicologia transpessoal.

A segunda hipótese discutida afirma que o sentido dessa tendência, por vezes entendida como um aspecto periférico e de significado obscuro e controverso, em relação ao todo da obra de Rogers, é muito mais profundo e abrangente do que em geral lhe tem sido admitido: significa, na verdade, uma revolução articulada e radical nos fundamentos mais básicos da teoria e da prática da abordagem centrada na pessoa.

A terceira hipótese é a de que as mudanças configuradas pelos elementos da tendência examinada lançam as bases para a constituição, abrindo numerosas perspectivas de continuidade, da abordagem centrada na pessoa como uma escola da psicologia transpessoal.

Resumidas a uma única tese, as hipóteses apresentadas afirmam que a abordagem centrada na pessoa está passando pelo processo de *Tornar-se Transpessoal*. Ou seja: os elementos místicos, transcendentes e espirituais emergentes na última fase do trabalho de Rogers e de alguns de seus seguidores configuram uma tendência de completa transformação da abordagem centrada na pessoa, ao menos como uma possibilidade e um bem elaborado esboço, numa nova e promissora escola integrante da psicologia transpessoal. Tal *abordagem transpessoal rogeriana* poderia, por exemplo, chamar-se, assim proponho, *abordagem transcentrada na pessoa* ou, simplesmente, *abordagem transcentrada*.

Considerando-se o tema, a proposta e as hipóteses que orientaram meu trabalho, um título mais formal e descritivo deste livro poderia ser:

Exame e discussão de elementos que configuram, no âmbito da fase mais recente do desenvolvimento da abordagem centrada na pessoa, a emergência de uma tendência de afastamento da psicologia humanista e aproximação das características identificadoras da psicologia transpessoal.

Com relação à tese que defenderei, duas observações são relevantes para melhor compreensão da perspectiva que será adotada. Em primeiro lugar, não é meu objetivo, neste livro, defender ou demonstrar a realidade, a superioridade ou a validade dos pontos de vista propostos pela psicologia transpessoal, não obstante eu deseje deixar claro – e isto transparecerá em vários trechos do texto – que me alinho como defensor e praticante da perspectiva transpessoal em psicologia. Pontos de vista diversos, na forma de correntes ou movimentos antagônicos, têm convivido na história da psicologia e conquistado seu espaço de contribuição, aceitação e respeitabilidade, não obstante as diferenças, muitas vezes inconciliáveis (ou pelo menos não-conciliadas), de suas perspectivas científico-filosóficas, de natureza ontológica, epistemológica e, sobretudo, antropológica (no sentido de alinhamento a uma visão filosófica sobre a natureza humana) na compreensão do método, do objetivo e do objeto de estudo da ciência psicológica.

Ainda que o debate tão fundamental de filosofia da ciência continue atual e proveitoso, é perfeitamente plausível e aceitável que a defesa de um ponto de vista teórico, baseada em dados exclusivamente bibliográficos, como a presente, seja avaliada tão-somente nos limites do contexto teórico em que se inserem a discussão e a demonstração da tese em questão, não sendo necessário, por exemplo, que uma tese psicanalítica, a ser examinada nesse contexto, tenha de se empenhar em defender a existência do inconsciente contra uma argumentação behaviorista. A corrente transpessoal em psicologia, dado o peso de seus defensores, a seriedade de suas pesquisas e sua contextualização mais ampla dentro de todo um movimento científico global, entendido – ao menos por seus respeitáveis defensores – como tendo um sentido de revolução no paradigma geral da ciência, já conquistou espaço considerável que lhe permite ser admitida, mesmo por seus opositores mais renhidos e radicais, como uma tendência estabelecida no panorama da psicologia atual. Ao menos é isso que será assumido como pressuposto neste livro, cujo campo contextual teórico está limitado, em seus extremos, pelas perspectivas da psicologia humanista, de um lado, e da psicologia transpessoal, de outro.

Em segundo lugar, meu empenho em argumentar que o principal sentido da tendência examinada implica a aproximação, e mesmo a transformação da abordagem centrada na pessoa em direção à psicologia transpessoal, não deve ser entendido como mero esforço classificatório ou nominativo dessa escola, defendendo a designação de psicologia transpessoal para as últimas tendências do pensamento rogeriano em vez de qualquer outra denominação igualmente aplicável ao teor dos elementos da tendência examinada (misticismo universalista, transcendentalismo, espiritualismo etc.). O que defendo não é a adjetivação pura e simples dos últimos pensamentos de Rogers, mas a demonstração de que estes, se de um lado o distanciam de seus tradicionais pares e interlocutores humanistas, por outro lado o integram a um amplo e emergente movimento ou corrente da psicologia atual, abrindo para a abordagem centrada na pessoa todo um novo círculo de intercâmbio e um amplo campo de possibilidades para seu futuro desenvolvimento e contribuição.

O livro está organizado em duas partes. Na primeira, o assunto é contextualizado, enquanto na segunda é traçado, para exame e discussão, um detalhado retrato da configuração da tendência místico-transcendente-espiritual na literatura rogeriana recente.

A Parte I: *O contexto* tem por objetivo localizar e delimitar em termos históricos e teóricos o contexto referencial, o *pano de fundo*, em que nosso exame da tendência mística do pensamento rogeriano se dará. Uma vez que a tese defendida afirma que o sentido geral dessa tendência é levar a abordagem centrada na pessoa a se afastar das características da psicologia humanista e aproximar-se das da psicologia transpessoal, nosso contexto é o campo delimitado pelas características definidoras e diferenciais dessas duas correntes ou Forças da psicologia. Assim, os dois primeiros capítulos da Parte I abordam *A psicologia humanista* e *A psicologia transpessoal*. Neles, basicamente, busco responder às questões: *"O que é a psicologia humanista? E a psicologia transpessoal? Quais são suas características? Como se diferenciam?"*. Para tanto, descrevo a psicologia humanista e a psicologia transpessoal em termos de seus desenvolvimentos históricos e de suas características diferenciadoras em quatro campos distintos: *temática privilegiada, modelo de ciência, visão de homem* e *métodos e técnicas*. A escolha desses campos, que também nortearão o exame dos elementos apresentados por Rogers e outros autores da abordagem centrada na pessoa, no período enfocado pela pesquisa, justifica-se por dois motivos: a) são campos essenciais para a determinação da identidade de uma escola de psicologia; b) são campos que oferecem consistentes parâmetros para diferenciação entre a psicologia humanista e a psicologia transpessoal.

A Parte I inclui, ainda, um terceiro capítulo, destinado a apresentar o objeto do estudo – a tendência de aproximação da psicologia transpessoal – contextualizado no âmbito interno da fase mais recente do desenvolvimento da abordagem centrada na pessoa. Em *A abordagem centrada na pessoa*, procuro esclarecer as questões: "O que é a abordagem centrada na pessoa? Como se deu seu desenvolvimento em suas sucessivas fases? Como se caracteriza sua fase mais recente? Qual a relação entre a abordagem centrada na pessoa e os dois pólos referenciais do contexto apresentado (psicologia humanista e psicologia transpessoal)? Que importância tem, na última fase de desenvolvimento da abordagem centrada na pessoa, a tendência enfocada?".

Apresentado o tema, juntamente com o contexto em que será examinado, segue-se a Parte II: *A configuração de uma tendência*, cuja argumentação dedica-se a estabelecer que certos elementos da obra mais recente de Rogers e de outros autores da abordagem centrada na pessoa apresentam as características definidoras da psicologia transpessoal, conforme descritas em quatro campos fundamentais. Nesse sentido, nos quatro capítulos da Parte II, tomo por critério os parâmetros diferenciadores definidos na Parte I para examinar e discutir elementos emergentes em diversos campos da teoria e da prática da abordagem centrada na pessoa, visando demonstrar que se trata de elementos tipicamente *transpessoais* os quais, no seu conjunto, configuram uma generalizada tendência de aproximação das características que definem a psicologia transpessoal.

Seguindo esse propósito, no Capítulo 4 procuro demonstrar que certos elementos da literatura rogeriana recente, relativos à interpretação e aos posicionamentos assumidos em relação às mudanças observadas no contexto científico e cultural de nosso tempo, estariam demonstrando uma tendência de aproximação entre a abordagem centrada na pessoa, o modelo de ciência e a temática privilegiada que caracterizam a psicologia transpessoal. No Capítulo 5 examinarei elementos transpessoais nos efeitos relatados como conseqüência da aplicação dos métodos de trabalho da abordagem centrada na pessoa, enquanto no Capítulo 6 serão enfocadas colocações de Rogers e de outros autores, modificando a forma de compreender e caracterizar a atuação proposta para os facilitadores centrados na pessoa. Em ambos os casos, estaria indicado um significativo movimento de aproximação entre a abordagem centrada na pessoa e os métodos e técnicas que tipificam a psicologia transpessoal. No Capítulo 7, voltado a examinar modificações teóricas introduzidas por Rogers na última fase de seu trabalho e desenvolvidas por outros autores identificados com seu pensamento, argumentarei que tais modificações formulam o esboço de uma nova teoria de personalidade e de terapia para a abordagem centrada na pessoa, que apresenta características definitivamente afinadas com a *visão de homem* defendida pela psicologia transpessoal.

Ao final, na *Conclusão*, poderá ser aquilatada a configuração total da tendência tomada para objeto de estudo e verificarei se a tese defendida restou adequadamente demonstrada, isto é, se a abordagem centrada na pessoa está, de fato, passando pelo processo de *Tornar-se Transpessoal.*

Nota

1. Embora eu adote essa leitura como pressuposto teórico neste trabalho, estou consciente de que muitos hão de considerar que a psicologia transpessoal, ao contrário da psicologia humanista, não atingiu – pelo menos ainda! – o grau de representatividade e de influência que Maslow pretendia. No momento atual, provavelmente, a designação de *Quarta Força da psicologia* caberia de forma mais apropriada à corrente cognitivista.

PARTE I

O contexto

1

A psicologia humanista

Histórico

O nascimento da psicologia humanista

A psicologia humanista, conforme historiada por DeCarvalho (1990), surgiu no final da década de 1950 e início da de 1960 como uma reação ao panorama da psicologia norte-americana dominado, na leitura dos psicólogos humanistas, por duas grandes forças: o behaviorismo e a psicanálise clássica.

Graças ao trabalho de Abraham Maslow e Anthony Sutich, o movimento humanista pôde ser articulado, organizado e institucionalmente fundado como a Terceira Força da psicologia.

No início da década de 1950, Maslow era um promissor psicólogo experimental e professor de psicologia na Universidade de Brandeis, mas seus interesses pouco ortodoxos e pouco afinados com a forte predominância do behaviorismo no ambiente acadêmico de então, apenas confrontada pela influência da psicanálise nos meios clínicos, tendiam a levá-lo ao isolamento profissional e intelectual. Era-lhe, inclusive, difícil arranjar veículo adequado para publicar seus artigos, que não encontravam ressonância na linha editorial e teórica adotada pela maior parte das revistas técnicas de psicologia.

Como forma de contornar o problema, em meados dos anos 50, ele organizou uma lista com nomes e endereços de psicólogos e grupos envolvidos em visões menos ortodoxas e mais afinados com suas próprias idéias, para com eles manter intercâmbio de artigos e discussões, na forma de uma rede de correspondência, a que chamou *Rede Eupsiquiana*, ressaltando no título o interesse pelo tema da saúde psicológica, negligenciado, segundo Maslow, pela psicanálise e pelo behaviorismo. Anthony Sutich, psicólogo que conhecera Maslow no final dos anos 40, e nos anos 50 tornara-se ativo participante da Rede e intenso colaborador na discussão das novas idéias, veio a ter fundamental papel na oficialização do novo movimento. De suas discussões com Maslow nasceu a percepção de que já era hora de fundarem uma revista própria, e Sutich foi encarregado de encabeçar o empreendimento. Portador de paralisia decorrente de artrite progressiva, Sutich dedicou-se intensamente à tarefa de articulação e organização, passando horas ao telefone contatando interessados e colaboradores. Após considerável deliberação sobre o nome da nova revista – foram sugeridos Ser e Tornar-se, Crescimento Psicológico, Desenvolvimento da Personalidade, Terceira Força, Psicologia do *Self*, Existência e Orto-Psicologia – foi adotado o título *Revista de Psicologia Humanista*, sugerido por S. Cohen, e, a partir daí, a denominação Psicologia Humanista passou a designar o movimento, oficialmente lançado com o primeiro número da publicação, em 1961.

O sucesso da revista acabou levando à organização da Associação Americana de Psicologia Humanista, fundada em 1963, consolidando-se o movimento de forma definitiva em 1964 quando, em uma conferência realizada na cidade de Old Saybrook, compareceram em aberta adesão grandes nomes inspiradores do movimento, inclusive Carl Rogers. Com sua rápida e sólida difusão, a psicologia humanista se mostra hoje uma Força firmemente estabelecida e respeitada no panorama da psicologia mundial, generalizadamente reconhecida nos campos teórico, acadêmico e de aplicação.

Principais influências e adesões

Ao contrário das Forças anteriores, a psicologia humanista não se identifica ou inicia com o pensamento de determinado autor ou escola. Tratando-se primariamente de um movimento congregador de diversas tendências, unidas pela oposição ao behaviorismo e à psicanálise, assim como pela convergência em torno de algumas propostas comuns, várias afluências, adesões e influências podem ser apontadas, destacando-se as que se seguem:

Teorias neopsicanalíticas

A crítica que a psicologia humanista faz à psicanálise centra-se, sobretudo, na visão pessimista, determinista e "psicopatologizante" atribuída à teoria de Freud, assim como na impessoalidade da técnica transferencial. Já algumas teorias de discípulos dissidentes de Freud são vistas com bons olhos, citadas como coerentes e importantes influências em relação ao trabalho de destacados humanistas. São vistas com simpatia as teorias de Adler, Rank, Jung, Reich e Ferenczi, assim como são bem recebidas contribuições da psicanálise americana, representada por Horney, Sullivan, Erikson e toda a corrente de *psicanalistas do ego* e *culturalistas* em geral. Psicanalistas não-ortodoxos como Fromm e Nuttin chegam mesmo a tomar parte ativa no movimento.

Gestaltistas e holistas

A psicologia humanista retoma, em grande parte, as propostas da psicologia da forma alemã, em especial a visão holista e organísmica do ser humano e seu envolvimento ambiental. Trazida aos Estados Unidos pelos seus criadores Wertheimer, Koffka, Köhler e outros psicólogos imigrantes, fugitivos das conturbações políticas européias, a influência da Psicologia da Gestalt está presente em praticamente todos os psicólogos humanistas. Para citar apenas os principais autores envolvidos no surgimento da psicologia humanista e para os quais a formação gestaltista foi decisiva, lembremos Goldstein, Angyal e Lewin. Este último, ao lado das propostas do *psicodrama* de Moreno, foi também uma das principais influências no extraordinário desenvolvimento e aplicação de técnicas de trabalho grupal, que caracterizaram o movimento da psicologia humanista. E ainda neste tópico da influência gestáltica, não pode ser esquecido Perls, o polêmico Fritz, que, em suas originais leituras da psicanálise, da Psicologia da Gestalt e do existencialismo, foi, com a Gestalt-terapia por ele criada, uma das presenças mais marcantes no extraordinário sucesso e desenvolvimento da psicologia humanista nas décadas de 1960 e 70.

Psicologias existenciais

As articulações para o lançamento da psicologia humanista coincidiram, no final da década de 1950, com a maior difusão nos Estados Unidos do trabalho que havia décadas vinha era realizado na Europa por diferentes escolas de psicologia e psicoterapia inspiradas em filósofos existencialistas e fenomenólogos.[1] Essa difusão ocorre não só pela tradução para o inglês de obras de psicólogos existenciais como Boss, Binswanger e Van Den Berg, mas também pelo trabalho de divulgação realizado no meio psicológico pelos escritos de Tillich e Rollo May sendo que este, em 1959, organizou o primeiro simpósio americano sobre psicologia existencial, para o qual foram convidados expoentes e futuros líderes do movimento humanista, como Maslow e Rogers.

Não tardaram a ser encontrados pontos em comum nas respectivas propostas e, sobretudo pela participação ativa de May e de outros psicólogos existenciais que aderiram ao movimento, como Bugental e Bühler, a psicologia humanista foi amplamente enriquecida com a perspectiva fenomenológica e existencial, a ponto de, por vezes, ser denominada *psicologia existencial-humanista* (Greening, 1975).

Não cabe aqui uma discussão mais aprofundada do relacionamento nem sempre fácil e pacificamente aceito entre a perspectiva humanista americana – em muitos sentidos muito mais essencialista, ligada antes a Rousseau do que a Heidegger e Sartre, mais otimista e vinculada a interpretações biológicas da natureza humana – e a perspectiva existencial européia, mais filosoficamente sofisticada. Entre os filósofos existencialistas, cujas idéias foram mais abertamente abraçadas pelos humanistas americanos, destacam-se Kierkegaard e Buber, sem esquecer a influência de Nietzsche que, por via indireta (as idéias de Adler), é notada em algumas propostas da Terceira Força. De forma geral, o movimento humanista acabou por absorver a maioria dos psicólogos existenciais americanos e, do outro lado, a proposta humanista recebeu a adesão de pelo menos um teórico europeu de destaque, Viktor Frankl, criador da logoterapia que, posteriormente, integraria também o movimento transpessoal. Ronald Laing, o *antipsiquiatra* inglês que sofreu forte influência das idéias de Sartre, pode também ser apontado como interlocutor e simpatizante da psicologia humanista e, à semelhança de Frankl, viria ainda a se tornar assíduo freqüentador do meio transpessoal.

Escolas americanas de psicologia da personalidade

Outra importante influência na constelação do movimento humanista diz respeito à afluência de importantes escolas de psicologia da personalidade desenvolvidas nos Estados Unidos. Afora a sempre lembrada homenagem póstuma aos pragmatistas John Dewey e William James, destacados teóricos independentes como G. Allport, G. Murphy, Murray, Kelly, Ellis, Maslow e Rogers, assim como toda a escola de *psicologia do self*, associaram-se ao movimento, em diferentes graus de apoio e envolvimento.

Outras afluências

Como movimento aberto e inclusivo de novas tendências, idéias e experimentações pouco ortodoxas, a psicologia humanista não tardou a integrar em suas fileiras de simpatizantes e proponentes toda a sorte de *marginais contestadores do sistema*. A espetacular revolução que o movimento propiciou no campo das psicoterapias, entendidas a partir de então na perspectiva ampliada de técnicas de *crescimento pessoal* ou de *desenvolvimento do potencial humano*, estimulou o estudo, a experimentação e a aplicação – infelizmente de modo nem sempre tão sério e criterioso como seria de se desejar – de novas formas de ajuda psicológica. Entre as tendências que se aproximaram da psicologia humanista destacam-se as novas psicoterapias que vinham se desenvolvendo a partir do trabalho mais ou menos independente de seus criadores, como a terapia primal de Arthur Janov, a análise transacional de Eric Berne e a *psicossíntese* de Roberto Assagioli (que posteriormente abraçaria o movimento transpessoal); as escolas e as técnicas de trabalho não-verbal e corporal, com suas propostas de relaxamento, sensibilização e desbloqueio psíquico e energético; as variadas formas de trabalho intensivo com grupos que se associaram ao *movimento dos grupos de encontro*; e, enfim, *toda sorte de touchy-feelly* terapeutas envolvidos na experimentação alternativa de técnicas de desenvolvimento pessoal ou simplesmente navegando em uma superficial e consumista adesão à nova onda.

Influências matizadas de aspectos que, em breve, dariam origem ao movimento transpessoal, especialmente as relacionadas ao estudo e à aplicação de técnicas de meditação e à experimentação psíquica com drogas psicodélicas, também podem aqui ser incluídas, embora alguns humanistas mais ortodoxos as rejeitem como parte das superficiais e pouco sérias contribuições e adesões que o movimento acabou por atrair, em grande parte em decorrência do clima cultural mais amplo a que o surgimento da psicologia humanista esteve associado, o qual examinaremos a seguir.

A questão da contracultura

A institucionalização, o rápido desenvolvimento e a aceitação da psicologia humanista coincidiram, no contexto cultural da década de 1960, com os anos de acentuado questionamento e de mudanças nas sociedades ocidentais. Anos de revoltas políticas e de costumes, sobretudo entre a juventude, e em que mais do que nunca a contestação ao *sistema* e aos valores estabelecidos esteve na ordem do dia. Anos marcados pelo que, na expressão cunhada por Theodore Roszak (s/d.), foi chamado de *contracultura*: revoltas estudantis, movimento *hippie*, mobilização pacifista contra a Guerra do Vietnã, ativismo político, organização de minorias raciais e feministas, desafio à autoridade, revolução *underground* nas artes, oposição ao materialismo consumista, valorização do corpo, do sentimento, do *amor livre*, da experimentação psíquica por meio das drogas psicodélicas, da ecologia, da auto-expressão espontânea e das experiências meditativas e espirituais. Essas tendências todas convergiam na rejeição aos modelos tradicionais de família, trabalho, escola, relações interpessoais, igreja, governo, instituições em geral e da própria cultura ocidental.

Muito do extraordinário sucesso da Terceira Força da Psicologia se deve ao *Zeitgeist* desse momento histórico, ao qual, de várias maneiras, suas propostas eram ressonantes e coincidentes, a ponto de, em diversos sentidos, ter sido o movimento da psicologia humanista abarcado como uma das facetas da contracultura. A própria posição geográfica de alguns dos principais centros de desenvolvimento e de difusão da psicologia humanista, como o quase lendário Instituto Esalen, colocava-os no centro dos acontecimentos, na Califórnia, meca e terra prometida da contracultura americana.

Apesar dos excessos, equívocos, ingenuidades e superficialidades cometidos no calor da revolução cultural, não compartilho da opinião daqueles (como Smith, 1990) que lamentam como infeliz distorção a associação da imagem da psicologia humanista com os movimentos contestatórios dos anos 60. Na verdade, mais do que qualquer outra corrente da moderna psicologia, a psicologia humanista é marcada por um compromisso de engajamento em favor da mudança social e cultural em direção a uma sociedade de valores mais humanos, menos controladora, mais atenta às necessidades intrínsecas de auto-realização, mais criativa e lúdica, envolvendo relações pessoais mais abertas, autênticas, auto-expressivas e prazerosas, em que a exploração alternativa das dimensões humanas da intimidade corporal e emocional seja sancionada em vez de reprimida; enfim, em que a pessoa, em sua liberdade e autodeterminação no desenvolvimento de suas possibilidades, seja o valor supremo, contra todos os dogmas, valores e autoridades externamente constituídos. Ora, em grande parte, isso me parece coincidir com as propostas e os valores abraçados pelos movimentos contraculturais de então.

Características

Temática privilegiada

Além da oposição ao behaviorismo e à psicanálise, e da absorção de escolas não-identificadas com essas correntes, o movimento humanista é caracterizado pela congregação de estudiosos em torno de alguns tópicos e interesses que podem ser apontados como temáticas típicas e preferenciais da psicologia humanista. Sutich (1991), relembrando o início do movimento e o lançamento da *Revista de Psicologia Humanista*, informa como uma definição de *Terceira Força*, formulada por Maslow em 1957, foi utilizada na introdução da primeira edição para assim descrever a proposta:

> A Revista de Psicologia Humanística foi fundada por um grupo de psicólogos e de profissionais de outras áreas, de ambos os sexos, interessados naquelas capacidades e potencialidades humanas que não encontram uma consideração sistemática nem na teoria positivista ou behaviorista, nem na teoria psicanalítica clássica, tais como criatividade, amor, *self*, crescimento, organismo, necessidades básicas de satisfação, auto-realização, valores superiores, transcendência do ego, objetividade, autonomia, identidade, responsabilidade, saúde psicológica etc. (Sutich, 1991, p. 24)

Nessa significativa listagem elaborada por Maslow como resumo dos interesses editoriais do veículo oficial do movimento, pode-se perceber o delineamento das principais tendências e ênfases temáticas que, relacionadas entre si, se caracterizam como típicas da psicologia humanista.

Em primeiro lugar, a psicologia humanista destaca-se como a corrente que, afastando-se do tradicional enfoque clínico de privilegiar o estudo das psicopatologias, passa a enfatizar a saúde, o bem-estar e o potencial humano de crescimento e de auto-realização. Já em seu livro *Introdução à psicologia do ser*, Maslow (s.d.) aponta para a necessidade do desenvolvimento de uma psicologia da saúde, criticando teorias como a psicanálise, que generalizam suas conclusões sobre o ser humano a partir de dados obtidos quase exclusivamente no estudo de indivíduos mentalmente perturbados, resultando, conseqüentemente, em um retrato pessimista e desabonador da natureza humana. Maslow, ao contrário, propõe-se o estudo dos melhores exemplares da espécie, por ele chamados de *personalidades auto-atualizadoras*, dando início à tradição humanista de abordar a psicologia a partir do prisma da saúde e do crescimento psicológico. Tão forte é essa tendência que forneceu o termo *Eupsicologia*, cunhado nas primeiras tentativas de articulação e de caracterização do movimento. Também, em sua proposta de enfatizar o desenvolvimento das melhores capacidades e potencialidades do ser humano, a psicologia humanista é muitas vezes identificada como o Movimento do Potencial Humano. Assim, em vez de empenhar-se em exaustivas descrições e teorizações sobre os mecanismos das enfermidades psíquicas, reservando à saúde a definição negativa de *ausência de doença*, é mais típico da psicologia humanista buscar definir as características do pleno e saudável exercício da condição humana, em distanciamento do qual as patologias podem então ser entendidas.

Em segundo lugar, outra importante orientação temática geral da psicologia humanista diz respeito ao privilegiar capacidades e potencialidades características e exclusivas da espécie humana. Os humanistas criticam, sobretudo no behaviorismo, a tendência a generalizar conclusões obtidas a partir de experimentos realizados quase exclusivamente em pesquisa animal; assim como a forte tendência da *psicologia experimental* a, mesmo quando dedicada a trabalhos com pessoas, centrar-se em aspectos fisiológicos ou muito parcializados, perdendo de vista a própria dimensão psicológica característica do ser humano, que deveria em princípio ser o enfoque prioritário de uma ciência dedicada ao estudo da mente e da psique. Como diz Matson, um dos presidentes da Associação de Psicologia Humanista: "Não seria excessiva violação da verdade afirmar que grande parte do que ocorre em psicologia nada tem de 'psicológico'. E isso nos leva à razão que gerou a Terceira Revolução – o renascimento do humanismo em psicologia" (Matson, 1975, p. 69).

Assim, a volta ao humano como objeto de estudo é uma das bandeiras do movimento, importante a ponto de fornecer-lhe o título designativo. Qualidades e capacidades humanas por excelência, tais como valores, criatividade, sentimentos, identidade, vontade, coragem, liberdade, responsabilidade, auto-realização etc., fornecem temas de estudo típicos das abordagens humanistas. Essas e outras temáticas, igualmente características (organismo, *self*, significados, intencionalidade, necessidades básicas, experiência subjetiva, encontro etc.) estão também associadas à *visão de homem*, ao *modelo de ciência*, e aos *métodos* e *técnicas* desenvolvidos e assumidos pela psicologia humanista, que serão examinados nos próximos tópicos, e representam as diversas influências e adesões ao movimento.

Ao leitor mais atento não terá por certo escapado a inclusão, na listagem de Sutich, do tema *transcendência do ego*. Tal assunto, embora em algumas abordagens possa ser entendido como a mera superação da identificação com uma defensiva e socialmente imposta imagem de si, em seu sentido mais amplo, caracteriza antes uma temática transpessoal, cuja inclusão aqui serve para ilustrar a vinculação dessa tendência com o movimento humanista, no qual era inicialmente vista como uma facção de interesses, assunto que será mais bem esclarecido quando tratarmos do surgimento da psicologia transpessoal.

Visão de homem

De forma bem mais declarada do que as Forças anteriores, a psicologia humanista, como movimento organizado, reconhece, assume e propõe a inevitabilidade da adoção de um *modelo de homem*, ou seja, uma concepção filosófica da natureza humana, como ponto de partida e princípio norteador de qualquer projeto de construção da psicologia. Nesse tópico, talvez mais do que em qualquer outro, a psicologia humanista destila suas maiores críticas e discordâncias às escolas a que se opõe, contestando veementemente os modelos de homem que identifica nas formulações psicanalíticas e behavioristas.

Os humanistas opõem-se à concepção psicanalítica do homem como um animal lúbrico e feroz, movido por necessidades instintivas de prazer e agressão, ao qual só à custa de muitas restrições e sublimações da natureza animalesca básica se pode, na melhor das hipóteses, trazer algum verniz de racional sociabilidade, mas não sem um inevitável ônus de frustração, infelicidade e "Mal-Estar da Civilização". Recusam-se, também, a conceber o ser humano como uma espécie de máquina, robô ou marionete, cuja natureza passiva e amorfa é absolutamente moldada, manipulada e controlada pelas contingências de estimulação e condicionamento ambiental, a quem, na melhor das hipóteses, se poderá oferecer a escolha (ela própria condicionada) entre um condicionamento fortuito e um planejado, quer este planejamento se dê por *iniciativa* (?) do próprio sujeito condicionado, quer por interferência da ideologia ou do poder político dominante que as circunstâncias ambientais mais amplas tenham levado as sociedades humanas a adotar. Negando-se a aceitar que o homem seja assim reduzido por tão pessimistas e desalentadoras visões, a psicologia humanista afirma-se em um compromisso com uma visão otimista e engrandecedora, na qual as melhores qualidades e potenciais positivos manifestados pelos homens sejam valorizados como a própria essência da natureza humana.

Grosso modo, a visão psicanalítica costuma ser comparada, pelos humanistas americanos, à pessimista opinião de Hobbes ("o homem é o lobo do homem"), e a visão behaviorista, à concepção de Locke, que vê o ser humano como uma *tabula rasa*; ao passo que seu próprio modelo é considerado como uma reedição da generosa visão de Rousseau: "O homem é naturalmente bom; a sociedade é que o corrompe".

Vejamos, em algumas tendências e consensos das abordagens humanistas, um sucinto esboço da visão de homem que elas propõem.

Enxergando o homem como um todo complexo e organicamente integrado, cujas qualidades únicas vêm de sua configuração total, os humanistas rejeitam as concepções elementaristas e fragmentadoras da psique. Retomando para o movimento a proposta holista que Adler foi buscar em Smuts, e que de outra parte caracterizou a *Psicologia da Gestalt*, vêem no homem uma natureza tal que a totalidade da pessoa humana é sempre *maior* que a soma de suas partes tomadas isoladamente. Em especial nas teorias desenvolvidas nos Estados Unidos – o ramo americano e mais caracteristicamente humanista do movimento, e para o qual as idéias do neurologista e teórico gestaltista Goldstein foram especialmente influentes –, a compreensão *organísmica* do ser inclui suas raízes biológicas. Assim, concebem o homem como marcado pela necessidade, que vêem como intrínseca a todo organismo vivo, de atualizar seu potencial e se tornar a totalidade mais complexa, organizada e autônoma de que for capaz. Essa hipótese da *necessidade de auto-realização* fornece, em diversas versões, a teoria básica de motivação da maioria das psicologias humanistas. Mesmo que as escolas existenciais, dada sua ênfase na liberdade e sua compreensão do ser humano como criatura "cuja natureza consiste em criar sua própria natureza" (Sartre), rejeitem a consideração de tendências biológicas determinantes, há quem remonte à *vontade de potência* de Nietzsche a origem da formulação humanista da existência de uma tendência intrínseca de busca da auto-realização. Igualmente associada à concepção holista, está a compreensão que os humanistas em geral têm do homem como implicado e configurado – mas não determinado – em seu ambiente, seja este físico, fenomenológico-experiencial, relacional ou sócio-histórico-cultural.

O ser humano, na visão humanista-existencial, é proposto como um ser essencialmente livre e intencional, recebendo essa noção especial destaque nas psicologias existenciais, as quais, por vezes, rejeitam a concepção mais essencialista e rousseauniana dos americanos, que crêem ser a natureza humana positivamente orientada, devendo as relações psicossociais deletérias ser responsabilizadas por qualquer desvio dessa bondade original. Para os existencialistas, sendo o homem livre e auto-orientado pelos propósitos e sentidos que dá à própria existência, não pode eximir-se de se responsabilizar plenamente pelo que é, apesar da inevitável angústia que esse se assumir evoca, pois qualquer outra atitude seria auto-engano, má-fé, inautenticidade no *existir*. De qualquer forma, de maneira geral, as teorias humanistas propõem que o comportamento do ser humano não pode ser adequadamente entendido a partir de referências exclusivas a influências determinantes externas à sua consciência e aos significados atuais que imprime ao mundo, sejam essas influências provenientes do ambiente, do passado ou do inconsciente. Associadas, portanto, à aceitação da liberdade, da responsabilidade e da intencionalidade como características intrínsecas à condição humana, resultam a ênfase nas interpretações *teleológicas* (que enfocam a finalidade em vez de a causa passada) do comportamento; o privilegiar da dimensão consciente e do vivenciar da experiência presente; assim como o enfoque *fenomenológico* (que se atém à experiência subjetiva e consciente) e *compreensivo* (que contrapõe a compreensão por empatia à explicação por referenciais exteriores) que, com maior ou menor destaque, são defendidos pelos humanistas.

Enfim, vendo o homem como um ser em busca e em construção de si mesmo, cuja natureza continuamente se desvela e exprime no realizar de suas possibilidades e na atualização de seu potencial, compreendem os humanistas que só se é pessoa, só se é realmente humano, no autêntico, livre e integrado ato de se desenvolver. Daí o generalizado consenso, que alguns entendem como a característica mais marcante da visão de homem, que a psicologia humanista apresenta, em rejeitar concepções estáticas da natureza humana, considerada antes como algo fluido: uma tendência para crescer, um movimento de sair de si, um projetar-se, um devir, um incessante tornar-se, um contínuo processo de vir a ser.

Modelo de ciência

O desenvolvimento da psicologia humanista é caracteristicamente marcado por uma reflexão e tomada de posições, em questões filosóficas e epistemológicas, sobre a natureza da psicologia como ciência. Sob alguns novos aspectos e nuances, é retomada a discussão que envolveu o nascimento e as primeiras décadas da psicologia científica contemporânea, em torno da questão do modelo, dos métodos e do objeto dessa nova ciência. A controvérsia principal referia-se à adequação do modelo de ciência, até então bem-sucedido nas modernas ciências naturais, estender-se às nascentes ciências humanas, as quais, justificadas pelas singularidades de seu objeto de estudo, congregavam arrebatados defensores do desenvolvimento de um modelo próprio e diferenciado.

Embora na Europa o debate tenha prosseguido e frutificado, principalmente no desenvolvimento de escolas de psicopatologia e psicoterapia inspiradas na fenomenologia e no existencialismo, no panorama americano a discussão parecia ter estagnado, com a aparente vitória dos modelos naturalistas, fosse o modelo positivista de determinismo ambiental adotado pelo behaviorismo, com sua ênfase na experimentação animal e na observação objetiva; fosse o modelo médico, mecanicista em sua ênfase no determinismo psíquico, de inspiração darwiniana, e igualmente naturalista, da psicanálise.

Os humanistas, reeditando em novas versões propostas da psicologia compreensiva de Dilthey, da perspectiva holista da Psicologia da Gestalt, da primeira fenomenologia de Husserl e dos questionamentos existencialistas sobre a singularidade *e a* irracionalidade *da* existência concreta, tendem a acordar que a psicologia deve se afirmar em um modelo de ciência do homem, respeitando e se adaptando às especificidades de seu objeto de estudo. Embora a esse respeito não se possam encontrar unanimidades indiscutíveis entre as diversas propostas que se articulam no movimento humanista, algumas tendências parecem se destacar, sobretudo em decorrência da visão de homem que, como vimos, esse movimento defende.

De maneira geral, a psicologia humanista não se opõe aos parâmetros de racionalidade e objetividade empírica, quando utilizados na busca de explicação, controle e previsão dos fenômenos do *mundo das coisas*. Entretanto, quando se trata do homem, que os humanistas entendem como tão distinto do restante da criação, em maior ou menor grau, opõe-se a diversos princípios e procedimentos consagrados em modelos de ciência natural e nas propostas de psicologia das *Forças* a que se opõe. Há considerável consenso na crítica da aplicação, ao estudo do homem, de abordagens reducionistas, deterministas, elementaristas e objetivantes, ao passo que o racionalismo empírico-indutivo e hipotético-dedutivo é, com adaptações, menos rechaçado. Vejamos brevemente essas questões.

Opondo-se ao reducionismo, que vêem como associado aos modelos de homem do behaviorismo e da psicanálise, os humanistas recusam-se a entender o ser humano como mero jogo de forças instintivas e culturais, ou intermináveis cadeias de *estímulo-resposta*, sujeito aos mesmos processos comportamentais que os animais de laboratório. Reconhecem os humanistas na pessoa humana uma complexidade tal que implica mudança qualitativa e não apenas quantitativa em relação às espécies inferiores, de tal ordem que o princípio metodológico de se compreender pelo mais simples o mais complexo deva, no caso do homem, ser invertido, pois até os processos psíquicos mais simples e primitivos adquirem novos sentidos na configuração total da personalidade humana. Sobre o determinismo e o mecanicismo será desnecessário nos estendermos, pois para abordagens que enfatizam a liberdade e a intencionalidade como condição humana, é evidente que o determinismo não vai ser de muito auxílio ou relevância.

A questão da objetividade científica, em nome da qual o behaviorismo mais radical tentou esterilizar de toda vida psíquica a ciência da psicologia, é talvez a posição que recebe maiores ataques, pois é justamente a dimensão subjetiva dos sentimentos, das emoções, dos valores, das inter-relações, dos significados, da vontade, dos anseios, da criatividade, da experiência e da vida consciente, o objeto de estudos que, prioritariamente, a psicologia humanista quer abordar. Como se pode, então, em nome da ciência, fechar os olhos ao que de mais significativo e característico há para se investigar no objeto que se tem para estudo?

No que se refere a levar a maiores extremos ainda o questionamento da natureza da investigação científica da psique humana, mesmo no próprio movimento humanista, as posições tendem a divergir. A maioria das escolas humanistas americanas inclina-se a professar fé na ciência, e seus investigadores, muitos com sólida formação empírica e experimental, são bastante criativos em renovar e adaptar formas de pesquisa, inclusive experimentos laboratoriais, às dimensões do ser que desejam estudar. Ao mesmo tempo, a tradição fenomenológica européia tem possibilitado a enorme ampliação de vias no desenvolvimento de procedimentos para psicologia e fornecido talvez os principais subsídios para a discussão da natureza desta como ciência do homem. Entretanto, talvez em algumas propostas existencialistas encontrem-se as posições mais radicais do questionamento. Tomadas até as últimas conseqüências, certas concepções básicas da visão existencial de homem e de universo – como as que propõem o caráter singular e único de cada existência, a imprevisibilidade das possibilidades e dos projetos decorrentes da liberdade e da escolha autênticas assim como a irracionalidade de um universo que, afora os mutantes sentidos que cada homem a cada momento lhe imprime, é de uma absurda e absoluta gratuidade – parecem tornar irrelevante qualquer noção de previsibilidade, constância, replicabilidade, generalização, racionalidade e mesmo comunicação de resultados no estudo do humano. Sem se aceitar uma possibilidade mínima dessas condições, de fato, é difícil acreditar que seja possível chegar a algum tipo de verdade científica, o que leva alguns psicólogos existenciais ao questionamento cético da utilidade de investigações empíricas, formulações teóricas, ou mesmo da psicologia como ciência. Desse ponto de vista mais extremado, algumas abordagens se mantêm muito mais próximas da antropologia filosófica do que da psicologia científica, à qual parecem manter-se ligadas apenas pelas preocupações de natureza clínica de suas propostas de psicoterapia.

Enfim, não pode deixar de ser dito, os questionamentos e as respostas que a psicologia humanista levanta e esboça sobre a natureza da psicologia como ciência e sua possibilidade de contribuir para a felicidade, saúde e auto-realização humanas encontram-se no cerne de todo um processo mais amplo, que marca a crise da moderna civilização ocidental. Se a ciência colaborou para esvaziar e isolar o homem, reduzindo-o à sua mera dimensão material e aos frios mecanismos lógico-racionais a serviço de considerações mesquinhas e doentias, a justa revolta cultural contra esse estado de coisas que nos tem retirado o sentido, a maravilha e a profundidade da experiência de ser humano entre humanos, mobilizou também os psicólogos. Assim, a psicologia humanista compromete-se, em seu projeto de ciência, a estar sempre voltada a favorecer o movimento da aprisionada alma humana, em sua busca de um mundo que se possa chamar humano, e em que, entre os da nossa espécie, seja realmente um prazer viver.

Métodos e técnicas

Mantendo-se fiel às suas opções temáticas, e tendo sempre em vista as dimensões do ser que seu enfoque privilegia, a psicologia humanista desenvolve, adapta e renova variadas técnicas e metodologias de abordagem da pessoa, com finalidades de estudo ou intervenção. Os questionamentos e as posições assumidas sobre a natureza da ciência psicológica e seu objeto próprio de estudo fazem do projeto humanista de construção da psicologia uma fonte de inspiração e parâmetros no desenvolvimento de abordagens adequadas, sendo sobretudo o compromisso com sua visão de homem que orienta a criação e o desenvolvimento de novas formas de estabelecer a saúde psíquica e promover o desenvolvimento dos melhores potenciais humanos.

No campo da pesquisa, a psicologia humanista é marcada não só pela eleição de temas e faixas da experiência humana até então negligenciadas como objeto de investigação, mas também pelo desenvolvimento e pela utilização de inovações metodológicas. O instrumental de pesquisa e investigação desenvolvido e utilizado sob a égide da Terceira Força é bastante rico e diversificado. Para um breve apanhado geral das contribuições mais significativas e características podem ser rapidamente lembradas as variações dos métodos inspirados na fenomenologia, aí incluídas as chamadas pesquisas qualitativas; a crescente consideração da influência da *pessoa* do investigador nos experimentos que, em muitos estudos, é complementada com a inscrição dos *sujeitos* da pesquisa como co-investigadores; a larga realização de estudos *idiográficos* (interessados nas singularidades, ao invés de nas características generalizáveis do *sujeito* da investigação); e o eclético e criativo uso com que investigadores humanistas renovam abordagens mais tradicionais de pesquisa, desde os experimentos laboratoriais até o consagrado recurso do estudo de caso.

Entretanto, é no campo das psicoterapias e técnicas de crescimento pessoal, mais do que em qualquer outro, que a contribuição da psicologia humanista é especialmente exuberante e espetacular, resultando numa verdadeira revolução nos conceitos e formas de ajuda psicológica. O espaço aqui seria pequeno, caso eu desejasse fazer a mínima justiça da citação nominal das novas escolas e propostas que foram desenvolvidas na vanguarda ou na esteira do movimento humanista. Optei, então, por me restringir apenas à discriminação comentada de algumas das principais tendências que se associam ao movimento.

Embora a diversidade das teorias e técnicas psicoterápicas abrangidas pela psicologia humanista seja quase inumerável, o reconhecimento do potencial positivo e saudável da natureza humana tende a congregá-las em um objetivo de trabalho comum, distinto do apresentado pelas Forças anteriores. Para a concepção psicanalítica de ser humano, a psicoterapia visa obter um equilíbrio entre a voracidade irracional das forças do id, as restrições culturais internalizadas no superego e as condições objetivas da realidade, mediante as articulações parcialmente conscientes do ego e seus mecanismos de defesa, resultando, na melhor das hipóteses, na transformação de uma "infelicidade neurótica" em uma "infelicidade normal". Para o behaviorismo, o conceito determinista e valorativamente neutro que faz da natureza humana, implica que a terapia seja bem-sucedida ao propiciar o descondicionamento dos comportamentos indesejados e a aprendizagem do repertório que propicie melhor adaptação e atenda ao desejado; no entanto, as questões "desejado por quem?" ou "adaptado a quê?" não encontram resposta no behaviorismo, que deve ser buscada na ideologia da moda ou no senhor de escravos que estiver de plantão. Já para a psicologia humanista, o objetivo de qualquer tratamento pode ser formulado numa frase quase redundante: levar a pessoa a ser ela mesma. Propiciar ao cliente ou estudante a conquista de uma existência autêntica, autoconsciente, transparente, espontânea, verdadeira, congruente e natural, sem *máscaras*, *jogos*, *couraças* ou divisões (*splits*) internas: eis o que pretendem os humanistas.

A ênfase na saúde em vez de na doença, assim como a proposta de desenvolvimento do potencial humano, tem levado as terapias humanistas a entender suas técnicas de ajuda muito mais como formas de estimular o desenvolvimento e a aprendizagem do que como tratamento de enfermidades, disfunções ou anomalias psíquicas. A troca do modelo médico pelo de auto-realização tem levado muitas abordagens a se apresentarem – não obstante o tradicional designativo *psicoterapia* mantenha sua força – como *métodos* e *técnicas de desenvolvimento* ou de *crescimento pessoal*. De qualquer forma, é bastante generalizada a concepção de que toda psicoterapia bem-sucedida é um processo de aprendizagem profundo e amplo, assim como toda aprendizagem verdadeiramente significativa é profundamente liberadora e curativa, sendo diversos os métodos humanistas que são utilizados quase indiferenciadamente no consultório e na sala de aula.

Uma das conseqüências da visão holista e da concepção do homem como um todo biopsicossocial é o destacado desenvolvimento das chamadas *técnicas e abordagens corporais*, em que massagem, toque, sensações, dança e movimento, *catarses* expressivas de cólera, choro, riso, vômito, grito e orgasmo instrumentalizam o crescimento psíquico e a maior vivência de si. Ainda nesse tópico do enfoque pluridimensional, podem ser incluídas as técnicas nãoverbais, o uso do poder da expressão artística, e até mesmo práticas meditativas e espirituais, cujo potencial curativo viria a ser posteriormente assumido como um dos principais recursos das terapias transpessoais.

Noções existencialistas do homem como um ser de natureza dialogal, que só se mostra – e verdadeiramente é – no encontro pessoal, têm favorecido as *terapias relacionais*, em que o terapeuta abdica das posturas e defesas profissionais para entrar em relação como pessoa real, pois é no encontro de pessoa para pessoa, na relação Eu-Tu, que, acreditam os humanistas, a mudança se dá.

A aceitação da tendência inata e intrínseca para o crescimento e auto-realização favorece a compreensão do terapeuta antes como um facilitador do que alguém que atua sobre o outro. A ênfase no fluir constante, na liberdade e na singularidade de cada ser, tende a abolir os planejamentos, os objetivos e as estratégias, e a desenvolver uma atitude de abertura ingênua e incondicional ao que vem do outro em seu processo de desenvolvimento e de autocriação.

O extraordinário desenvolvimento de terapias e técnicas de trabalho com grupos, especialmente na forma de vivência intensiva, é uma das tendências que marcam a psicologia humanista. Além das ricas e inovadoras contribuições teóricas e técnicas a essa modalidade de atuação, até então negligenciada, o chamado Movimento dos Grupos de Encontro representou, ao menos nos anos 60 e 70, a faceta de maior impacto da Terceira Força, traduzindo em ações efetivas o compromisso de transformação sociocultural que a psicologia humanista se impõe.

Enfim, é no teste empírico de suas idéias, muitas vezes taxadas de ingênuas ou utópicas, no sucesso e na aceitação de suas práticas, que a psicologia humanista tem-se consolidado como uma psicologia afinada com o *Zeitgeist* de nossa época, em que, apesar de toda crise, amargura, cinismo, solidão e desesperança, o anseio mudo e oculto por uma vida mais autêntica e humanizada torna-se eloqüente e fulgura ao encontrar quem nele acredite e se disponha a ajudar.

Nota

1. É importante ressaltar que a fenomenologia, numa versão simplificada (entendida como descrição ingênua da experiência vivida) e um tanto desvinculada de suas raízes filosóficas mais elaboradas, fora trazida anteriormente aos Estados Unidos pelos psicólogos gestaltistas alemães e psiquiatras da escola jasperiana, e já era, havia muito, conhecida e utilizada pelos psicólogos americanos, quer como método auxiliar de coleta de dados, quer como a fundamentação principal de elaborações teóricas.

2

A psicologia transpessoal

Histórico

Antecedentes

O reconhecimento da existência e importância, assim como o interesse em seu desenvolvimento, das potencialidades humanas relacionadas à *espiritualidade*, à *autotranscendência* e à *ampliação da consciência* – temática que contemporaneamente caracteriza o objeto de estudos privilegiado da psicologia transpessoal – é imemorial nas culturas e nas sociedades humanas. Embora esse interesse, assim como a visão de homem e de universo a ele associada, seja, com justiça, habitualmente relacionados ao campo da religião ou da filosofia, é igualmente justo e apropriado, sob uma óptica mais atual, considerar grande parte da produção cultural desenvolvida nessa área como pertencente ao campo do que hoje chamamos psicologia. De fato, abstraída uma leitura mais ingênua dos aspectos mitológicos, doutrinários e ritualísticos específicos, a maioria das religiões e tradições espirituais acaba propondo um modelo teórico-operativo da psique humana – ou seja, uma teoria da personalidade – e tecnologias de mudança da personalidade em direção ao considerado mais saudável pelo modelo adotado, ou seja, um tipo de psicoterapia.

Aceitar as tradições espirituais como psicologias e, mais ainda, psicologias transpessoais, é ponto pacífico no movimento transpessoal e, mesmo fora deste, encontra hoje larga aceitação, em grande parte graças ao trabalho de Jung que, em suas pesquisas sobre a alquimia e as religiões orientais e ocidentais, revolucionou a concepção cientificista com que tais tradições eram encaradas. Assim, vemos hoje populares manuais acadêmicos de teorias da personalidade, largamente utilizados fora do círculo transpessoal (como o de Fadiman e Frager, 1979), e mesmo autores não identificados com a perspectiva transpessoal (como Hall e Lindzey, 1984) dedicarem capítulos às chamadas *teorias orientais*.

Ainda examinando o passado histórico da psicologia, vamos encontrar, nas psicologias pré-científicas desenvolvidas sob a égide da filosofia, toda a gama de concepções sobre a natureza humana e suas relações com o universo circundante, em que são privilegiadas perspectivas metafísicas e enfatizado o potencial de espiritualidade e transcendência da consciência. Tais concepções, permanecendo atuais e dando margem a estudos adequados ao arcabouço teórico e conceitual da ciência atual, podem ser consideradas como patrimônio pela moderna psicologia científica e, nos aspectos relacionados à espiritualidade, como contribuições à psicologia transpessoal.

Mesmo na história recente de nossa ainda jovem ciência da psicologia, são encontrados significativos precursores do atual movimento transpessoal, sendo três os nomes mais amplamente reconhecidos.

Em primeiro lugar, o psiquiatra canadense Richard Maurice Bucke, entusiasta do transcendentalismo (movimento da filosofia e da arte no século passado), que realizou estudos sobre vivências de ampliação e transcendência da consciência, as experiências místicas de farto relato na literatura religiosa e, mais recentemente, também na psiquiátrica. Foi Bucke quem adotou, possivelmente inspirado em poema de Walt Whitman, o termo "consciência cósmica", como designativo mais ou menos genérico para a vivência subjetiva de abarcar o cosmos como conteúdo da consciência. Título de seu livro *Consciência cósmica*, hoje um clássico da psicologia transpessoal, o termo ainda é largamente empregado, em grande parte como homenagem a esse grande pioneiro no estudo científico dos *estados superiores* da consciência humana.

Em segundo lugar, já na virada do século, fulgura William James – "o maior dos psicólogos americanos" – que em seus estudos sobre *As variedades da experiência religiosa* (título de seu livro de 1902, [1991]) e, sobretudo, em suas teorias sobre a natureza da consciência, seu fluxo e estados, formulou arrojadas concepções transpessoais que hoje são recuperadas e revalorizadas pelos psicólogos da Quarta Força. Não são poucos os que vêem na psicologia transpessoal, a qual retoma a consciência como objeto central da psicologia (ênfase que desde James havia sido abandonada), uma continuidade de seu trabalho. Esse grande luminar, cuja obra nas últimas décadas vem sendo redescoberta e retirada das empoeiradas páginas da história da psicologia, é aclamado como precursor não só da psicologia transpessoal, mas também do movimento fenomenológico, humanista e existencial da Terceira Força.

E, por fim, vamos encontrar o extraordinário Carl Gustav Jung, outro gênio cuja filiação póstuma em suas fileiras, como membro honorário e precursor, é disputada tanto pelo movimento humanista quanto pelo transpessoal. Psicólogo adiante de seu tempo, em muitas de suas revolucionárias concepções antecipou em décadas várias tendências assumidas hoje pelo movimento transpessoal, sendo impossível, neste curto espaço, traçar ainda que um resumo de suas contribuições ao estudo das dimensões transcendentes da consciência – ou do *inconsciente*, como ele preferiria dizer. Apenas para citar, noções como arquétipo, inconsciente coletivo, psique objetiva, self, sincronicidade e psicóide, entre outras, assim como seus já referidos estudos sobre religião e alquimia – e mais, parapsicologia, astrologia e métodos divinatórios – encontram-se, e por certo se manterão por muito tempo, na ordem do dia para os psicólogos transpessoais deste e do século futuro.

A emergência da psicologia transpessoal

Não obstante o interesse milenar do ser humano pelas dimensões superiores e espirituais de sua psique e experiência, e do significativo trabalho desenvolvido no campo da psicologia por pioneiros como os que foram referidos, é somente de meados para o final da década de 1960 que uma série de fatores contribui para o aumento de investigações, teorizações e práticas psicológicas relacionadas ao tema, criando condições para a emergência e a institucionalização da psicologia transpessoal como movimento organizado que se propõe como a Quarta Força da psicologia.

Entre os fatores mais comumente apontados, que examinaremos a seguir, estão as necessidades decorrentes de fenômenos da mudança sociocultural; as novas perspectivas de compreensão e abordagem científicas da realidade abertas pelos desenvolvimentos mais recentes das ciências naturais; e, no âmbito da psicologia, certas decorrências do desenvolvimento da própria psicologia humanista.

Mudanças no contexto cultural

No contexto das intensas transformações culturais observadas na cultura ocidental nas últimas décadas que, como vimos, estiveram também associadas ao desenvolvimento da psicologia humanista, houve um crescente interesse pela espiritualidade, assim como um significativo aumento do número de pessoas envolvidas em espetaculares vivências de alteração e ampliação da consciência. Isso tem sido explicado, ao menos em parte, pela difusão do uso de substâncias psicodélicas, pela popularização de práticas meditativas e espirituais importadas do Oriente ou difundidas a partir da abertura de antigas tradições esotéricas, e mesmo pela crescente valorização cultural desse tipo de experiência, antes inibida e reprimida como sinal de transtornos mentais ou, ainda, de ignorância, primitivismo, superstição e mesmo farsa.

Fossem tais vivências experienciadas como positivas, perturbadoras ou meramente divertidas, o fato é que colocaram os psicólogos e as psicologias numa desconfortável posição. Chamados a explicar o que se passava e a interferir como autoridades no assunto, pouco tinham a dizer ou fazer. Salvo referências a eruditos estudos antropológicos do que até então podia ser considerado uma exótica curiosidade de culturas primitivas ou de fechados grupos religiosos, os psicólogos só tinham para repetir surradas lições de *psicopatologia psiquiátrica*, que logo se mostraram respostas inadequadas àqueles que os procuravam em busca de explicações e ajuda para entender e integrar tão extraordinárias vivências. Mesmo jovens psicólogos e pesquisadores, no caldeirão de auto-experimentação psíquica que caracterizou os anos da contracultura, vivenciaram essas alterações dramáticas, desconcertantes, intrigantes e, sobretudo, instigantes da própria consciência. Viu-se, então, a psicologia desafiada a abordar o fenômeno com todos os instrumentos técnicos, metodológicos, teóricos e conceituais conhecidos, ou mesmo criando outros que se fizessem necessários.

Surgia todo um novo campo de estudos, até então negligenciado nos meios mais oficiais, que agora se mostrava no descortinar de uma vasta gama de desconhecidos "estados alterados da consciência", para usar uma expressão difundida no meio transpessoal por Charles Tart

(1977). Em conseqüência dessa situação, verificou-se o explosivo aumento de pesquisas e teorizações na área, estudos estes que não poderiam ser adequadamente encaixados nos ramos de estudo anteriormente delimitados para a psicologia, nem tampouco eram adequadamente abarcados pelas formulações teóricas mais correntes.

Da necessidade de intercâmbio de pesquisas e de pontos de vista desses estudiosos isolados e deslocados nos meios mais oficiais, como outrora ocorrera com os psicólogos que se associaram no lançamento da proposta humanista, emergiam as condições para a articulação de um novo movimento congregador, envolvido agora na investigação privilegiada das experiências inusuais e ampliadas da consciência humana.

Mudanças no paradigma científico

Entre os fatores extrínsecos mais comumente relacionados à emergência da psicologia transpessoal, é apontado o extraordinário desenvolvimento observado neste século no campo das ciências naturais, tais como a física, a química, a biologia e a fisiologia. Novas descobertas e teorias em ramos de ponta da pesquisa científica têm a tal ponto abalado as concepções estabelecidas de realidade e ciência que, recorrendo-se à conhecida concepção de história da ciência apresentada por Kuhn (1987), tem sido freqüentemente apontado que estaríamos em plena *crise* e *revolução paradigmática*, testemunhando o nascimento de um novo *paradigma científico*. Tal revolução, de implicações não só científicas como socioculturais, teria significados e conseqüências tão transformadoras – até maiores – ou iniciada outrora por Copérnico que, subvertendo a cartografia da realidade, propiciou, entre outras coisas, o próprio nascimento das ciências naturais e da civilização moderna. Está sendo solapada em suas próprias bases a visão de mundo cartesiano-newtoniana, cujos princípios de ordenação lógica e causal, e de objetividade confiável das dimensões espaço-temporais, tinham até agora fornecido alicerce seguro para a paulatina e inexorável construção do edifício da ciência. O novo paradigma que se insinua, e tem sido chamado de pós-moderno, holístico, holográfico e mesmo *transpessoal*, parece nos falar de um universo mais amplo, no qual a *realidade* em que até agora transitávamos em nossos projetos de investigação científica não passa de uma estreita faixa, cuja existência, em vez de se revestir de materialidade, parece dever à nossa consciência tanto quanto as delirantes visões de um psicótico se associam à sua subjetividade doentia. Na nova perspectiva científica, tempo e espaço são conceitos relativos; matéria e energia, uma questão de ponto de vista; parte e todo são sinônimos; relação causa e efeito, um conceito anacrônico; consciência subjetiva e objetividade concreta, duas faces inseparáveis e intercambiáveis de uma mesma realidade unitária.

Essa insólita visão de mundo, inicialmente restrita a esotéricos círculos de pesquisadores e teóricos, acabou por despertar curiosidade no insatisfeito e questionador panorama da cultura em crise e, atravessando as fronteiras disciplinares, chegou também à psicologia, na qual encontra eco e confirmação nos extravagantes interesses e interrogações de isolados psicólogos envolvidos em estudar os limites da consciência. Esse surpreendente encontro entre ciências de tão distinto campo – o âmago da matéria e os confins da alma humana – é mediado por uma constatação mais desconcertante ainda: essa nova visão de mundo e realidade, vislumbrada nas pesquisas mais especulativas e arrojadas, não era tão nova assim, mas imemorialmente vivenciada nas tradições religiosas, na experiência dos místicos e nos relatos transpessoais.

Assim, contextualizando-se em um quadro de revolução paradigmática, a psicologia transpessoal recebe estímulo para se consolidar como movimento de contribuição e resposta da ciência psicológica que se atualiza, ao desafio e tarefa que – tradicionalmente colocado a todo empreendimento científico – recebe agora renovados significados: conhecer, colocando esse conhecimento a serviço da humanidade, a realidade do universo que nos cerca.

A psicologia humanista e o nascimento da psicologia transpessoal

Embora auto-intitulada a Quarta Força da psicologia, a psicologia transpessoal não surge em oposição à psicologia humanista. Ao contrário, como movimento de proposta mais inclusiva do que contestatória, mantém estreita ligação com a psicologia humanista e, não obstante desta difira qualitativamente nas posições e interesses a ponto de caracterizar um novo movimento, a psicologia transpessoal é, em geral, entendida como ampliação ou extensão do movimento humanista, a partir de tópicos que haviam sido apenas perifericamente considerados nas formulações iniciais da Terceira Força. É, aliás, no próprio seio da psicologia humanista que se iniciam as articulações para o lançamento do novo movimento.

Mais uma vez, a percepção de que as circunstâncias favoreciam a emergência de uma nova Força e a iniciativa de encabeçar as articulações para seu lançamento couberam a Maslow e Sutich. Conforme relembra este último (Sutich, 1991), foi a partir das idéias que transpiraram em um seminário sobre teologia humanística promovido em 1966, que Maslow e ele amadureceram a constatação de que uma nova Força estava se impondo e fora erroneamente identificada como parte da psicologia humanista. De fato, em 1968, Maslow assim se expressaria na introdução à segunda edição de seu livro *Introdução à psicologia do ser*:

Devo também dizer que considero a psicologia humanista, ou a Terceira Força em psicologia, apenas transitória, uma preparação para uma Quarta Psicologia ainda "mais elevada", transpessoal, transumana, centrada mais no cosmos do que nas necessidades e interesses humanos, indo além do humanismo, da identidade, da individuação e quejandos [...]. Necessitamos de algo "maior do que somos". (Maslow, s.d., p. 12)

A proposta, divulgada em conversas, seminários, artigos e troca de correspondências, logo encontrou destacados adeptos, sendo formado um comitê para organização de uma nova revista, dedicada ao que àquela altura chamavam *psicologia transumanística*. Das discussões desse comitê, presidido por Sutich e integrado por, além de Maslow, nomes do calibre de James Fadiman, Sidney Jourard, Michael Murphy e Miles Vich, em finais de 1967 completa-se a definição e a declaração de objetivos da nova Força. Em 1968, em discussão de que participaram também Viktor Frankl e Stanislav Grof, é adotado o título *Psicologia Transpessoal* em substituição ao anteriormente proposto, e em 1969 a revista é lançada, sendo o movimento assim apresentado:

Psicologia transpessoal (ou "Quarta Força") é o título dado a uma força emergente no campo da psicologia, representada por um grupo de psicólogos e profissionais de outras áreas, de ambos os sexos, que estão interessados naquelas capacidades e potencialidades *últimas*, que não possuem um lugar sistemático na teoria positivista ou behaviorista ("Primeira Força"), na teoria psicanalítica clássica ("Segunda Força"), ou na psicologia humanística ("Terceira Força"). (*Apud* Sutich, 1991, p. 29)

Nos próximos itens procurarei caracterizar a psicologia transpessoal em relação aos temas que privilegia em seus estudos; às posições que adota em sua proposta de psicologia científica; à visão de natureza humana desenvolvida em suas teorias; e às técnicas e métodos que utiliza para investigação e atuação. Em todos os tópicos, na medida do possível, serão enfatizadas as relações e as diferenças entre as posições transpessoais e humanistas.

Características

Temática privilegiada

Na declaração dos conteúdos de interesse para publicação, impressa no frontispício do primeiro número da *Revista de Psicologia Transpessoal*, pode-se ter uma expressiva idéia dos campos temáticos caracteristicamente privilegiados na proposta da Quarta Força:

> A *Revista de Psicologia Transpessoal* ocupa-se da publicação da pesquisa teórica e aplicada, de contribuições originais, estudos empíricos, artigos e estudos sobre metanecessidades, valores últimos, consciência unitiva, experiência de pico, êxtase, experiência mística, valores B, essência, felicidade, respeito, milagre, auto-realização, significado último, transcendência do eu, espírito, sacralização da vida cotidiana, unidade, consciência cósmica, jogo cósmico, sinergia individual e da espécie, máximo encontro interpessoal, responsividade e expressão, e sobre os conceitos, experiências e atividades relacionadas. Como declaração de objetivos, essa formulação deve ser entendida como sujeita a interpretações opcionais individuais ou de grupos, tanto parcial quanto totalmente, com relação à aceitação de seus conteúdos como essencialmente naturalistas, teístas, sobrenaturalistas, ou qualquer outra classificação que se lhes dê. (*Apud* Sutich, 1991, p. 31)

Naturalmente, trata-se de uma listagem bastante extensa, cujos tópicos, em grande parte se referem a termos relacionados a certas perspectivas teóricas mais específicas e identificadas com o trabalho dos criadores do movimento, especialmente Maslow, sendo apresentada aqui mais pelo interesse histórico da declaração e para que se tenha um apanhado geral da amplitude e da abertura de perspectiva dos interesses do movimento transpessoal. Entretanto, em vez de discorrer sobre cada um dos temas relacionados, o que, além de resultar demasiado extenso, provavelmente forneceria uma visão um tanto confusa e dispersiva, optei por centrar minha apresentação em torno de três tópicos gerais que, relacionados entre si, têm mais comumente sido apontados como a área privilegiada e característica das abordagens transpessoais: as *potencialidades últimas*, a *espiritualidade* e os *estados alterados de consciência*, aí incluídas as *experiências transpessoais*.

A escolha, nas primeiras definições, do designativo genérico de *potencialidades últimas* como objeto de estudo da psicologia transpessoal, assim como a indicação de temas análogos (valores últimos, experiências de pico, máximo encontro interpessoal, significado último, estado final, consciência sensorial máxima, ponto ômega, relações últimas etc.), parece relacionar-se às raízes humanistas do movimento transpessoal. Na verdade, a vinculação do surgimento da psicologia transpessoal ao movimento humanista é bem mais do que circunstancial, podendo, ao menos assim entendo, ser vista como decorrência lógica das próprias propostas da Terceira Força que, ao se declarar interessada em estudar e promover a saúde, o bem-estar e o desenvolvimento do potencial humano, estimulou muitos investigadores a se questionarem sobre as possibilidades máximas dessas qualidades, os estados e potencialidades últimas desse desenvolvimento, ou aquilo a que Maslow (1971) chamou de "as mais longínquas buscas da natureza humana". Nessa busca, não raro, os investigadores concluíam que a auto-realização humana não se esgota no "ser plenamente pessoa", mas, sim, no ultrapassar da própria condição pessoal, acessando a dimensão cósmica, espiritual ou transpessoal do ser. Da mesma forma que se pode dizer que um rio – imagem a que freqüentemente os humanistas comparam a qualidade processual ideal do crescimento psicológico saudável – não encontra auto-realização em ser plenamente rio, mas que esta, em última instância, só se concretiza quando vai além de ser rio e se torna parte do mar, também para a perspectiva transpessoal é na transcendência dos próprios limites da pessoa que, paradoxalmente, sua realização última pode ser obtida. Nesse sentido, a proposta transpessoal é qualitativamente distinta da humanista:

Isto é, a orientação transpessoal tem como conceito fulcral a "autotranscendência", o que, em última análise, a diferencia da orientação humanista, cujas metas básicas de desenvolvimento localizam-se na "auto-realização". Assim, na psicoterapia transpessoal, a capacidade humana para "autotranscendência", além da auto-realização, é reconhecida como etapa final do desenvolvimento". (Grof, 1988, p. 133)

A espiritualidade, ou a dimensão espiritual do homem, segundo tópico de nossa caracterização temática, identifica o movimento transpessoal como a primeira corrente da psicologia contemporânea que dedica atenção sistemática e privilegiada à dimensão espiritual da experiência humana, até então ignorada, negada, negligenciada ou reduzida a derivações secundárias de outras faixas inferiores do ser, como a sexualidade e a agressividade sublimadas. O próprio uso mais ou menos freqüente e generalizado do termo "espiritual", que os transpessoais fazem, tomando emprestado da religião este e outros vocábulos, na falta de termos próprios na tradição psicológica ocidental, fala-nos do desinteresse da psicologia pelo assunto. Como diz Maslow:

> [...] é quase impossível falar "vida espiritual" (frase desagradável para um cientista, em particular para os psicólogos) sem usar o vocabulário da religião tradicional. Simplesmente ainda não existe outra linguagem satisfatória. Uma excursão pelos léxicos poderia demonstrá-lo com rapidez. (Maslow, 1964, p. 4)

Na verdade, a aceitação do homem como ser cuja auto-realização final envolve a autotranscendência e o acesso a uma dimensão cósmica ampliada de participação universal naturalmente tende a aproximar a psicologia transpessoal das concepções religiosas da natureza humana, as "psicologias espirituais" como denominou Tart (1979). Essas psicologias imemorialmente defendem esse ponto de vista como pressuposto que fundamenta a própria religião, conforme já constatara William James em seus estudos sobre as variedades da experiência religiosa:

> Resumindo da forma mais ampla possível as características da vida religiosa, tais como elas se nos deparam, encontramos as seguintes crenças:

1. que o mundo visível é parte de um universo mais espiritual do qual ele tira sua principal significação;
2. que a união ou relação harmoniosa com esse universo mais espiritual é nossa verdadeira finalidade; e
3. que a oração ou a comunhão interior com o espírito desse universo mais elevado – seja ele "Deus" ou "ordem" – é um processo em que se faz realmente um trabalho, e em que a energia espiritual flui e produz efeitos, psicológicos ou materiais, dentro do mundo fenomênico. (James, 1991, p. 300)

Naturalmente, sendo a psicologia transpessoal uma proposta de psicologia científica, e não se filiando a nenhuma concepção religiosa específica de mundo, sua abordagem do espiritual e do religioso far-se-á pela via do empírico, pela atenção ao fenômeno experiencial em si, assim como pela consideração de seus efeitos psicológicos e suas implicações para a compreensão da estrutura, da dinâmica e do desenvolvimento da personalidade.

Não só no interesse despertado pela singular fenomenologia relatada nas experiências espirituais, místicas ou religiosas, mas também pela abordagem de outros fenômenos extraordinários de alteração e ampliação da consciência, os quais, como vimos, crescentemente, apresentam-se no contexto cultural atual como desafio para a psicologia, é que se pode caracterizar o campo de estudos privilegiado da psicologia transpessoal: os estados alterados da consciência.

O estudo da consciência como objeto central da psicologia, abandonado desde que a objetividade behaviorista superou as propostas de Wundt e William James, e Freud, descortinando a parte submersa do *iceberg*, apontou o subconsciente como a dimensão psíquica predominante, já começara a ser recuperado pela psicologia humanista, com sua ênfase na experiência consciente, entendida como a dimensão do psiquismo em que a pessoa exerce suas potencialidades de liberdade, escolha, autonomia e intencionalidade. A concepção transpessoal da existência de outros estados de consciência – além dos tradicionalmente aceitos pelas teorias correntes (vigília, sonho, sono sem sonhos, intoxicação e alguns estados intermediários), muitos dos quais entendidos como estados supraconscientes cujas potencialidades na promoção da saúde e do crescimento superariam em muito as do estado normal de vigília e as derivadas da análise das faixas infraconscientes descobertas por Freud –, faz da exploração das possibilidades últimas da consciência o interesse primordial das teorias, pesquisas e aplicações da psicologia transpessoal. Coube a Charles Tart, pesquisador e teórico, cuja contribuição é notável não só no campo da psicologia transpessoal, mas também no da parapsicologia, recuperar para a psicologia atual a anacrônica expressão "estados de consciência", acrescentando-lhe o adjetivo "alterados" para definir conceitos que se mostraram de largo uso, contribuindo para o vocabulário técnico e operacional da Quarta Força da psicologia. Não obstante o uso do adjetivo "alterado" tenha por vezes sido criticado por parecer sugerir algo artificial ou com conotações patológicas, estando mais em voga atualmente a utilização nos meios transpessoais da expressão "estados inusuais de consciência", e, não obstante ainda, também ser por alguns questionado o próprio uso da expressão "estados de consciência" por entenderem que a alteração desta se processa em um contínuo e não em estados delimitados, as definições de Tart permanecem importantes e atuais:

> De um modo bastante conciso, "um estado de consciência" [...] é aqui definido como um padrão generalizado de funcionamento psicológico. Um "estado alterado da consciência" [...] pode ser definido como uma alteração qualitativa no padrão comum de funcionamento mental em que o experienciador sente que a sua consciência está radicalmente diferente do seu funcionamento "normal". Deve-se notar que um EAC não é definido por um conteúdo particular da consciência, por um comportamento, ou por uma modificação fisiológica, mas em termos de seu padrão total. (Tart, 1991, p. 41)

Embora os estados alterados de consciência em geral interessem à psicologia transpessoal, é em especial naqueles em que a consciência se expande ou se amplia para além dos limites usuais da vigília que os estudos estão concentrados. Mesmo que se questione a existência de estados realmente superiores – que, a rigor, para Tart seriam aqueles em que não só todas as funções do estado habitual estivessem mantidas, mas fossem ainda mais eficientes e/ou acrescidas de funções novas – o conceito de experiências transpessoais, caracterizadas como aquelas em que há "o sentimento de expansão da consciência para além das fronteiras egóicas comuns e das limitações do tempo e do espaço" (Grof, 1988, p. 104), pode esclarecer o campo de interesses característico e exclusivo (pois é a única corrente que sistematicamente o aborda) da psicologia transpessoal.

Além dos tópicos subentendidos nas orientações temáticas gerais aqui apresentadas, outros temas típicos do movimento transpessoal estão relacionados às suas propostas epistemológicas e científicas; ou às suas concepções da natureza humana; ou, ainda, às suas formas próprias de abordagem e atuação. Isso examinaremos nos próximos itens.

Modelo de ciência

Da mesma forma que a psicologia humanista, a psicologia transpessoal, como movimento, assume e defende posições epistemológicas típicas, propondo para a psicologia a adoção de um modelo de ciência distinto do tradicional modelo naturalista. Aqui, porém, novamente vamos encontrar significativas diferenças de grau e de qualidade entre a proposta humanista e a transpessoal. Os psicólogos humanistas, em geral, defendem para a psicologia um modelo de ciência do homem, de base compreensiva, fenomenológica, idiográfica, holista e teleológica, em contraposição à perspectiva objetivante, explicativa, reducionista, normativa, elementarista e determinista do modelo tradicional das ciências naturais, o qual, em geral, os humanistas respeitam como abordagem adequada ao mundo das coisas, tão distinto – assim entendem – do mundo humano. Aliás, grande parte do debate entre a psicologia humanista e o behaviorismo – e também com certas concepções mecanicistas do "modelo hidráulico" da psicanálise – trava-se nesse tópico de qual dos dois modelos, o naturalista ou o humanista, é adequado para a psicologia. Mas enquanto esse já quase monótono e repetitivo debate se prolongava nos círculos da psicologia, as ciências naturais evoluíam a passos – ou melhor, saltos – enormes, tornando ultrapassadas as posições anteriormente identificadas como seu modelo científico e generalizando em seu meio a convicção de estar em curso uma revolução do paradigma geral da ciência.

Assim, como vimos, o movimento transpessoal, assumindo a leitura de que está em curso uma revolução paradigmática, em vez de contrapor ciências humanas e ciências naturais realiza intensa aproximação destas últimas, só que já entendidas em um novo paradigma unificado – holístico, pós-moderno, holográfico e transdisciplinar – da ciência. Capítulos inteiros dedicados às novas descobertas da física, química e pesquisa cerebral, entre outras, são uma constante em livros de psicologia transpessoal, em que citações de cientistas, como Bohm, Bohr, Einstein, Prigogine, Bell, Pauli, Heisenberg, Capra, Pribam, Sheldrake e muitos outros, chegam às vezes a ser mais freqüentes que as dos mais renomados psicólogos. Por outro lado, nas modernas ciências naturais, a aproximação é recíproca. É mesmo um fato curioso, eu próprio tenho observado, que a psicologia transpessoal desperte menos interesse entre os psicólogos que entre os praticantes dessas ciências, os quais, talvez por dever de ofício, em geral, encontram-se mais bem familiarizados com as novas perspectivas paradigmáticas, sintonizando com facilidade o ponto de vista e o discurso adotado pelos psicólogos transpessoais.

Atônitos e fascinados com a descoberta de uma realidade só anteriormente concebida nas esotéricas tradições espirituais e nas mais visionárias experiências místicas e transpessoais de alteração da consciência, às quais crescentemente recorrem como ilustração, confirmação e mesmo inspiração de suas teorias revolucionárias, os novos cientistas cada vez mais assumem a constatação do físico James Jeans de que o "universo parece mais com um grande pensamento do que com uma grande máquina". No estudo desse novo mundo, em que a realidade psíquica parece inseparável da realidade material, as ciências naturais recorrem crescentemente a modelos desenvolvidos nas ciências humanas – fala-se, por exemplo, em "sociologia dos elétrons" – a ponto de se poder afirmar, como o faz Boaventura de Sousa Santos (1988), que: "Não há natureza humana porque toda natureza é humana" (p. 63). Mais que isso, temas como consciência – e não só consciência humana! – até há pouco impensáveis em ciências que primavam pela objetividade empírica, passam a ser de crucial importância no desenvolvimento das pesquisas e das teorias. Comentando a célebre afirmação de Watson, criador do behaviorismo, de que a psicologia já estava apta a abandonar qualquer menção à consciência, tornando-se "um ramo puramente objetivo e experimental das ciências naturais, que necessita tão pouca introspecção quanto as ciências da física e da química", a física e filósofa Danah Zohar (s.d.) afirma: "Ironicamente, essa linha de pensamento é hoje tão obsoleta para a física quanto foi obsoleta para a psicologia" (p. 57). Assim é que, também ironicamente, *mutatis mutandis* e de uma perspectiva totalmente inversa, a psicologia transpessoal reedita o ideal behaviorista de ver a psicologia irmanada às ciências naturais inserida em um mesmo modelo e proposta de ciência unificada.

O paradigma científico emergente tem sido freqüentemente intitulado holístico ou holográfico. O termo *holos* (*todo,* em grego) foi utilizado pelo estadista e pensador sul-africano Jan Smuts, no seu livro publicado em 1926, para formular a proposta do holismo, teoria que, opondo-se a concepções atomistas, propõe como característica fundamental da natureza a tendência para promover a evolução no sentido de totalidades cada vez mais complexas e organizadas. Quase despercebidas na época, suas idéias influenciaram Adler (um dos dissidentes de Freud cujas teorias antecederam e influenciaram em diversos aspectos o movimento humanista) e, sendo de resto coerentes com a proposta da Psicologia da Gestalt ("o todo é mais que a soma das partes"), o ponto de vista holista obteria ainda maior apoio com a teoria geral dos sistemas, de Von Bertalanffy, cuja concepção transdisciplinar do funcionamento dos sistemas tem possibilitado numerosas aplicações e desenvolvimento nas psicologias que a adotam. Assim, como vimos no primeiro capítulo, essa perspectiva generalizou-se entre as teorias humanistas que, de maneira geral, caracterizam-se pela abordagem holista, organísmica ou sistêmica da pessoa humana, em contraposição às posições elementaristas e reducionistas que critica nas Forças precedentes.

Entretanto, a visão holística do novo paradigma, que assume como uma das propostas centrais a superação de todas as fronteiras disciplinares e mesmo o rompimento da compartimentalização das áreas do saber humano (donde se vêem crescentes aproximações transdisciplinares entre filosofia, ciência, arte e religião), difere substancialmente – embora não contrarie – da visão holista do movimento humanista.

Para compreender as semelhanças e diferenças entre as duas perspectivas, aqui diferenciadas pelas denominações de holística e holista, convém uma breve exposição dos princípios da holografia, a técnica de reprodução tridimensional de imagens, cujas características instigantes têm levado distintos proponentes do novo paradigma a apresentá-lo a partir do modelo ou metáfora da holografia.

A foto tridimensional foi pela primeira vez teoricamente concebida em 1947, pelo ganhador do Prêmio Nobel Denis Gabor, mas só pôde ser concretizada em 1965, com a invenção do raio *laser*. Ao invés de reproduzir imagens por pontos localizados espacialmente em superfícies quimicamente sensíveis à luz, como ocorre na fotografia comum, o que é registrado no holograma (a matriz da holografia) são os padrões de interferência de dois feixes de luz *laser*, a um dos quais foi interposto o objeto que se quer grafar. Exposto novamente a um feixe de luz, o padrão registrado no holograma projeta uma reprodução espectral tridimensional da imagem do objeto, a chamada holografia. Independentemente da compreensão desse processo – confesso que eu próprio ainda não o entendi muito bem – o que nos é relevante considerar é a interessante característica da holografia, que tem inspirado cientistas dos mais variados campos à criação de modelos teóricos análogos:

> Holografia é um método de fotografia sem lentes no qual o campo ondulatório da luz espalhada por um objeto é registrado em uma chapa sob a forma de um padrão de interferência. Quando o registro fotográfico – o holograma – é exposto a um feixe de luz coerente, como um *laser*, o padrão ondulatório original é regenerado. Uma imagem tridimensional aparece.
> Como não há focalizador, isto é, lentes focalizadoras, a chapa tem a aparência de um padrão de espirais destituído de significado. *Qualquer pedaço do holograma pode reconstruir a imagem inteira*. (Wilber *et al.*, 1991, p. 12)

Assim, indo além da proposta holista da visão humanista – o "todo é mais que a soma das partes" – a visão holística das novas ciências – aí incluída a psicologia transpessoal – afirma que a abordagem deve ser holográfica, pois "a parte contém o todo", ou seja, qualquer elemento de um todo é como um holograma, no qual, ainda que em menor detalhe, é identificável a qualidade isomórfica do padrão de complexidade e de interdependência existente na configuração total.

Concepções radicais, em disciplinas distintas e independentes, parecem convergir em torno de uma concepção holográfica da natureza da realidade. Talvez a mais conhecida dessas coincidências e complementaridade de concepções teóricas independentes seja o caso das teorias de Karl Pribram e David Bohm. O primeiro, destacado pesquisador do cérebro, sugere um *modelo holográfico do funcionamento cerebral* para superar o enigma da localização da memória, pois insistentes pesquisas pareciam não deixar outra resposta à intrigante constatação de que a informação se distribui por todo o cérebro, sendo por inteiro recuperável a partir de qualquer parcela. O segundo, eminente físico teórico, na tentativa de integrar inquietantes e paradoxais teorias, pesquisas e concepções no campo da micro e da macrofísica, propõe uma *teoria holográfica do universo*, por ele concebido como um contínuo *dobrar-se* e *desdobrar-se* das formas aparentes – a *ordem exposta* – a partir de uma realidade mais profunda, transcendente e subjacente a tudo o que existe: a *ordem implicada* da qual tudo é imagem holográfica.

O encontro das idéias dos dois cientistas originou a proposta de que o cérebro era uma estrutura de funcionamento holográfico que interpretava um universo de natureza igualmente holográfica, produzindo a realidade – ou as realidades – em sua construção espaçotemporal de imagens da realidade unitária transcendente. Aliás, a indissociabilidade da relação entre mente e realidade, implicada em diversas concepções das modernas ciências naturais, lança nova luz sobre o secular problema mente-corpo, tradicional e de longa história no desenvolvimento da psicologia.

As novas descobertas e teorias, recuperando concepções milenares da religião e filosofia, sugerem que as realidades se constituem a partir de uma filtragem e de uma reconstrução holográfica realizada pela mente em sua relação com a realidade inefável implicada no âmago do mundo fenomenal ilusório, não obstante a própria mente não seja mais entendida como organicamente contida no cérebro (algumas propostas crêem ser a mente, na verdade, obstruída pelo cérebro). As relações mente/cérebro/realidade constituem, aliás, uma das principais temáticas unificadoras dos novos interesses científicos

Escapa aos propósitos desta breve caracterização formular um inventário, ainda que resumido, das principais descobertas e tendências que, à semelhança de um mosaico em formação, se têm associado, a partir de diversas ciências, na configuração e emergência de um novo paradigma científico. Desejo referir apenas a algumas decorrências dessas novas visões, que me parecem implicar radicalmente a psicologia transpessoal. Márcia Tabone (1988, p. 160) afirma que: "Podemos entender o movimento transpessoal como resultado de esforços para ajustar a psicologia ocidental ao paradigma emergente, contribuindo para a assimilação das novas premissas em seu campo de pensamento". Desse ponto de vista, e também na sua recíproca, de adequar as outras ciências às novas premissas emergentes da pesquisa transpessoal, alguns desafios que se colocam para a psicologia atual só parecem-me concebíveis e encaráveis numa perspectiva transpessoal.

Em primeiro lugar, o empirismo e o racionalismo estritos, associados ao estado de consciência lógico e objetivo com que a ciência tentou superar o saber do senso comum e do pensamento mítico, foram desmascarados como uma abordagem bastante limitada em seu alcance e confiabilidade, sendo na verdade incapazes de adequarem-se à compreensão científica de certos níveis e processos da natureza. Já anteriormente criticada como inadequada e limitada quando aplicada ao estudo do mundo humano, essa atitude científica é agora igualmente denunciada como inútil e enganadora para um entendimento mais profundo da própria realidade do mundo das coisas. Mais que a atitude, o próprio estado de consciência em que esta se insere, ou seja, a consciência objetiva, o estado de vigília mais racional, entendido até há pouco como o ideal e superior estado de adequação ao "princípio da realidade", mostra-se agora em pé de quase igualdade com os estados ilusórios dos sonhadores, dos poetas, dos loucos e dos visionários: todos são limitados a visões parciais, de confiabilidade relativa e restrita. Stanley Krippner (1991) chega a apontar que a ciência não só cumpre na civilização moderna a função de mitologia (nível de conhecimento que orgulhosamente os cientistas pretendiam ter superado), mas ainda é uma "mitologia incompleta", por deixar esquecido, entre outras coisas, o aspecto transcendente da realidade. Com o desmascaramento da objetividade científica, a questão da consciência e suas relações com a realidade deixou de ser de interesse restrito da psicologia e da filosofia, e volta ao centro da discussão preliminar de qualquer empreendimento em ciência, no repensar epistemológico provocado pela desintegração de um paradigma.

Mais que a consciência e os estados alterados em geral, são os estados ampliados, as vivências transpessoais, o tópico que parece mais relevante e promissor como campo de estudos e contribuição próprios da psicologia, na leitura de revolução paradigmática a que o movimento transpessoal adere. Os novos conhecimentos sugerem, como diz o grande biólogo J.B.S. Haldane (citado por Ferguson, s.d., p. 150) "que a realidade não é apenas mais estranha do que concebemos, mas mais estranha do que podemos conceber". É portanto o inconcebível, o transracional, que a ciência está adentrando. Aparentemente, só em estado alterado e ampliado de consciência poder-se-á em breve teorizar, produzir, compreender e utilizar conhecimento nos ramos de ponta de qualquer disciplina científica. Charles Tart (1979, 1991), em lúcida percepção, aponta a correspondência entre paradigmas científicos e estados específicos de consciência, demonstrando que a ciência do paradigma tradicional é uma "ciência do estado de vigília", estado no qual se desenvolve toda investigação, teorização e intercâmbio científico. Ora, parece que a ciência, ao mudar de paradigma, está caminhando para o que Tart previu e propôs: "ciências de estado específico", baseadas em observações, dados, hipóteses, procedimentos, teorizações e raciocínios só compreensíveis, comunicáveis e testáveis por cientistas que compartilhem o mesmo nível de consciência na percepção e no pensar da realidade. Hoje em dia, como observei anteriormente, parece mais fácil a troca de informações, a compreensão e a cooperação entre ciências bastante distintas – o que até há pouco vinha se tornando quase impossível, dado o hermetismo da especialização – desde que comunguem as novas visões; ao passo que vem se tornando cada vez mais difícil, mesmo em um bem específico ramo do conhecimento, o diálogo entre investigadores afinados com o paradigma tradicional e os que se vinculam ao emergente. Repentinamente, o discurso dos físicos é quase indistinguível do dos místicos (como demonstrou LeShan, 1991), os quais parecem ter há séculos obtido acesso a substratos mais *reais* da realidade, que só agora a ciência adentra, observa e até descreve matematicamente, mas não concebe mentalmente, enquanto não muda a faixa de consciência do cientista que a pratica. Torna-se urgente, não só do ponto de vista teórico, mas inclusive do prático e metodológico, a compreensão do espectro ampliado da consciência humana e dos meios de nele transitar. Alterar a consciência não é mais um comportamento exclusivo de doentes mentais ou drogados. Tampouco tem utilidade exclusivamente para artistas, religiosos ou filósofos. A alteração da consciência, mais do que assunto ou objeto de estudo da mais alta relevância, poderá tornar-se, em breve, condição prévia para o próprio exercício da ciência, para que os investigadores possam manter-se atualizados e produtivos nos ramos mais tradicionais e respeitáveis da atividade científica. Além do mais, a alteração da consciência parece ser a possibilidade de um caminho, no mínimo, mais barato para acessar dimensões da realidade que, por outros meios, só são investigáveis mediante recursos tecnológicos caríssimos e, muitas vezes, altamente perigosos.

E, por fim (ou melhor, antes que seja o fim), cresce a percepção de que a mente em estado de consciência normal não só é incapaz de acompanhar e explorar as transformações e a abertura de novas vias emergentes do desenvolvimento científico, mas também mostra-se impotente em enfrentar as crescentes, complexas e multifacetadas crises que ameaçam o futuro da humanidade. Em um beco cada vez mais sem saída, a mente do homem atual vem sendo pressionada a ousar, como única escapatória, um salto qualitativo – um "salto quântico" – de mudança radical em direção a uma nova forma de ser e perceber, salto este que parece necessariamente implicar alteração e ampliação do estado usual de consciência. Embora não lhe pertença mais a palavra especializada definitiva, pois especializações e compartimentalizações do saber têm-se tornado uma impossibilidade, não pode a psicologia furtar-se à responsabilidade de, como a ciência da consciência (assim propõem os transpessoais) enfrentar o desafio, crucial para a espécie humana, que é o de aumentar o conhecimento no campo dos mistérios e possibilidades últimas da consciência humana em sua relação holográfica com a realidade e a consciência universal.

Visão de homem

Além da temática que privilegia e das dimensões do ser e da consciência em que suas pesquisas e teorizações se desenvolvem, o que define determinada escola como pertencente à psicologia transpessoal é o modelo ou visão de homem que reconhece e adota. Walsh e Vaughan (1991), em suas conhecidas definições de psicologia transpessoal e psicoterapia transpessoal, apontam:

> A psicologia transpessoal está voltada para a expansão do campo da pesquisa psicológica a fim de incluir o estudo da saúde e do bem-estar psicológicos ótimos. Ela reconhece o potencial da vivência de uma ampla gama de estados de consciência, em alguns dos quais a identidade pode estender-se para além dos limites usuais do ego e da personalidade.
> A psicoterapia transpessoal inclui áreas e preocupações tradicionais, às quais acrescenta o interesse em facilitar o crescimento e a percepção para além dos níveis de saúde tradicionalmente reconhecidos. Reiteram-se nela a importância da modificação da consciência e a validade da experiência e da identidade transcendentais. (Walsh e Vaughan, 1991, p. 18)

De maneira geral, o que distingue e caracteriza a visão de homem adotada pelas teorias e escolas da psicologia transpessoal é a aceitação, sob diversas concepções, da existência de instâncias superiores da consciência e do potencial humano, inacessíveis ao estado usual de vigília, mas potencialmente disponíveis mediante a vivência dos estados alterados e ampliados da consciência. Assim, como a psicologia humanista enfatizou os aspectos conscientes e auto-realizadores do ser humano, a psicologia transpessoal, em busca do bem-estar e saúde ótimos, vai além, destacando os aspectos transcendentes e espirituais em que, paradoxalmente, a própria condição humana é ultrapassada e a pessoa reencontra sua condição transumana, transpessoal, cósmica ou mesmo divina. Entretanto, o uso de termos como espiritual, transpessoal, divino, trans ou meta-humanos, não exclui a compreensão de que a busca da transcendência seja encarada como algo natural, isto é, intrínseca à natureza humana, como observa Maslow:

> Transcendência também significa tornar-se divino ou assemelhado a Deus, indo além do meramente humano. Mas é necessário que aqui sejamos cautelosos para não fazer desse tipo de colocação algo extra-humano ou sobre-humano. Eu penso na utilização da palavra "meta-humano" [...] como forma de enfatizar que este tornar-se muito elevado ou divino ou assemelhado a Deus é parte da natureza humana mesmo que não seja freqüentemente observado de fato. Ainda assim permanece como potencialidade da natureza humana. (1969, p. 61)

Na verdade, para os psicólogos transpessoais, a tendência a buscar a realização espiritual, mediante a transcendência de todas as limitações da consciência, é encarada como uma necessidade tão básica quanto a também defendida e natural tendência (proposta pelos humanistas e em geral aceita pelos transpessoais) a buscar a auto-atualização e o crescimento emocional. Para Sutich (1973, p. 2), os "impulsos na direção de um estado último são contínuos em toda pessoa", embora não estejam necessariamente conscientes, enquanto para Maslow é sobretudo a partir da satisfação das "necessidades inferiores" (ou "de deficiência") que o comportamento do indivíduo passa a ser orientado para a satisfação das "necessidades superiores" ("necessidades de Ser", "metanecessidades" ou "metamotivos"), as quais, constituindo-se na busca dos "valores intrínsecos e espirituais", fazem também parte da biologia humana, sendo sua satisfação necessária à "saúde e bem-estar ótimos" referidos por Walsh e Vaughan. Como diz Maslow:

> Assim, a vida espiritual é parte de nossa vida biológica. É a sua parte "superior", mas nem por isso menos parte sua. [...] a vida espiritual é parte da essência humana. É uma característica definitória da natureza humana, elemento sem o qual esta não é plena. Compõe o Eu Real, a identidade de cada um, o núcleo in-

terior de cada pessoa, a pertinência à espécie, a plena humanidade. [...] paradoxalmente, nossa natureza "mais elevada" é também "nossa natureza mais profunda". (1991, p. 139)

Não pode, por outro lado, ser esquecido que, uma vez que aqui estamos tratando de domínios transpessoais em que, por definição, as dicotomias entre a parte e o todo são superadas numa realidade holográfica inconcebível ao estado de consciência habitual, o fato de se falar em necessidade de transcendência como algo intrínseco à biologia e à natureza humana não deve ser entendido como mero impulso orgânico ou intrapsíquico, mas ressalvada sua qualidade paradoxal de transumano:

> Os metamotivos, portanto, já não são *apenas* intrapsíquicos ou orgânicos. São a um só tempo interiores e exteriores [...] Isso significa que a distinção entre o próprio ser e o que não o é se desfez (ou foi transcendida). Há agora menos diferenciação entre o mundo e a pessoa... Esta se torna um eu ampliado... Identificar o que há de mais elevado no próprio ser com os valores supremos do mundo exterior significa, ao menos em alguma medida, uma fusão com o que não é o próprio ser. (Maslow, *apud* Walsh e Vaughan, 1991, p. 182)

É na questão da consciência e seus estados, o objeto de interesse central das psicologias transpessoais, que também vamos encontrar as posições mais características e singulares relativas à visão de homem apresentada pela Quarta Força. Walsh e Vaughan (1980, 1991), autores que se preocuparam em esclarecer os modelos de pessoa e de psicoterapia implícitos nas psicologias transpessoais, propõem que a concepção transpessoal de pessoa pode ser descrita em um modelo que inclua posicionamentos característicos em quatro dimensões: *consciência, condicionamento, personalidade* e *identidade*. Com relação à consciência, afirmam que:

> Esse modelo transpessoal considera a consciência como uma dimensão central que oferece a base e o contexto de toda a experiência. As psicologias ocidentais tradicionais têm tido posições diferentes no tocante à consciência. Elas vão do comportamentalismo, que prefere ignorar a consciência diante da dificuldade de pesquisá-la objetivamente, às abordagens huma-

nista e psicodinâmica, que a reconhecem, mas em geral dão maior atenção aos conteúdos que à consciência em si como o contexto da experiência.

O modelo transpessoal considera nossa consciência comum um estado contraído e defensivo [...] A consciência ótima é considerada bem mais ampla e potencialmente disponível a qualquer momento, se a contração defensiva for relaxada. A perspectiva fundamental do crescimento é, pois, abandonar essa contração defensiva e remover os obstáculos ao reconhecimento do potencial ampliado sempre presente por meio do apaziguamento da mente e da redução da distorção perceptiva. (1991, pp. 60-1)

Costumo explicar a concepção transpessoal de consciência recorrendo à mesma imagem do *iceberg* com que Freud explicava sua idéia de subconsciente. Para ele, a relação entre a parcela de nossa vida psíquica de que temos consciência e a parcela predominante, que se situa abaixo do nível consciente, pode ser comparada à relação entre a pequena parte de um *iceberg* que é visível à superfície do mar e a parte submersa, muito maior e predominante na movimentação do *iceberg* como um todo. Considerando-se essa imagem uma adequada descrição dos domínios individuais do consciente e do inconsciente, podemos também utilizá-la para compreender a concepção transpessoal da existência de uma consciência ótima "bem mais ampla e potencialmente disponível a qualquer momento", da qual nossa consciência comum é considerada como um "estado contraído e defensivo". Se a parte oculta do *iceberg* é maior que a parte emersa, muito maior ainda é o mar, do qual o *iceberg* nada mais é do que uma porção contraída e defensiva (congelada e rígida), mantendo-se separado e diferenciado apenas enquanto perdura a ilusória defensividade que não permite perceber que tanto o mar quanto o *iceberg* têm a mesma natureza, são um único todo constituído de água, distintos apenas pelo estado momentâneo da água de que ambos são feitos. A seguinte afirmação de William James traduz bem essa visão que é típica do movimento transpessoal:

De minha experiência [...] uma conclusão estabelecida emerge dogmaticamente [...] há um *continuum* de consciência cósmica contra o qual nossa consciência apenas constrói cercas acidentais e no qual nossas várias mentes mergulham como se dentro de um mar-mãe ou de um reservatório. (*Apud* Fadiman e Frager, p. 165)

Nessa imagem de James, quando diz que nossas várias mentes mergulham no reservatório da consciência ampliada, fica clara outra posição típica do movimento transpessoal na questão da consciência: há níveis ou dimensões da consciência que não são restritos às individualidades, mas coletivos (na expressão de Jung) e compartilháveis a qualquer momento. Nossa separatividade desse "reservatório" ou "mar-mãe" comum é uma ilusão defensiva, semelhante à de vários *icebergs* que se entrechocam sem constatar o isomorfismo de suas constituições individuais e do próprio meio em que se movem, do qual se separam e destacam unicamente por uma questão de estado da água, o que em nossa analogia equivale ao estado de consciência em que as diversas consciências individuais, contraídas e defensivas, experimentam a ilusão de sua separação do oceano ilimitado da consciência cósmica universal.

Frise-se ainda que, para uma concepção bastante generalizada no meio transpessoal, a consciência não é considerada um subproduto orgânico da evolução cerebral, não sendo tampouco exclusividade humana, sequer animal ou vegetal, mas proposta antes como o próprio substrato em que todas as realidades se constroem. Sem encontrar limites no tempo ou no espaço, a consciência pré e pós existe a tudo, tudo permeia, tudo envolve e tudo ultrapassa, como contexto e pano de fundo em que tudo se dá. O próprio termo consciência cósmica – que para G. Murphy (em Frick, 1975, p. 199) define a experiência em que "há uma perda do sentido de contraste ou oposição entre o eu e o mundo. O conteúdo do eu é, pois, o conteúdo do mundo; o indivíduo é arrebatado no júbilo de união com o cosmos" – esclarece essa concepção, já que não se está falando em sentido figurativo ou meramente experiencial, mas concreto (se é que se pode adjetivar assim essa dimensão transcendente da realidade), isto é, descrevendo a experiência de compartilhar com o cosmos sua (do cosmos) identidade.

Na visão ampliada que a psicologia transpessoal apresenta, o ser humano, para além dos aspectos individuais e biográficos de sua consciência e personalidade, e para além do organicamente explicável pelos processos fisiológicos ou cerebrais, é considerado implicado em uma dimensão (a consciência) que, a um só tempo, é matriz de sua unicidade e integra inclusivamente (ou holograficamente) o todo da criação. Uma dimensão aquém da realidade conhecida no estado de vigília, além do espaço e do tempo, para além das dicotomias (eu/mundo, sujeito/objeto, mente/corpo, espírito/matéria), onde os pesquisadores transpessoais acreditam estar tratando do mesmo objeto – ou seria sujeito? – que os modernos físicos quânticos e astrofísicos, e encontrando sentido nas afirmações de Pribam e Bohn de que "nossa consciência é um holograma de um universo holográfico". Vemos assim que, pelo salto qualitativo que tais concepções implicam, nos encontramos bem distantes da visão humanista mais clássica, pois esta, apesar de toda ênfase na *awareness* e na faixa consciente de liberdade, escolha e autonomia, está bem aquém de aceitar a existência da consciência fora do contexto do organismo e seu campo perceptivo e experiencial mais imediato. Da mesma forma, a visão holista dos humanistas, aplicada à consciência (a consciência é mais ampla e transcende seus elementos e conteúdos particulares), encontra-se aquém da visão holográfica da psicologia transpessoal, em que as consciências particulares, potencialmente, são isomórficas e podem ressoar em uníssono – e a incluindo – com a consciência universal. Repete-se, em nova versão, a milenar concepção dos místicos expressa no aforismo do mítico Hermes Trismegisto – "o que é em cima é como o que é embaixo" – e na afirmação de modernos psicólogos, como Van Dunsen (1976, p. 274) que exclama: "A profundidade natural do homem é a totalidade da criação"!

Adotando a aceitação da existência de uma vasta gama de domínios, faixas ou estados da consciência, é uma proposta tipicamente transpessoal traçar mapas dessas regiões do psiquismo, elaborando as chamadas "cartografias da consciência" (veja-se, por exemplo, as cartografias apresentadas por Assagioli, 1976; De Ropp, 1968; Goleman, 1978; Grof, 1983; Lilly, 1973; Metzner, 1971; Nagelschmidt, 1996; Ring, 1978 e Wilber, 1990). Nesses mapeamentos, além das faixas reconhecidas e exploradas pelas outras psicologias, invariavelmente apresentam, como de fundamental importância em seus modelos teóricos, níveis em que não só se ultrapassam os limites da personalidade e da biografia pessoal, mas também os da própria condição humana, acessando domínios transumanos da consciência, e mesmo transnaturais, uma vez que não se restringem nem aos três reinos conhecidos da natureza.

A questão do eu, da identidade e autonomia pessoais, assim como a da própria estrutura e desenvolvimento da personalidade do indivíduo, questões estas tão centrais e vitais nas teorias humanistas, costumam também receber tratamento característico na psicologia transpessoal:

Na maioria das psicologias precedentes, a personalidade tem lugar central e, com efeito, muitas teorias psicológicas identificam a pessoa com a personalidade. [...] Costuma-se ver a saúde como algo que envolve primariamente a modificação da personalidade. De uma perspectiva transpessoal, contudo, é dada à personalidade uma importância relativamente pequena; nessa perspectiva, considera-se a personalidade como apenas um aspecto do ser com o qual o indivíduo pode, mas não é obrigado a fazê-lo, identificar-se. A saúde é considerada algo que envolve na essência antes uma mudança da identificação exclusiva com a personalidade do que uma modificação desta. (Walsh e Vaughan, 1991, p. 63)

Dessa forma, nas teorias transpessoais são subvalorizados os aspectos históricos, biográficos, pessoais e mesmo organísmicos da personalidade e do "eu", ou talvez fosse melhor dizer "eus", já que vários autores transpessoais rejeitam a idéia de que os indivíduos tenham um eu único, apontando para uma verdadeira multidão intrapsíquica de eus autônomos ("subpersonalidades" na expressão de Assagioli, 1976) com os quais, alternadamente, a consciência se identifica. Paralelamente, essas teorias fazem referência a uma instância unificadora transpessoal, um Eu Superior, ou Self Espiritual ou Transpessoal (Assagioli, 1976), ou Testemunha Transpessoal (Wilber, 1990), ou simplesmente *Self* (Si Mesmo), com *S* maiúsculo, na conhecida concepção de Jung que, ao contrário do que é normalmente ensinado, não se refere apenas a um arquétipo psíquico coletivo, organizador das personalidades individuais, mas a um arquétipo psicóide, isto é, de natureza não exclusivamente psíquica ou material, mas transcendente e irredutível a essas dimensões, tendo vigência não só entre os homens mas no todo universal. Reitera-se, assim, a crença transpessoal na "concepção segundo a qual somos basicamente um com o cosmos, e não em situação de estranhamento com ele". (G. Murphy *apud* Maslow, 1991, p. 143)

Podemos comparar, mais uma vez, a diferença entre a perspectiva humanista, envolvida em questões de liberdade, escolha, autonomia, auto-realização e auto-afirmação, e a transpessoal que, sem negar a importância desses aspectos pertencentes a uma etapa do desenvolvimento, enfatiza temáticas de morte e transcendência do eu, fusão cósmica, experiência unitiva, voluntária entrega e servidão, experiência mística e desidentificação com a própria biografia e consciência pessoal. Fadiman e Frager (1979, p. 283) distinguem essas duas perspectivas motivacionais, a serem assumidas em fases sucessivas do crescimento psicológico saudável, afirmando ser uma centrada no desenvolvimento do eu ou *self* individual, e a outra no "crescimento transpessoal: a tendência de cada pessoa relacionar-se mais intimamente com algo maior do que o *self* individual," o que ao final resultaria na descoberta do *self* transpessoal. Um excelente retrato desse processo de desidentificação com o eu e reencontro com o Eu, mediado pela ruptura com o estado mental habitual e o acesso a um nível de consciência ampliado, é apresentado neste expressivo texto (escrito em 1912!) do poeta e cientista Edward Carpenter:

> [...] chega-se, por fim, a uma região da consciência abaixo do pensamento ou oculta sob ele, e diferente do pensamento comum quanto à sua natureza e seu caráter – uma consciência de qualidade quase universal e uma compreensão de um eu muito mais abrangente do que aquele com o qual estamos acostumados. E visto que a consciência ordinária, com a qual nos ocupamos na vida ordinária, está diante de todas as coisas que têm como base o pequeno eu local e é, de fato, autoconsciente no pequeno sentido local, segue-se que sair disso significa morrer para o eu ordinário e para o mundo ordinário.
> Significa morrer num sentido ordinário mas, num outro sentido, significa despertar e descobrir que o "eu", nosso eu mais íntimo e real, permeia o universo e todos os outros seres – que as montanhas e o mar e as estrelas são uma parte de nosso corpo e que nossa alma está em contato com a alma de todas as criaturas. (*Apud* Houston e Masters, 1993, p. 246)

Nesse tópico, em que examinamos a importância que o modelo transpessoal de desenvolvimento psicológico atribui à passagem de uma identidade pessoal para uma transpessoal, ou do centrar-se no eu para o centrar-se no cosmos, pode ser referida uma outra tendência bastante característica e difundida entre os autores transpessoais, e diz respeito à leitura que fazem do momento histórico atual. Ao passo que os autores humanistas tendem a denunciar a crise e a falência dos modelos tradicionais da civilização ocidental e a alinhar-se em favor de mudanças socioculturais condizentes com a revolução psicológica interior de valores e atitudes em que resulta, ao nível individual, sua proposta de desenvolvimento do potencial humano, os transpessoais, uma vez mais, sem discordar, vão além. Entre estes, é freqüentemente expressa a opinião de que a atual crise não aponta apenas para uma transformação meramente histórica, política, social, cultural ou psicológica da humanidade, mas que, na verdade, estaríamos testemunhando e protagonizando um momento de salto qualitativo na evolução da espécie, uma mutação no plano filogenético, no limiar do nascimento de uma nova humanidade e de uma *"nova era"*. Já em 1901, essa foi a hipótese principal do grande precursor da psicologia transpessoal, R. M. Bucke, para quem, tendo a humanidade se tornado distinta dos animais pela aquisição da faculdade da consciência de si mesma, estaria agora manifestando, num crescente número de indivíduos, a tendência a passar, como espécie, para uma nova etapa da evolução da consciência, desenvolvendo a faculdade da consciência cósmica:

> [...] Se a nossa hipótese [de que a evolução humana não terminou] estiver correta, novas faculdades manifestar-se-ão, de quando em quando, na mente, do mesmo modo que novas faculdades manifestaram-se no passado. Admitindo-se tal hipótese, adotaremos que o que neste livro é chamado de Consciência Cósmica constitui uma dessas nascentes [...] faculdades. (Bucke, 1993, p.78)

Merecem ainda referência algumas implicações que a visão transpessoal de homem traz, como verdadeira revolução, à compreensão não só da saúde ótima, mas também da doença psíquica e da própria – assim dita – normalidade do estado habitual. A aceitação das necessidades espirituais como intrínsecas à natureza humana leva à concepção de uma nova classe de patologias, consistentes na não satisfação dessas necessidades: as "metapatologias" (Maslow) ou as "neuroses noogênicas" (Frankl). Já para Pierre Weil (1989, p.36), uma das principais patologias que afligem o homem contemporâneo é a "resistência ao transpessoal", na qual "tudo o que lembre o irracional, o religioso e o oculto é imediatamente rejeitado". Da mesma forma, Assagioli (1976) aponta os mecanismos de repressão e resistência que são utilizados em relação não só ao "inconsciente inferior", descoberto por Freud, mas também em relação ao "inconsciente espiritual" ou "transpessoal" por ele proposto. Para outros autores, como Andrew Weil, a própria vivência dos estados alterados e ampliados da consciência, em vez de caracterizar um fenômeno excepcional ou distúrbios mentais, deve ser considerada como uma necessidade natural do ser humano, a qual, uma vez frustrada ou reprimida, poderia irromper em distúrbios psíquicos e comportamentais. Igualmente, a compreensão de que a consciência inclui vários estados e faixas, às quais correspondem específicas apreensões da realidade, traz sérios questionamentos às definições habituais de psicose e normalidade:

> A consideração de nosso estado comum a partir de um contexto ampliado gera algumas implicações inesperadas. Para o modelo tradicional, a psicose define-se como uma percepção distorcida da realidade que não reconhece a distorção. Do ponto de vista dos múltiplos estados, o nosso estado comum é assim definido por ser deficiente, por fornecer uma percepção distorcida da realidade e por não ser capaz de reconhecer essa distorção. Na verdade, todo estado de consciência é necessariamente limitado e só é real em termos relativos. Esse é o motivo por que, da perspectiva mais ampla, se pode definir a psicose como um apego a qualquer estado de consciência ou um aprisionamento nele.
> Como cada estado de consciência revela seu próprio quadro da realidade, a realidade tal como a conhecemos (sendo esta a única maneira pela qual a conhecemos) é apenas relativamente real. Em outras palavras, a psicose é o apego a qualquer realidade. (Walsh e Vaughan, 1991, p. 61)

Na verdade, para a visão transpessoal, o fato de os chamados psicóticos estarem muitas vezes vivenciando alterações da consciência, que os colocam em contato com outras faixas de percepção da realidade, leva à consideração de que estariam em uma posição, de certo modo privilegiada, de poder romper com as limitações da identificação exclusiva com uma faixa específica, despertando para o espectro ampliado da consciência total e para a possibilidade de nele transitar. Nesse sentido, certos episódios psicóticos, ao invés de sintomas de patologias ou deficiências, podem ser entendidos como crises da evolução ou episódios de emergência espiritual que, com a devida ajuda terapêutica, permitiriam ao indivíduo o acesso a uma identidade bem mais consciente e elevada que a da habitual normalidade. Com o propósito de ajudar pessoas a resolver semelhantes crises, psicólogos transpessoais como Stanislav e Cristina Grof têm organizado redes de apoio, batizadas de "redes de emergência espiritual", em que são atendidos indivíduos abalados pelos mais variados tipos de experiência transpessoal, as quais, para outros modelos, provavelmente indicariam a franca manifestação de surtos psicóticos (ou, pelo menos, histéricos): crise xamânica, despertar da Kundalini, episódios de consciência unitiva, experiências culminantes, crise de abertura psíquica, experiências com vidas passadas, comunicações com espíritos e *chanelling*, experiências de proximidade da morte, experiências de contatos próximos com OVNIs, estados de possessão etc. (para uma descrição mais detalhada, ver Grof e Grof, orgs., 1992).

Por fim, com as concepções ampliadas de eu e de personalidade total (a identidade transpessoal), vamos encontrar outras posições características na consideração da saúde mental. Ao passo que, para a visão humanista, o desenvolvimento de uma identidade autônoma e independente é apontado como o objetivo do desenvolvimento da personalidade, a posição transpessoal é um tanto distinta. Sem deixar de reconhecer o desenvolvimento de uma personalidade autônoma, autoconsciente e responsável como uma etapa necessária e importante da evolução pessoal, a psicologia transpessoal considera que a identificação com qualquer tipo de eu pessoal ou personalidade, em última instância, caracteriza uma patologia: "A identificação total com a própria personalidade pode ser evidência de patologia" (Fadiman, 1991, p. 198). Daí ser freqüentemente apontada, como necessidade do desenvolvimento saudável e da evolução humana, a importância de vivências de "morte e transcendência do eu" (para um bom apanhado do tema ver Bertolucci, 1991, cap. IV), para que, mediante a desidentificação com os aspectos individuais e separados do todo, possa o homem transcender sua condição e reencontrar sua identidade transpessoal, como parte holográfica (imagem e semelhança) de um Eu maior, transpessoal e universal:

> A verdadeira sanidade envolve, de uma ou de outra maneira, a dissolução do ego normal, desse falso eu completamente ajustado à nossa alienada realidade social [...] e por meio dessa morte, um renascimento, bem como o eventual restabelecimento de um novo tipo de funcionamento do ego, passando esse ego a servo, e não mais traidor, do Divino. (Laing, 1991, p. 78)

Métodos e técnicas

A psicologia transpessoal, entendida como uma corrente, focaliza tópicos anteriormente negligenciados pela moderna psicologia científica, sendo os métodos e técnicas de trabalho e pesquisa utilizados pelas abordagens transpessoais caracteristicamente marcados pela preocupação em enfocar, acessar e, inclusive, provocar os estados alterados e ampliados de consciência, faixa da experiência humana em que prioritariamente a Quarta Força se desenvolve com finalidades de investigação e/ou atuação terapêutica e educacional. Para tanto, lançam mão do mais variado leque de recursos, indo desde metodologias e técnicas bastante conhecidas e tradicionais, até inovações criativas e *sui generis*, sendo os pesquisadores, terapeutas e educadores transpessoais freqüentemente ecléticos e imaginativos em adaptar técnicas e procedimentos ao estudo e ao desenvolvimento das potencialidades e qualidades humanas implicadas no campo privilegiado pela Quarta Força: a dimensão espiritual ou transpessoal do ser. Portanto, creio que o mais indicado para se classificar determinada investigação ou determinada proposta de trabalho como pertencente à psicologia transpessoal não é tanto considerar os procedimentos utilizados quanto verificar se estes se dão numa perspectiva de reconhecimento e de interesse em relação ao espectro ampliado da consciência. Sob esse prisma, vejamos, num retrato panorâmico, alguns dos métodos e técnicas que os psicólogos transpessoais têm mais freqüente e caracteristicamente utilizado.

O uso de substâncias psicodélicas, embora já há tempos em acentuado declínio nos meios científicos, marcou época, tendo estado fortemente associado, como vimos, ao próprio surgimento da Quarta Força. Quase todos os grandes nomes da pesquisa e atuação em psicologia transpessoal, inclusive os precursores, em algum momento de suas carreiras interessaram-se e foram influenciados pela utilização desse recurso como forma de investigação ou desenvolvimento das potencialidades da consciência, podendo o trabalho de Stanislav Grof (1983) ser citado como, talvez, o mais profícuo exemplo do emprego dessa via para aquisição de conhecimento psicológico. Os ensaios de Aldous Huxley (s.d.) sobre suas experiências com mescalina, na década de 50, podem ser considerados verdadeiros clássicos da literatura transpessoal, contribuindo (juntamente com sua concepção de *Filosofia Perene*) para inscrevê-lo como um dos principais precursores e inspiradores do movimento transpessoal. Estudos pouco ortodoxos de modernas abordagens antropológicas (a chamada antropologia visionária, cujo expoente mais conhecido é Carlos Castañeda) enfocam o uso de substâncias alteradoras da consciência em culturas diversas, oferecendo *insights* e contribuições teóricas e metodológicas à moderna psicologia da consciência. Até pelo lado negativo, o uso de drogas foi importante para o desenvolvimento da psicologia transpessoal, pois muitas formas de trabalho, como a respiração holotrópica de Grof, foram desenvolvidas a partir do desafio que era obter o mesmo efeito sem sua utilização. Ainda hoje, não obstante os aspectos polêmicos e as objeções legais que sua utilização envolve, os psicodélicos (designação que os transpessoais preferem à de alucinógenos) permanecem, no meio transpessoal, como um considerável recurso de alteração da consciência, com fins de pesquisa, tratamento, desenvolvimento e auto-exploração psíquica.

Os aparatos tecnológicos também têm sido utilizados com freqüência, sendo alguns deles caracteristicamente associados à pesquisa transpessoal. As tecnologias de *biofeedback* e as especulações sobre os potenciais humanos que seu uso levantou chegam, por vezes, a ser apontados como uma das mais fortes influências que pesquisas em áreas afins tiveram no surgimento da psicologia transpessoal. Os importantes subsídios que a moderna pesquisa do cérebro fornece para a compreensão dos processos de consciência alterada têm levado à utilização, pela pesquisa transpessoal, de instrumentos tecnológicos muito mais sofisticados do que o prosaico eletroencefalograma, que tivera importância tão marcante nos estudos pioneiros sobre os efeitos da meditação. Os *tanques de privação sensorial*, recurso de alteração da consciência alternativo ao uso de drogas, foram amplamente utilizados nas primeiras pesquisas (as do cientista e teórico transpessoal John Lilly, 1973, são, provavelmente, as mais famosas e importantes) e são um dos aparatos mais caracteristicamente associados à imagem da pesquisa transpessoal, chegando a inspirar o filme *Altereted States* ("Viagens Alucinantes", na versão comercial em português) de Ken Russel que, com certos exageros e distorções próprios de uma obra de ficção, divulgou entre o público leigo a moderna pesquisa da consciência ampliada. Atualmente, enquanto aparelhos modeladores da freqüência cerebral (as *dream machines*) já são popularizados comercialmente, e os tanques de privação sensorial são ressuscitados na onda do *revival* dos anos 60, os investigadores transpessoais partem para especulações futuristas sobre a utilização, com fins de ampliação e exploração da consciência, das nascentes tecnologias computadorizadas de *realidade virtual*, já chamadas de o LSD do futuro pelo controverso psicólogo Timothy Leary (*en passant*: após um longo e, em minha opinião, imerecido ostracismo, Leary, recentemente falecido, havia voltado a receber consideração dos círculos humanistas e transpessoais mais oficiais, tendo suas idéias merecido homenagem e vários artigos na edição de verão de 1993 da respeitada *Revista de Psicologia Humanista*).

Sendo uma proposição do movimento transpessoal realizar uma ponte entre a moderna ciência e a sabedoria das tradições espirituais, tem sido uma acentuada tendência buscar nestas não só uma das mais ricas fontes de material de estudo (as experiências místicas e religiosas), mas também inesgotável inspiração teórica e metodológica para o trabalho com a consciência expandida. Em sua busca de instrumentação, os psicólogos transpessoais têm realizado investigações que, por vezes, chegam às raias da arqueologia antropológica, estudando variadas formas de oração, meditação, ioga, exercícios espirituais, ritualísticas, mitologias e simbologias tradicionais, práticas xamânicas e caminhos iniciáticos, com as quais enriquecem, na teoria e na prática, seus procedimentos de trabalho. Aliás, o caminho de aproximação entre a psicologia e a tradição não é percorrido em mão única, e modernos líderes espirituais, divulgadores de doutrinas milenares em adaptações dirigidas ao público ocidental, expressam-se em atualizada linguagem psicológica, chegando alguns a formular verdadeiras psicologias, no sentido mais moderno do termo. Variadas formas dessa aproximação podem ser exemplificadas em parte da obra de espiritualistas como Gurdjieff e Ouspensky, Rudolf Steiner, Alice Bayley, Daisetz Suzuki, Krishnamurti, Rajneesh (ou Osho) e muitos outros. Um caso curioso é o do psicólogo Richard Alpert que, atualmente, é o *iogue* Ram Dass, ficando difícil decidir (como se isso fosse importante!) se está indo ou vindo no caminho que liga a tradição à psicologia transpessoal. Não é, enfim, realmente possível, nesse espaço, traçar um esboço, por resumido que seja, das diversas versões, nuanças e caminhos que essa tendência toma nas influências recebidas pelas diversas abordagens, sobretudo de psicoterapia, das psicologias transpessoais.

Mesmo métodos e técnicas tradicionalmente associados às anteriores Forças da psicologia encontram larga utilização nos meios transpessoais, a partir de redefinições ampliadoras dos conceitos teóricos em que se fundamentam. Do behaviorismo, destaca-se o uso que tem sido feito dos conceitos e técnicas de modelagem e descondicionamento. Da psicanálise, como do arcabouço conceitual são retiradas inesperadas resignificações de conceitos como identificação, projeção e resistência, no campo metodológico têm sido adaptadas técnicas regressivas, aí incluído (mas não restrito) todo um renovado interesse e desenvolvimento em hipnose clínica. Ainda a propósito da psicanálise, embora a visão freudiana da natureza humana seja quase a antítese do modelo transpessoal de homem, em minha opinião Freud foi quase um precursor de certos enfoques característicos da psicologia transpessoal, propondo a alteração da consciência como instrumento de trabalho (em que outra coisa senão nisso consiste a "atenção flutuante" e a "associação livre"?), e escolhendo como campo privilegiado (o "Caminho Real") a investigação dos sonhos que, afinal, são um estado alterado de consciência. E por falar em sonhos, a variedade de técnicas utilizadas nas abordagens transpessoais, que receberam em seu desenvolvimento fontes de inspiração que vêm desde práticas imemoriais até a mais recente pesquisa do sono e do sonho, inclui procedimentos e categorias com títulos como sonhos criativos, sonhos lúcidos, incubação de sonhos, sonhos de cura, sonhoterapia, sonhos coletivos, sonhar por terceiros, sonho acordado, sonho dirigido, sonhos diagnósticos etc. Quanto às contribuições recebidas da psicologia humanista, à qual a psicologia transpessoal tão estreitamente se liga, incluem-se adaptações de métodos e técnicas corporais, grupais, sensoriais, fenomenológicas, psicodramáticas e de conscientização, sem contar que todo um capítulo poderia ser escrito a respeito da utilização que os transpessoais têm feito de técnicas de trabalho com imagens mentais, retomando e ampliando, em muitos aspectos, as propostas de destacadas abordagens humanistas. E, ainda, com respeito à psicologia humanista, é importante ressaltar que as ligações íntimas e a não-contradição intrínseca entre as abordagens da Terceira e Quarta Forças permitem que determinadas abordagens sejam consideradas, a uma só vez, humanistas e transpessoais, muitas sendo assim declaradas por proposta explícita de seus criadores, como é o caso, para citar os exemplos mais famosos, da *logoterapia* de Viktor Frankl (em que predomina certa inclinação existencial-humanista) e da *psicossíntese* de Roberto Assagioli (com franca inclinação transpessoal). Já outras abordagens humanistas têm, após a morte de seus criadores, encontrado discípulos que nelas descobrem certos potenciais ou tendências transpessoais (Bertolucci, 1991, aponta indícios nesse sentido já nas formulações primeiras do psicodrama de Moreno), ou que lhes desenvolvem extensões com características transpessoais (Pierrakos, por exemplo, faz algo assim a partir da obra de Reich), ou, ainda, criam metodologias transpessoais fortemente inspiradas em sua escola de formação (incluiria aqui o *cosmodrama* de Pierre Weil e, talvez, como um esboço, a *síntese transacional* de Roberto Crema, desenvolvidas na Universidade Holística Internacional de Brasília e respectivamente inspiradas no psicodrama e na análise transacional).

Cabe aqui um esclarecimento sobre a natureza das psicoterapias transpessoais para que se compreenda por que elas não excluem, mesmo sem adaptações, técnicas de outras abordagens. É que, na perspectiva da aceitação de vários estágios de desenvolvimento antes do crescimento psicológico voltar-se à busca do transpessoal, assim como dada a aceitação do amplo espectro de faixas e estados de consciência que vão desde o infra-humano até o transpessoal, passando pelas faixas pessoais e biográficas em que se desenrola a maior parte do drama de nossas existências, a psicoterapia transpessoal admite a validade da maioria das técnicas psicológicas, desde que se restrinjam à faixa de consciência e ao estágio de desenvolvimento a que correspondem. Esse ponto de vista é defendido, de forma especialmente contundente e extensa, por Wilber (1990) em sua teoria do "espectro da consciência".

Dadas as concepções abertas e arrojadas de ciência, psicologia, realidade e consciência que adota, assim como dadas as características inusuais de seu campo privilegiado de estudo e atuação, a psicologia transpessoal tem abrigado, ou pelo menos convivido, com inovações técnicas e metodológicas tão extravagantes, inusitadas, heterodoxas e controversas que, por vezes, chegam a comprometer a respeitabilidade de todo o movimento diante da comunidade psi. A inefabilidade de certas experiências transpessoais e as dificuldades da comunicação interessados de consciência têm favorecido considerável tendência para a utilização de métodos de auto-experimentação, em que o investigador é também o sujeito do experimento, e têm propiciado situações em que a auto-indução de estados alterados é usada pelo profissional como forma de acesso ou atuação em sua relação com os clientes ou sujeitos de estudo. A farta ocorrência de fenômenos paranormais em estados de consciência alterados tem levado os psicólogos transpessoais não só a uma aproximação da parapsicologia e de seus métodos, como tem autorizado a utilização, com fins terapêuticos ou de investigação, dos poderes psíquicos do próprio pesquisador ou do profissional de ajuda. A aceitação da transcorporeidade e da transumanidade da consciência tem permitido o desenvolvimento de abordagens e metodologias de trabalho que adotam concepções reencarnacionistas, projeções extracorpóreas da consciência, comunicação com pessoas já falecidas ou mesmo com *cons-*

ciências não-humanas, inclusive inteligências extraterrestres ou de outras dimensões não-conhecidas da realidade. Autorizado pelos conceitos de sincronicidade e interconexão transespaço-temporal entre eventos, há significativo interesse em investigar ou utilizar como técnica coadjuvante de atuação a astrologia e os chamados métodos mânticos, como o I Ching e o tarô. O compromisso com uma visão holística de ciência e ser humano, compreendendo este como pluridimensionalmente integrado e aquela como transdisciplinarmente inclusiva, tem levado muitos profissionais identificados com a perspectiva transpessoal a se utilizarem das chamadas terapias alternativas ou holísticas, que incluem desde o uso dos métodos e técnicas de milenares e tradicionais medicinas orientais até o uso de recentes e pouco experimentadas criações da medicina natural ou da homeopatia.

Ao falar aqui de algumas dessas tendências especialmente polêmicas, desejo frisar minha posição de ser contrário à exclusão apriorística e preconceituosa de qualquer abordagem nova, em especial porque considero que a abertura ao novo é a principal alavanca do progresso científico. Se abusos existem, e com certeza os há naquelas adesões modísticas ou comercialmente motivadas, são o ceticismo e a sobriedade do rigor científico – necessários complementos da abertura ao inusitado –, e não o preconceito, que devem ser utilizados para combatê-los.

Enfim, no tópico de métodos e técnicas, verifica-se que, se por um lado a psicologia transpessoal não se identifica e se caracteriza consistentemente em determinados e específicos procedimentos de trabalho e pesquisa, por outro, seu arsenal nesse campo é talvez mais amplo e diversificado do que o de qualquer escola ou corrente anterior, mesmo porque costuma adotar inclusivamente o que por estas foi desenvolvido.

3

A abordagem
centrada na pessoa

Desenvolvimento

A denominação *Abordagem Centrada na Pessoa* (ACP) foi proposta por Rogers na década de 1970, passando, desde então, a ser utilizada. Designa as contribuições teóricas e metodológicas ao campo da psicologia e das ciências afins, originadas e identificadas com a linha de pensamento e as propostas de atuação desenvolvidas por ele, seus colaboradores e seguidores ao longo de mais de cinco décadas de trabalho, pesquisa e elaboração. Essa designação substitui, com vantagens de maior adequação à proposta teórica característica e de maior abrangência inclusiva dos campos de aplicação, as anteriores denominações identificadoras do pensamento rogeriano, tais como orientação não-diretiva e terapia centrada no cliente. Essas, entretanto, são ainda largamente empregadas.

Como escola de psicologia teórica e aplicada, a ACP é marcada por um desenvolvimento dinâmico, flexível e não-dogmático, com constantes reformulações conceituais e ampliações do campo de interesses e de atuação. Por outro lado, tem mantido consistente coerência em torno de alguns princípios fundamentais e propostas características, mormente a crença na predominância, na natureza humana, de potenciais positivos e processualmente orientados para o crescimento e a auto-realização, assim como a ênfase no estudo e exercício das condições relacionais que favorecem a plena expressão e desenvolvimento desse potencial intrínseco.

A evolução histórica da ACP tem sido descrita como uma sucessão de fases ou períodos, cuja delimitação, proposta por diversos autores, toma por base conjugações de variados fatores, tais como: principais influências recebidas, elaboração de novas formulações teóricas, mudanças na forma de atuação, cidades onde Rogers fixou residência no período abrangido, focos de interesse e atividade envolvidos, ampliações do campo de aplicação, livros importantes que servem de marcos representativos de cada fase etc. Entre os autores que examinam o desenvolvimento da ACP até a década de 60 (por exemplo, Hart, 1970a; Puente, 1970; Cury, 1987) costuma haver consenso em dividi-lo em três fases, embora apresentando algumas diferenças na sua delimitação, denominação e descrição. Mais recentemente, afirmações de alguns autores têm proposto que os pensamentos de Rogers de meados para o final dos anos 60, período em que residiu na Califórnia e esteve predominantemente envolvido nas aplicações grupais de sua abordagem, deveriam ser classificados numa fase à parte. Assim, por exemplo, Moreira (1990) fala de uma *Fase coletiva*, Holanda (1994) propõe o título *Fase* inter-humana e Sá (1989) sugere a denominação de *Terapia integral* para os últimos desenvolvimentos da ACP. Outros autores ainda (como Wood, 1983b; Cury, 1993; Kirschenbaum, 1995) têm sugerido, de forma mais ou menos explícita, que o período californiano das duas últimas décadas da vida de Rogers não deva ser considerado como uma fase única, mas como duas fases distintas, respectivamente pontuadas por seu trabalho com grupos de encontro (1963-74) e com grandes *workshops* comunitários (de 1974 até sua morte, em 1987). É essa última posição, de divisão do desenvolvimento da ACP em cinco períodos, que adoto neste livro. E proponho-me justamente a examinar uma tendência que considero central nessa quinta fase do trabalho de Rogers, que corresponde, aproximadamente, à última década de sua existência.

Na descrição do desenvolvimento da ACP, que apresento a seguir, serão mantidas as denominações mais comumente propostas para as três fases iniciais (*Fase da terapia não-diretiva, Fase da terapia centrada no cliente* e *Fase da terapia experiencial*), enquanto as duas últimas serão designadas, na falta de melhor denominação consensual, pelas modalidades de trabalho grupal com que Rogers esteve predominantemente envolvido no período, ou seja, a *Fase dos grupos de encontro*, compreendendo seus primeiros anos na Califórnia (de meados dos anos 60 a meados dos anos 70) e a *Fase dos grandes grupos* (de meados dos anos 70 em diante).

Os anos iniciais: propondo uma terapia não-diretiva

Historicamente, a ACP nasceu na cidade de Rochester, Nova York, em meados dos anos 30. Durante essa década, Rogers inicia sua vida profissional como psicólogo, chegando a diretor, de um centro de tratamento infantil, adotando como orientação de trabalho uma abordagem pragmática e eclética, de inspiração psicanalítica e com largo uso de instrumentos diagnósticos e aconselhamento diretivo. Dois fatos, ocorridos em Rochester, são citados por Rogers como responsáveis pelo questionamento e pela mudança de sua forma de atuação, dando origem à ACP. Em primeiro lugar, um seminário com Otto Rank causou-lhe forte impacto, não tanto por sua teoria, mas por sua proposta de uma terapia relacional, sobre a qual Rogers veio a aprender mais com a contratação, para o centro de tratamento que dirigia, de uma assistente social com formação rankiana, e também pelo intercâmbio que passou a manter com a Escola de Assistentes Sociais da Pensilvânia. Em segundo lugar, e considerado o marco de nascimento da ACP, é referido o *insight* sobre o poder do ouvir compreensivo e empático como liberador do potencial autodirecionador do cliente, que ocorreu a Rogers durante o quase anedótico episódio das entrevistas com a mãe de uma das crianças atendidas naquela instituição (essa anônima senhora, mantidas as proporções, pode ser considerada a Anna O da ACP). Já nos capítulos finais de seu primeiro livro – *O tratamento clínico da criança problema*, publicado em 1939 – pode ser notada certa mudança em relação à orientação diagnóstico-prescritiva que anteriormente vinha adotando.

Convidado a assumir o cargo de professor residente na Universidade de Ohio, Rogers para aí se muda em 1940. Em parte pela continuidade de seu próprio trabalho como terapeuta, mas principalmente em função de sua necessidade como professor, conferencista e supervisor, de explicitar e embasar suas propostas de atuação, Rogers passa a elaborar cada vez mais seu ponto de vista, conscientizando-se de que o que propunha, e inicialmente lhe parecera apenas uma tendência geral que rastreava em algumas abordagens inovadoras, era na verdade algo original, uma nova escola em psicoterapia e aconselhamento. Segundo ele próprio relataria em entrevista posterior, essa conscientização surge ao final do primeiro ano em Ohio, quando é convidado pela Universidade de Minnesota para apresentar palestra sobre as novas tendências em psicoterapia e surpreende-se com a reação da platéia:

> Eu fui criticado, eu fui louvado, eu fui atacado, eu fui olhado com perplexidade. Ao final de minha estada em Minneapolis convenci-me de que talvez eu estivesse dizendo algo novo que vinha *de mim*; que eu não estava sumariando o ponto de vista dos terapeutas em geral [...] Poderia parecer um tanto absurdo supor que alguém pudesse indicar o dia em que a terapia centrada no cliente nasceu. Mas eu creio que é possível designar esse dia e ele foi 11 de dezembro de 1940. (*Apud* Kirschenbaum, 1995, p.17)

O que estava desenvolvendo e defendendo era uma abordagem não centrada na *expertise* e na atuação intrusiva e direcional do terapeuta como os fatores responsáveis pela mudança no paciente. Ao contrário, enfatizou que o maior potencial da mudança residia na surpreendente capacidade do *cliente* (denominação que passou a advogar em oposição à conotação de passiva incapacidade implícita na designação *paciente*) para reorganizar sua própria experiência, por meio de *insights* propiciados pela estrutura permissiva da consulta, em configurações mais sadias e adaptativas. A função do terapeuta, assim, não deveria mais ser tomar as rédeas do processo, dirigindo a investigação, a análise, a reflexão, as atitudes e os procedimentos relacionados à solução dos problemas apresentados pelo consulente, mas tão-somente deveria estar voltada a favorecer a liberação e o exercício das tendências e potenciais transformadores do próprio cliente, os quais o tornariam capaz, independentemente de quais fossem os problemas apresentados, de fazer frente às questões e dificuldades, presentes e futuras, com que se defrontasse em seu processo de desenvolvimento. E o caminho para chegar a isso, e aí temos o grande impacto inicial das idéias de Rogers no cenário das modernas psicoterapias, era simplesmente que o terapeuta acreditasse nesse potencial do cliente e parasse de fazer tudo o que vinha fazendo nas diversas abordagens correntes, ou seja, parasse de interpretar, diagnosticar, orientar, analisar, aconselhar, prescrever, enfim, *dirigir* o processo na sua condição de especialista que sabe o que é melhor para o outro. Rogers estava fazendo, de fato, uma espécie de proposta, ou melhor, *antiproposta* revolucionária e desconcertante para o psicoterapeuta de então: pare de fazer tudo o que esteve fazendo, pare de atuar sobre o outro, pare de tentar dirigir seu processo de mudança; apenas ouça, apenas seja sensível, apenas entenda, apenas confie nessa pessoa, apenas esteja com ela, apenas lhe permita ser, e descubra, nesse processo, as surpreendentes direções de mudança, auto-reorganização e crescimento a que isso pode levar.

A essa radical mudança de orientação e de atitude, em oposição às tendências diretivas e centradas no terapeuta que dominavam no cenário de então, Rogers denominou de orientação "centrada no cliente" ou "não-diretiva", designação esta última pela qual – talvez por traduzir e sintetizar melhor o impacto revolucionário e original da proposta – sua abordagem passou a ser conhecida e a experimentar crescente aceitação, sobretudo a partir da publicação de seu segundo livro, em 1942, intitulado *Psicoterapia e consulta psicológica*. A não-diretividade ou a ênfase em formas de atuação permissivas, não-autoritárias, avaliativas ou direcionais no processo terapêutico, tornou-se, a partir daí, o traço identificador (por vezes anedótico e caricatural) mais conhecido dos rogerianos, não obstante os mal-entendidos que a expressão provocou e o repúdio a essa denominação que, posteriormente, o próprio Rogers e grande parte de seus seguidores apresentaram.

Os Anos de Chicago: estruturando a terapia centrada no cliente

De meados dos anos 40 a meados dos anos 50, Rogers assume a direção de um recém-criado centro de aconselhamento vinculado à Universidade de Chicago, cidade na qual passa a residir, permanecendo à frente de formidável equipe de colaboradores e usufruindo grande liberdade de ação. "Os Anos de Chicago", como por vezes esse período é referido, representam uma das mais importantes e produtivas fases do desenvolvimento da ACP. Três grandes tendências, já esboçadas no período anterior, atingem sua plenitude nessa época, em que o trabalho de Rogers e seus colaboradores volta-se à tarefa de dar forma mais definida, fundamentada e estruturada a suas idéias.

A primeira grande tendência diz respeito à busca de um embasamento empírico para a formulação de uma terapia realmente científica, seguindo-se os parâmetros de cientificidade em voga na época. Do trabalho de Rogers e sua equipe surgem novas e revolucionárias formas de pesquisa e investigação do processo terapêutico, que concorrem para caracterizar a ACP como a mais solidamente fundamentada proposta de psicoterapia apresentada até aquela época. Explorando exaustivamente o mesmo recurso de gravações de entrevistas que já havia iniciado em Ohio (procedimento de pesquisa este em que Rogers é considerado o pioneiro na história da psicologia) e utilizando-se de outros recursos igualmente criativos e inovadores – como a *técnica Q* criada por W. Stephenson – Rogers e seu grupo tornam pela primeira vez possível uma investigação rigorosa e abrangente dos fatores, até então imponderáveis, envolvidos na relação entre cliente e terapeuta. O monumental esforço investigativo então realizado possibilitou a determinação cada vez mais específica dos aspectos atitudinais atuantes no progresso terapêutico, levando à proposição, que se tornaria verdadeiro axioma para a ACP, das *Condições necessárias e suficientes da mudança terapêutica da personalidade* (Rogers, 1957). Entre essas condições, destacam-se as *três atitudes* essenciais definidas para o terapeuta as quais, então, passam a caracterizar a atuação do facilitador centrado na pessoa: a *consideração positiva incondicional* (*unconditional positive regard*), definida a partir do estudo de um aluno de Rogers em substituição à anterior proposta vaga de uma atitude permissiva, calorosa e não-diretiva para o terapeuta; a *compreensão empática*, conceituada de forma mais rigorosa que a anterior prescrição de uma atitude compreensiva; e finalmente a *congruência*, definindo a atitude de autenticidade e transparência do terapeuta na relação, tema que Rogers passa crescentemente a enfatizar a partir de 1951, após uma crise psicológica pessoal que o levou a aceitar ajuda profissional de um colega.

Uma segunda tendência que marca esse período é a de buscar formulações teóricas que ajudassem a organizar e a dar um sentido explicativo ao conhecimento até então acumulado na prática e na investigação da nova abordagem psicoterápica. Nesse esforço, indo além de uma teoria da terapia, Rogers busca organizar, em rigorosas formulações de proposições e hipóteses empiricamente testáveis, seus pontos de vista sobre a natureza da personalidade, desenvolvimento, mudança e relacionamento humanos em geral. Assim, fruto dos esforços teóricos dessa época, resulta a sua mais elaborada e completa formulação de uma *Teoria de terapia, personalidade e relacionamento interpessoal* (escrita em 1956, mas só publicada em 1959), obra que ele próprio consideraria, até o final de seus dias, como "a teoria sobre o processo de mudança da personalidade e do comportamento mais rigorosa que já foi apresentada até o momento" (em Rogers e Rosenberg, 1977, p. 38).

Uma terceira tendência que se destaca nesse período é o crescente empenho com que os colaboradores de Rogers experimentam e investigam em novos campos de aplicação as possibilidades abertas por sua abordagem. Indo além dos limites da situação terapêutica individual, as idéias de Rogers são aplicadas com sucesso à psicoterapia de grupo, à educação, à ludoterapia, ao treinamento de conselheiros e à liderança participativa. Assim, a ACP, na conjugação das três tendências desse período, mais que um mero método alternativo de psicoterapia, vai se caracterizando como uma escola de psicologia bastante completa, uma abordagem dos problemas humanos que propõe um ponto de vista teórico-filosófico abrangente sobre a natureza humana e fundamenta-se na investigação científica de sua prática.

Estabelecendo teórica e empiricamente sua proposta de mudar o *locus* do poder na relação terapêutica para o pólo do cliente, visto como possuidor de vastos recursos de autocompreensão e mudança, verdadeiro sujeito do processo, a abordagem rogeriana passa a adotar oficialmente, a partir dessa fase, a denominação *Terapia centrada no cliente*, título do terceiro livro de Rogers, lançado em 1951, no qual pode ser obtida uma visão panorâmica da rica produção do Grupo de Chicago em seus primeiros anos de trabalho. Essa fase foi tão importante e marcante para a ACP que, ainda hoje, muitos rogerianos lamentam o que lhes parece o posterior abandono do rigor metodológico e teórico no trabalho de Rogers, chegando a repudiar a denominação abordagem centrada na pessoa para se manterem fiéis à ortodoxa terapia centrada no cliente. Esse ponto de vista, aliás, representa mesmo uma forte e quase cismática tendência no panorama atual da ACP, com marcada repercussão na Europa, recebendo influências de lideranças do grupo original de Chicago e com grande intercâmbio com os seguidores de Eugene Gendlin, colaborador de Rogers por muitos anos, que posteriormente desenvolveu propostas próprias e independentes, como sua técnica de *focalização* (*focusing*) e sua versão de *terapia experiencial*. As periódicas Conferências Internacionais de Terapia Centrada no Cliente e Terapia Experiencial costumam congregar, hoje, grande número dos representantes dessa tendência mais ortodoxa.

Wisconsin: desenvolvendo uma *terapia experiencial*

Em meados da década de 1950, Rogers é convidado a assumir um cargo na Universidade de Wisconsin, sendo-lhe oferecida a possibilidade de trabalhar em associação com o departamento de psiquiatria daquela universidade. Apesar de certo conflito íntimo em abandonar o extraordinário ambiente de trabalho que havia constituído em Chicago, a possibilidade de ampliar o campo de aplicação de suas idéias, inovando também o tratamento das doenças mentais mais severas, acaba por seduzi-lo. Muda-se para Wisconsin em 1957, acompanhado por vários de seus principais colaboradores, e aí chefia uma grande pesquisa sobre a aplicação de sua abordagem a pacientes psiquiátricos. Embora os resultados da pesquisa tenham ficado bem aquém do previsto, e uma série de dificuldades e conflitos com a equipe de trabalho tenham tornado os anos de Wisconsin uma fase bem mais conturbada que o período de Chicago, algumas tendências e inovações emergentes nessa época configuram uma nova e importante fase para a terapia centrada no cliente, cujo sentido mais sintético e geral resulta numa modificação ainda mais humanizadora do papel do terapeuta na relação, numa maior aproximação do referencial existencial-fenomenológico e numa projeção de Rogers para além do círculo profissional mais restrito, tornando-se cada vez mais um pensador influente e conhecido.

A primeira tendência marcante desse período diz respeito a uma reformulação na compreensão da atuação do terapeuta. Nas fases anteriores, talvez em parte pelo afã de submeter a testes empíricos o resultado das atitudes terapêuticas manifestas nas entrevistas de ajuda psicológica, as formulações da terapia centrada no cliente haviam permanecido demasiado presas ao aspecto exterior das respostas do terapeuta, que eram categorizadas, classificadas e mensuradas como a variável independente das investigações. Isso resultava em um modelo um tanto artificial a ser perseguido como o ideal do terapeuta centrado no cliente, dando margem, inclusive, às distorções associadas à idéia das respostas-reflexo, em que o terapeuta era considerado um mero devolutor dos conteúdos fácticos ou emocionais apresentados pelo cliente, pouco tendo a contribuir no processo com sua própria experiência vivida na relação.

A terapia, permanecendo centrada no cliente, e enfatizando a não-diretividade do terapeuta, cuja única possibilidade expressiva consistia em respostas de apoio e compreensão ao que fosse apresentado por aquele, acabava por limitar extremamente a atitude de congruência postulada pela teoria, que passava essencialmente a ser mera exigência de autenticidade na manifestação das outras duas atitudes terapêuticas, a compreensão empática e a consideração positiva incondicional.

Uma circunstância um tanto fortuita, entretanto, ocorrida no trabalho com os doentes mentais em Wisconsin, colocou em xeque essa concepção reflexiva da terapia centrada no cliente: muitos dos pacientes, especialmente os esquizofrênicos em sua atitude apática e autista, não tomavam quaisquer iniciativas verbalmente expressivas na relação, colocando os terapeutas no impasse de não ter conteúdos para aceitar, compreender ou refletir. Aos terapeutas ocorreu então de se voltarem para a própria vivência, para a expressão da experiência interior na relação com os clientes, como o foco a partir do qual se poderia iniciar a comunicação. Este novo centrar-se, focalizando a experiência do terapeuta, alternativo à anterior unilateralidade do centrar-se no cliente, descortinou toda uma ampla gama de possibilidades expressivas para o terapeuta e veio tornar a terapia rogeriana muito mais bicentrada ou "bipolar", na expressão de Spiegelberg (*apud* Cury, 1987), ou seja: centrada nos mundos experienciais das duas pessoas autenticamente envolvidas no trabalhar as dificuldades de uma delas.

Nessa fase de Wisconsin, várias importantes contribuições teóricas e metodológicas apresentadas por Gendlin vêm-se incorporar de forma destacada à teoria e à prática da ACP. Foi Gendlin quem, vislumbrando as possibilidades expressivas do terapeuta sugeridas a partir do trabalho com esquizofrênicos, propôs o conceito de "experienciar" para esclarecer o verdadeiro foco orientador do centrar-se do terapeuta rogeriano. Entendendo por experienciar o fluxo de significados sentidos, isto é, o processo de eventos interiores e pré-verbais fisicamente sentidos aos quais a pessoa pode ter acesso direto e concreto em sua experiência, Gendlin propõe que a constante focalização e interação desse referencial direto – seja o experienciar do terapeuta ou o do cliente – conforme emergente processualmente na relação, constituía a essência do trabalho terapêutico, mais que outras preocupações com não-diretividade ou atitudes. A noção de um fluxo experiencial visceral, cuja focalização e liberação pela correta simbolização consciente e eventual expressão na relação terapêutica consiste no propósito da terapia rogeriana, foi incorporada como um importante acréscimo à teoria e à prática da terapia centrada na pessoa, embora o todo mais complexo e elaborado das idéias de Gendlin não tenha sido absorvido pela ACP, dando margem ao posterior desenvolvimento da sua proposta de uma terapia experiencial, com fundamentação teórica e filosófica originais, que acarretaria o distanciamento de Gendlin do círculo rogeriano para seguir um caminho próprio e independente.

A noção gendliniana do experienciar, aplicada à investigação dos pacientes psiquiátricos, dá origem ainda a outros desenvolvimentos da ACP nesse período. O próprio Gendlin desenvolve uma escala do processo terapêutico para ser utilizada naquela pesquisa, iniciando a ênfase na concepção processual da terapia – compreendida como o progresso por meio de um contínuo de estágios – que marcaria a teorização e a pesquisa de Rogers nessa fase. Além disso, a tônica experiencial abre caminho para o desenvolvimento de investigações em um modelo científico de orientação fenomenológica, diferenciando-se do referencial científico anteriormente usado nas pesquisas da ACP, por vezes denunciado como de forte inspiração positivista. Enfim, tantas são as possibilidades abertas pelas idéias de Gendlin, que diversos autores acham adequado designar esse período de desenvolvimento da ACP como sendo o período da *Terapia experiencial*, não obstante o próprio Rogers, ao contrário de Gendlin, nunca tenha assim se referido à sua proposta de psicoterapia.

Esse período é também uma época marcada pelos posicionamentos de Rogers como opositor das influentes idéias behavioristas de Skinner, continuando crescente aproximação com o pensamento existencial-fenomenológico importado da Europa e se destacando como defensor de um modelo não-naturalista para a psicologia como ciência do homem. Vemos, assim, Rogers tornando-se uma das principais referências dos movimentos articuladores que preparavam o lançamento do movimento humanista como proposta de uma Terceira Força no panorama da psicologia norte-americana. Seu livro *Tornar-se pessoa*, de 1961 (1982), reunindo artigos ainda escritos nos últimos anos de Chicago e os recentes desenvolvimentos teóricos e metodológicos da fase de Wisconsin, torna-se *best seller*, divulgando suas idéias entre o grande público e alçando Rogers, para além de sua posição de destacada liderança nos círculos profissionais e acadêmicos da psicologia norte-americana, à condição de importante e influente pensador no panorama mais amplo da cultura contemporânea.

Os primeiros anos na Califórnia: a explosão dos grupos de encontro

A partir de meados da década de 1960, a ACP experimenta nova e explosiva fase de mudança e ampliação. Rogers muda-se para a Califórnia em 1963, aceitando convite de Richard Farson para se juntar à equipe do Western Behavioral Sciences Institute (WBSI), centro voltado à exploração das potencialidades das ciências do comportamento aplicadas à administração, aos negócios, ao governo, à educação e às relações humanas em geral. Rogers permanecerá na Califórnia até o fim de seus dias, fixando-se em La Jolla, vilarejo de San Diego, onde, em 1968, após abandonar o WBSI, fundará com vários colaboradores sua própria organização, o Centro de Estudos da Pessoa, no qual desenvolverá intensa e produtiva atividade. Em muitos sentidos, a década inicial da estada de Rogers na Califórnia representa uma das mais importantes, distintas e ricas fases de sua vida e trabalho. Nesse período, muda bastante o foco de suas prioridades, praticamente abandonando as atividades de terapeuta individual, de pesquisador e de professor universitário, para se tornar conferencista, escritor e, sobretudo, um facilitador de grupos de encontro, atividade que marca e inspira a maior parte de sua produção nesses anos.

O novo foco de seus interesses volta-se, progressivamente, a partir dessa época, para as potencialidades transformadoras do trabalho grupal, para o desenvolvimento de novas aplicações para sua abordagem (especialmente no campo da educação), para o exame das transformações socioculturais em curso e para o significado científico e filosófico de suas idéias. É também um período em que se destaca como um dos principais líderes do nascente movimento da psicologia humanista, cuja Associação passa oficialmente a integrar como um dos mais militantes proponentes a partir de 1964. São marcos dessa fase, que adentra os anos 70, seus livros *Liberdade para aprender*, de 1969; *Grupos de encontro*, de 1970 (1974); e *O casamento e suas alternativas*, de 1972.

O ambiente efervescente da Califórnia, epicentro da contracultura americana, havia atraído diversos proponentes da revolução humanista da psicologia, o assim chamado *Movimento do potencial humano*, o qual, como vimos, tinha como faceta de maior impacto social o explosivo desenvolvimento de tecnologias intensivas de trabalho grupal, que se tornaram verdadeira mania nacional nos Estados Unidos dos anos 60. A própria ACP, desde os anos de Chicago, onde haviam sido desenvolvidas atividades de terapia e liderança centradas no grupo, já havia esboçado algumas contribuições mais restritas a esse movimento de desenvolvimento de novas formas de trabalho com grupos, o qual tinha suas principais origens nos grupos de treinamento (Grupos-T) desenvolvidos por Kurt Lewin na década de 40; nas propostas do psicodrama de Moreno; na Gestalt-terapia de Fritz

Perls e nas nascentes metodologias corporais de treinamento de sensibilidade, com inspiração neo-reichiana. Rogers, integrando o WBSI, onde os grupos intensivos já vinham sendo utilizados de maneira extensa, vê-se imediatamente fascinado com o que classificou (1974, p. 13) "a invenção social do século que mais rapidamente se difunde, e provavelmente a mais forte". Não tarda, assim, a desenvolver sua própria versão de trabalho com grupos de encontro, na qual se destacam as mesmas características de aceitação, compreensão e autenticidade que anteriormente identificavam seu trabalho como terapeuta individual. O grupo de encontro rogeriano é, sem dúvida, a mais não-diretiva e menos técnica das formas de trabalho grupal desenvolvidas pelos psicólogos humanistas, uma vez que nele se apresenta de forma bastante transparente a mesma ênfase, constante em todas as fases do pensamento de Rogers, no clima psicológico caloroso e permissivo como o principal propiciador do movimento de abertura experiencial e comunicativa que possibilita a reestruturação da personalidade e o crescimento pessoal.

Rogers torna-se rapidamente um dos principais líderes do *Movimento dos grupos de encontro*, envolvido não só na utilização dessa modalidade de trabalho psicológico, mas também na formação de terapeutas (ou *facilitadores*, como passa a designar sua atividade, enriquecendo o vocabulário da psicologia humanista com esse feliz termo que, a partir daí, passou a ter ampla e generalizada utilização), na formulação teórico-conceitual do movimento (sendo seu livro *Grupos de encontro*, de 1970, uma clara, didática e entusiasmada apresentação do ponto de vista centrado na pessoa sobre esse tipo de trabalho grupal) e, sobretudo, no desbravamento de novos campos para o uso dessa inovadora ferramenta transformacional.

O intenso envolvimento de Rogers com os grupos de encontro, além de seu crescente interesse em aplicar a ACP de forma cada vez mais próxima às atividades relacionais das pessoas normais em sua vida cotidiana (aí incluídas as atividades de aprendizagem, de trabalho, de relacionamento familiar e conjugal), torna sua abordagem uma proposta cada vez mais afinada com o modelo buberiano da relação autêntica, do encontro *Eu-Tu*, no qual a diferença de posições, de funções e de papéis cede para o assumir da dimensão humana básica de um encontro entre pessoas, uma relação de pessoa para pessoa. A ênfase no encontro, na interação autêntica, no espaço interpessoal do *entre* da relação ganha, em conseqüência, crescente referência na teorização da ACP. É o encontro, propiciado pela presença das condições facilitadoras (não importando se quem as manifesta é o facilitador designado, o cliente ou os participantes de um grupo), o verdadeiro agente transformador e curativo agora apontado na teoria da ACP. Vamos, assim, ainda além de uma compreensão bipolar, apresentando agora uma compreensão intersubjetiva da terapia centrada na pessoa: o fator transformacional está na qualidade da relação constituída pelos participantes em interação. Nesse sentido, ao passo que Holanda (1994) sugere o nome de fase inter-humana para o desenvolvimento da ACP a partir dessa fase de trabalho com grupos de encontro, o próprio Rogers, em entrevista a Frick (1975) realizada em janeiro de 1969, comentando o progresso de sua posição desde uma atitude não-diretiva, que enfatizava a não-participação e a não-exposição pessoal do terapeuta, e passando pela atitude centrada no cliente em que o foco priorizava as percepções do cliente, comenta que o título que havia sido dado ao seu trabalho por uma reportagem da revista *Time* ("Terapia de pessoa para pessoa") talvez fosse a melhor designação para seu trabalho atual, com toda sua ênfase no relacionamento expressivo e autêntico entre cliente e terapeuta:

> Talvez seja essa, realmente, a melhor designação para minha abordagem, pois essa expressão certamente capta muito mais... [comenta as anteriores designações de terapia não-diretiva e centrada no cliente]. Não creio que tenha dado qualquer rótulo novo ao desenvolvimento posterior, mas "Terapia de Pessoa para Pessoa" seria, indubitavelmente, uma designação muito boa. (Frick, 1975, pp. 126-7)

A última década de Rogers: aprendendo com os grandes grupos

Os anos 70 e 80 testemunham, conforme é sugerido por vários autores (Wood, 1983b; Cury, 1993; Kirschenbaum, 1995), a emergência de uma nova, embora ainda não suficientemente esclarecida, fase do desenvolvimento da ACP. Três tendências ou aspectos centrais contribuem, no meu entender, para caracterizar essa última década da vida de Rogers como uma fase distinta de seu trabalho e de seu pensamento.

A primeira delas, associada de forma bastante estreita às demais, diz respeito ao desenvolvimento de uma nova modalidade de trabalho grupal centrado na pessoa, designado como o trabalho com *gran-*

des grupos, que passa a ser intensamente utilizado por Rogers e alguns dos principais membros de sua equipe a partir de meados dos anos 70. Mas o que são os grandes grupos? Também conhecidos como *comunidades de aprendizagem, encontros de aprendizagem comunitária, workshops comunitários* ou outros títulos semelhantes, esses grupos são entendidos como reuniões de grande número de pessoas, durante vários dias, para uma vivência nos moldes do trabalho com grupos desenvolvido pela ACP. O número de pessoas que define um grande grupo não é claramente delimitado, pois embora normalmente se situe em torno de 100 a 200 participantes, houve experiências com grupos maiores – mais de mil pessoas – e grupos menores – cerca de 50 participantes – com características de comunidade de aprendizagem. Sua criação resultou de experiências levadas a cabo, a partir de 1974, pela equipe do Centro de Estudos da Pessoa, incluindo Rogers e alguns de seus principais colaboradores nesse período. Tratava-se de testar uma nova aplicação dos princípios da ACP, que já haviam se mostrado eficientes na relação diádica da terapia e aconselhamento, nos pequenos grupos de terapia (reuniões regulares com quatro a oito clientes, iniciadas na década de 1950), nos grupos de encontro que marcaram os anos 60 (em geral reuniões intensivas de fim de semana, com cerca de dez a dezoito participantes), assim como em grupos educacionais, de treinamento e de administração. A proposta, dessa vez, era mais ambiciosa. Buscava-se a construção, em grandes experimentos vivenciais, de uma *minissociedade* ou comunidade, sem liderança formal, sem organização ou direção de autoridades preestabelecidas, mas baseando-se apenas nas possibilidades abertas pelo *poder pessoal* de cada participante, a capacidade de cada pessoa para exercer a autodeterminação. Apesar da insegurança e, talvez, mesmo da descrença de que houvesse sucesso em tão ousado experimento, os resultados foram – e têm sido – extraordinários. Descortinou-se, então, toda uma ampla gama de novos interesses, possibilidades e aplicações, dos quais são exemplo a exploração das implicações políticas da ACP. Essa nova metodologia de atuação é uma das influências centrais nos rumos dessa fase mais recente da ACP, representando, em minha opinião, uma revolução na história dessa abordagem tão ou mais importante que a desencadeada pelas experiências com grupos de encontro, tipicamente associadas aos diversos desenvolvimentos da fase precedente.

A segunda grande característica desse período, largamente reconhecida na literatura da ACP, refere-se à conscientização e crescente exploração das potencialidades políticas decorrentes do ponto de vista centrado na pessoa desenvolvido pelo pensamento e prática de Rogers. Na verdade, as fortes implicações políticas e revolucionárias das idéias de Rogers já vinham, havia algum tempo, sendo apontadas por alguns de seus colaboradores, destacando-se nesse sentido um artigo de 1974, intitulado *Carl Rogers, revolucionário tranqüilo*, em que Richard Farson (Evans, 1979, p. 25) o caracteriza como "uma figura política, um homem que, por sua crescente influência na sociedade, se tornou um dos revolucionários mais importantes do nosso tempo".

Rogers, entretanto, tinha dificuldades em perceber o sentido político de seu pensamento, e ele próprio relembra (Rogers, 1978, p. 13) sua surpresa quando, ao ser interrogado sobre a política da ACP e respondendo que não havia política em sua abordagem, recebe uma franca gargalhada de seu interlocutor (na verdade, Alan Nelson, colaborador de Rogers posteriormente envolvido no desenvolvimento do potencial político da ACP), que lhe mostra o evidente significado político de uma abordagem que coloca o poder no organismo, na pessoa, retirando-o das fontes externas de controle e manipulação. De fato, a percepção das possibilidades de aplicação de sua abordagem à solução de conflitos sociais já começara a entusiasmar Rogers quando, em 1972, facilitara um grupo de encontro reunindo ingleses e irlandeses, protestantes e católicos, demonstrando que o contato pessoa a pessoa era um excelente antídoto para as tensões e os conflitos entre grupos e nacionalidades. Foi, entretanto, o trabalho com grandes grupos – a experiência vivida de que dar liberdade e poder às pessoas podia funcionar como uma efetiva forma de organização comunitária – o que lhe descortinou definitivamente as implicações políticas e revolucionárias de longo alcance que suas idéias, nas quais passa a encontrar paralelo com as propostas de Paulo Freire, poderiam ter para a transformação das relações de poder na organização social mais ampla. Em conseqüência dessa conscientização, deseja cada vez mais engajar a ACP a serviço de uma "revolução silenciosa" que dê poder às pessoas e ajude a solucionar conflitos de classe social e interculturais, facilitando a emergência de democracias mais eficientes e a promoção da paz planetária, propostas estas em grande parte relatadas em seu livro *Sobre o poder pessoal*, de 1978.

O ativismo pela paz e pela transformação política do planeta envolverá Rogers até o fim de seus dias, incluindo apoio e divulgação à organização de redes de inspiração humanística voltadas a influenciar decisões políticas; dezenas de *workshops* interculturais pelo mundo afora, inclusive em áreas de conflito, como na Irlanda, na África do Sul e mesmo na Rússia, onde sua passagem deixa importante contribuição ao movimento de abertura promovido por Mikhail Gorbatchev; assim como outras iniciativas igualmente significativas, como o importante *workshop* realizado em 1985, na Áustria, reunindo elevados representantes governamentais da América Central para discutir as tensões políticas da região. Por essas e outras contribuições, seu nome chega a ser sugerido, por um congressista norte-americano, para o Prêmio Nobel da Paz, em 1987, notícia esta que chega a La Jolla no dia de seu falecimento.

A terceira e menos reconhecida tendência característica dessa última fase do pensamento de Rogers consiste na sua crescente aproximação da perspectiva místico-espiritual que contemporaneamente caracteriza o movimento transpessoal em psicologia e é o tema examinado por este livro. Deixei para a próxima seção deste capítulo a apresentação dessa terceira tendência da última fase do desenvolvimento da ACP, que será aí caracterizada e defendida como um aspecto inquestionavelmente central do período examinado.

Enfim, na última fase do trabalho de Rogers, a ACP, mais que uma teoria ou método de atuação em psicologia e educação, ou mesmo mais que uma proposta de mudança sociocultural, passa crescentemente a ser apresentada como uma filosofia de vida, uma postura existencial, ou um *Jeito de ser,* título de seu último livro, de 1980.[1] Nessa obra Rogers não só reúne textos representativos de seus últimos interesses e concepções, mas também recapitula seu trajeto e apresenta um verdadeiro testamento intelectual. Lendo nos acontecimentos mundiais os estertores de uma era, lança seu olhar para *A pessoa e o mundo do futuro* (Rogers, 1980, cap. XV), apontando os caminhos a serem percorridos e os desafios a serem enfrentados pelos seguidores e continuadores de seu trabalho. Entre estes, com humilde orgulho, também eu me incluo ao escrever este livro.

A tendência mística e espiritual da última fase

ACP: psicologia humanista ou transpessoal?

Este livro é voltado ao exame e à discussão dos aspectos místicos, transcendentes e espirituais que, emergentes como uma das facetas típicas da última fase do pensamento e do trabalho de Rogers, configuram – esta é a tese que defendo – uma significativa tendência de aproximação das características definidoras das escolas da psicologia transpessoal. O exame mais extenso e aprofundado das características e do significado dos diversos elementos e aspectos dessa tendência de aproximação da psicologia transpessoal, cuja existência apresento como um dos aspectos centrais da última fase de desenvolvimento da ACP, constitui o conteúdo da Parte II deste livro, dedicada à discussão e demonstração da tese proposta.

Entretanto, a essa altura da exposição, o leitor já familiarizado com o significado e com a importância da ACP como escola de psicologia contemporânea, talvez esteja questionando seriamente o pressuposto implícito na formulação do tema deste livro: o da ocorrência, na literatura da ACP posterior à década de 1970, de consistentes elementos a apontar para a configuração e para a emergência dessa suposta tendência transpessoal na abordagem rogeriana. Ainda mais agora, quando nos capítulos anteriores recordamos diferencialmente as características da psicologia humanista e da psicologia transpessoal, poderá mesmo o leitor indagar se tal tendência realmente existe e tem a importância que a ela atribuo, ou se se trata antes de uma impressão distorcida e fantasiosa, baseada em frágeis indícios. Afinal, como é possível que se diga que uma abordagem tão assumida e caracteristicamente humanista venha apresentando tendências a se aproximar de outro círculo ou movimento congregador de escolas contemporâneas da psicologia? De onde se depreende que essa tendência exista ou tenha importância que justifique seu exame e discussão?

A ACP, de fato, sob quase todos os aspectos em que a examinemos, é uma típica representante da psicologia humanista. Antes mesmo da articulação e da institucionalização do movimento, Rogers, em sua oposição ao behaviorismo e em suas críticas a pontos fundamentais da teoria e da técnica da psicanálise, antecipava e inspirava as posições contestatórias que a Terceira Força assumiria. Suas contribuições para construir uma psicologia científica que tivesse respeito pela dimensão subjetiva do homem, considerando-a uma das especificidades distintivas de seu objeto de estudo, assim como as principais ênfases temáticas de suas pesquisas e teorização, são excelente amostra do significado do movimento humanista como reflexão e proposta de um modelo de ciência do homem para a psicologia. Sua visão otimista da natureza humana, por ele entendida como biologicamente orientada para o crescimento e a auto-atualização; suas proposições sobre a qualidade organísmica e holista da personalidade humana; e suas concepções teóricas relativas ao conceito de *self* colocam-no na posição de um dos principais construtores do modelo de homem defendido pela psicologia humanista.

Mesmo posições do extremo mais existencialista do espectro das psicologias humanistas-existenciais encontram ressonância e contribuição em suas idéias sobre fenomenologia, encontro pessoa a pessoa, primado da experiência e, ainda, em sua valorização da liberdade consciente, da busca de significados próprios e de uma moralidade intrínseca baseada em valores de autenticidade. Suas contribuições à teoria e à técnica psicoterápica contestando o modelo transferencial da psicanálise e o modelo objetivante da engenharia comportamental, e propondo uma psicoterapia fundamentada na autenticidade do terapeuta e no aqui-agora da relação consciente, representam um dos aspectos mais característicos da revolução que a psicologia humanista trouxe ao campo das psicoterapias.

A liderança de Rogers no Movimento dos grupos de encontro, sua óptica na leitura das revoluções de valores e costumes dos anos 60 e seu constante denunciar da falência dos modelos tradicionais de escola, família, relações sociais e interculturais, governo e poder, ilustram, quase inigualavelmente, o posicionamento da psicologia humanista como proposta ressonante ao revolucionário momento sócio-histórico-cultural. Enfim, embora seu ingresso oficial na Associação de Psicologia Humanista tenha sido de início relutante e tardio, só se efetivando abertamente em 1964 por ocasião da conferência de Old Saybrook, seu engajamento desde então foi total, jogando todo o peso de seu prestígio profissional e da popularidade de suas idéias em favor do reconhecimento e sólido estabelecimento da nova Força no panorama da psicologia. Rogers é, com justiça, considerado, ao lado de Maslow e Rollo May, um dos principais líderes intelectuais do movimento humanista, e a ACP tem sido com freqüência apontada como o mais acabado exemplo do que é a abordagem humanista em psicologia.

Já em relação à psicologia transpessoal, embora esta tenha nascido no círculo mais íntimo da psicologia humanista, ao qual Rogers estava ligado inclusive por laços de amizade pessoal, não se tem notícia de que tenha participado, colaborado, apoiado ou se associado ao lançamento da Quarta Força. É inclusive muito rara na literatura da ACP qualquer referência ao movimento transpessoal institucionalizado, e tampouco a literatura transpessoal cita Rogers como colaborador ou simpatizante, caracterizando-o, ao contrário, como o criador de uma abordagem humanista que não se desenvolveu para o campo transpessoal. Em verdade, a característica mais marcante do pensamento rogeriano, o centrar-se na pessoa que dá nome à sua abordagem, parece por princípio excluí-lo da perspectiva e do campo de reflexão, interesses e atuação próprios da psicologia transpessoal, a qual, também por definição do termo nominativo que adota, está tipicamente voltada para instâncias do ser que ultrapassam a pessoa e a dimensão pessoal.

Diante do exposto, cabe a questão: têm de fato as eventuais colocações de teor místico-transcendente-espiritual feitas por Rogers nos últimos anos de sua vida uma importância tal que caracterize uma significativa tendência do desenvolvimento mais recente da ACP? Como deve ser considerado o significado e a importância, no contexto de suas últimas contribuições teórico-metodológicas para o campo da psicologia, dessas declarações transpessoais aparentemente tão deslocadas diante do conjunto de sua obra? É o que discutiremos no próximo tópico desta seção.

Uma tendência importante?

A consideração da importância e significado da tendência místico-transcendente-espiritual da última fase do pensamento de Rogers tem sido assunto bastante controverso e pouco consensual entre os autores que examinam o desenvolvimento mais recente da ACP ou especulam sobre a direção dos futuros desenvolvimentos dessa abordagem. Alguns chegam mesmo a passar totalmente ao largo do assunto, não fazendo qualquer referência a essa faceta dos escritos mais recentes de Rogers e de outros autores da ACP. Embora a maioria dos autores que focaliza o período reconheça essa tendência como um dos aspectos marcantes dos últimos interesses de Rogers, o posicionamento a respeito é bastante variado e, em geral, traduz mais o ponto de vista filosófico-científico-religioso do comentarista que um exame mais aprofundado. Essa atitude é mesmo o posicionamento generalizado entre os psicólogos que tomam conhecimento das colocações de Rogers nesse tópico, conforme bem descreve Kirschenbaum (1995, p. 84):

Intuitivo... estados alterados de consciência... espírito interior... místico... transcendente... espiritual? Isto é *Carl Rogers* falando?

Terá ele perdido seu rigor objetivo? Ou teria ele finalmente caído em si? Conquanto essas suas mudanças ou especulações de fim de vida não sejam inteiramente conhecidas, as reações parecem refletir o viés de cada comentarista. O mais cientificamente inclinado diz: "Tsc, Tsc. Não obstante ele possa ter permanecido lúcido a respeito de outros assuntos, ele certamente se desequilibrou neste ponto", enquanto o mais espiritualmente inclinado soltará um suspiro de alívio e o congratulará por permanecer aberto a novos aprendizados e por retornar a suas raízes espirituais.

Afora criticar ou elogiar – ou simplesmente ignorar – as colocações místicas de Rogers, uma tendência bastante generalizada entre seus seguidores não afinados com a perspectiva transpessoal tem sido a de considerar tais inclinações como um interesse mais particular e especulativo do criador da ACP, sem muito reflexo em sua produção científica ou em seu trabalho, e predominantemente ligado a uma compreensível preocupação com a continuidade da existência, desencadeada por ocasião dos discutíveis fenômenos que envolveram a doença e a morte, nesse período, de sua esposa Helen. Em certo sentido, o próprio Rogers (1983a, Cap. II) deu margem a tal entendimento, ao incluir o assunto em um artigo autobiográfico no qual relata suas experiências e reflexões mais pessoais relativas a como vivenciava seu envelhecimento no período entre os 65 e os 78 anos de idade:

Nos dezoito meses que antecederam a morte de minha mulher, em março de 1979, houve uma série de experiências em que Helen, eu e alguns amigos estivemos envolvidos. Essas experiências mudaram decididamente minhas concepções e sentimentos sobre a morte e a continuação do espírito. Foram experiências intensamente pessoais e algum dia escreverei mais detalhadamente sobre elas. Por ora, posso apenas esboçá-las. [...]
Helen era muito cética em relação a fenômenos psíquicos e à imortalidade. Mas fomos convidados a visitar uma médium honesta, que não cobraria pela consulta. Lá, Helen experimentou, e eu observei, um "contato" com sua irmã já falecida, envolvendo fatos de que a médium não poderia ter conhecimento. As mensagens eram extraordinariamente convincentes e vieram por batidas de uma sólida mesa, que soletrava palavras. Mais tarde, quando a médium veio à minha casa e minha própria mesa sole-

trou mensagens em nossa sala de estar, só me restava ceder diante de uma experiência incrível e certamente não-fraudulenta.

Helen teve algumas visões e sonhos com pessoas de sua família, o que a fez pensar que seria bem recebida "do outro lado". [...] Ainda nesses últimos dias, Helen viu uma luz branca e inspiradora que se aproximou dela, levantou-a da cama e depois a deitou novamente. [...]

Naquela noite [após a morte de Helen], alguns amigos tiveram uma sessão com aquela médium. Logo entraram em contato com Helen, que respondeu a muitas perguntas: ela havia ouvido tudo que se dissera enquanto estivera em coma; ela havia visto a luz branca e espíritos vindo em direção a ela; estava em contato com sua família; tinha agora o aspecto de uma mulher jovem; sua morte havia sido pacífica e indolor.

Todas essas experiências que estou mais sugerindo que propriamente descrevendo, neste capítulo, tornaram-me muito mais aberto à hipótese da continuação do espírito humano, coisa que jamais acreditei ser possível. Essas experiências provocaram em mim um grande interesse por todo tipo de fenômenos paranormais. Modificaram completamente minha concepção do processo da morte. Agora considero possível que cada um de nós seja uma essência espiritual contínua, que se mantém ao longo dos tempos e ocasionalmente se encarna num corpo humano. (Rogers, 1983a, pp. 30-1)

O próprio Rogers, porém, embora visse sua curiosidade em concepções transcendentes sobre o ser humano e a realidade crescer após ter presenciado esses eventos extraordinários, mostrava-se cauteloso, mantendo separados do seu trabalho profissional e de sua obra científica esses interesses mais particulares, ciente que era do risco em que colocaria sua reputação e a respeitabilidade de sua abordagem caso passasse a defender pontos de vista tão extravagantes e pouco considerados pelo *establishment* da psicologia. É o que afirma seu principal biógrafo (Kirschenbaum,1995, p. 83):

Outras experiências altamente inusuais ocorreram por volta desse tempo e nos anos seguintes, mas Rogers foi relutante em escrever sobre elas. Como destacado cientista que era, ele sabia muito bem como a ciência tradicional e a classe profissional encaravam os fenômenos paranormais. Se as ocorrências parapsíquicas ou vida após a morte existiam ou não e, caso elas existam, como explicá-las, era certamente de seu interesse; mas essas matérias não estavam dentre as prioridades de Rogers. Ele não tinha a intenção de minar suas contribuições profissionais ou seu trabalho internacional deixando a si mesmo, ou a Helen, no ridículo. Assim, publicamente, ele apenas contava uma breve anedota ou duas, insinuando que poderia haver mais por vir (o que em certa altura provavelmente acontecia), e deixava por aí.

Devo dizer que concordo plenamente com aqueles que, reconhecendo que Rogers nos últimos anos de sua vida chegou a manifestar curiosidade bastante intensa em relação aos fenômenos mediúnicos e paranormais, assim como pelas concepções filosófico-religiosas que buscam explicar esses fenômenos (como, por exemplo, as associadas à doutrina do espiritismo), consideram que tais interesses não tiveram importância maior em relação ao seu trabalho prático e teórico. Reconheço também que tais interesses, embora eventualmente possam tê-lo ajudado a se abrir para essas possibilidades, nunca chegaram a configurar algo como uma "conversão" a semelhantes pontos de vista espiritualistas. Wood (1997), importante colaborador seu nesse período, narra como durante sua primeira viagem ao Brasil, em 1977, Rogers estava especialmente interessado em conhecer mais sobre fenômenos mediúnicos e paranormais, tendo visitado centros parapsicológicos de pesquisa, assim como médiuns e paranormais de diferentes filiações, em busca de uma conclusão mais fundamentada sobre assuntos como a reencarnação e a comunicação com pessoas mortas. Segundo Wood, entretanto, tal conclusão nunca chegou de forma definitiva e, inclusive, é sua impressão que Rogers chegou mesmo a se decepcionar com a excessiva generalidade e falta de indícios mais definidos que lhe pareciam ter as mensagens supostamente espirituais que lhe foram transmitidas nessas ocasiões.

Desejo, assim, frisar que, embora eu esteja consciente de que esse tipo de interesse de Rogers seja freqüentemente citado como prova de que ele estava se tornando mais espiritualizado e, portanto, caminhava para se aproximar do ponto de vista transpessoal, não será esta, de forma alguma, a minha argumentação central neste livro, e fossem somente estes os argumentos eu não o teria escrito.

No entanto, para além das experiências e interesses de sua vida mais particular, o próprio trabalho profissional de Rogers é o fator que gradativamente começa a envolver sua atenção e reflexão com a dimensão transcendente e espiritual do ser e da realidade, tornando impossível a separação entre essa tendência de seus interesses e o corpo de suas últimas contribuições para o desenvolvimento teórico e metodológico da ACP:

> Entretanto, uma nova nuança começou a aparecer na descrição de Rogers sobre o processo terapêutico. Nos seus últimos anos, Rogers falou dos aspectos intuitivos, transcendentais e mesmo espirituais da relação centrada no cliente.
> [...] Confiando e expressando a si mesmo mais do que nunca na terapia e no trabalho grupal, ele se encontrava freqüentemente tão plenamente concentrado na outra pessoa, entrando no mundo do cliente com uma empatia de tal modo profunda, que por vezes ele sentia como se ele dificilmente fosse uma pessoa separada. Certamente, em um nível de consciência ele permanecia separado. Mas quando estava mais sintonizado com a outra pessoa, ele, Rogers, não parecia mais importar. Ele não era Carl Rogers tentando ser empático com a outra pessoa. Ele estava com essa outra pessoa. Era como se eles estivessem tanto no mesmo comprimento de onda que não estavam mais separados. Ele não necessitava tomar cognitivamente uma fração de segundo para compor suas respostas, suas respostas aconteciam. Mas se ele não estava elaborando voluntariamente essas respostas empáticas, de onde elas estavam vindo? Era como se as palavras viessem por si mesmas, como se forças invisíveis estivessem trabalhando por meio dele, como se ele fosse o condescendente médium pelo qual forças maiores estivessem trabalhando. Fosse ele uma pessoa religiosa, poderia creditar a alguma força divina ou ao espírito santo a orientação de seu trabalho. Não era essa a inclinação de Rogers; ainda assim, ele não podia negar seu sentimento de que alguma coisa estava acontecendo aqui, nos momentos especiais em terapia e em grupos intensivos, a qual não podia ser plenamente explicada pelas formulações anteriores. (Kirschenbaum, 1995, pp. 83-4)

Assim, se a tendência místico-transcendente integra as últimas formulações e descobertas que Rogers faz no contexto de seu trabalho e atuação, creio que não é possível mais aos seus seguidores simplesmente ignorar, elogiar ou criticar seus posicionamentos, como se isso dissesse apenas respeito a uma postura filosófico-religiosa pessoal sua, de irrelevantes efeitos – neutros, benéficos ou maléficos – para o desenvolvimento futuro da ACP. Independentemente do que se pense a respeito, a ACP não pode deixar de considerar que essa tendência é uma das características centrais e importantes da última fase do pensamento de Rogers, a qual deve ser respeitada como uma intencional modificação que o criador da ACP imprimiu à teoria e à prática dessa escola de psicologia durante a última década de sua vida.

Naturalmente, será sempre facultativo aos seus seguidores renegar esse aspecto, ou mesmo toda a fase mais recente do pensamento de Rogers, mantendo apenas a fidelidade aos desenvolvimentos anteriores – o que, aliás, seria a mesma posição que alguns psicólogos rogerianos atualmente tomam em relação a todas as fases que sucederam à ortodoxa formulação da terapia centrada no cliente. O que não se justifica, no meu entender, é o posicionamento de alguns psicólogos centrados na pessoa, como é o caso da conclusão a que chega a esse respeito Kirschenbaum – transcrita abaixo – os quais, escudados no fato de Rogers ter morrido antes de dar maior prosseguimento à exploração dessa tendência de seu pensamento, propõem que ela passe a ser considerada como uma espécie de curiosidade ou incógnita, sem maiores possibilidades de esclarecimento sobre seu sentido ou importância para o desenvolvimento da ACP:

> Infelizmente, ele nunca pôde ir muito além na exploração dessa nova dimensão dos relacionamentos. Se isso teria levado a novos *insights* e importantes contribuições a várias disciplinas, ou se teria encorajado toda espécie de práticas perniciosas em nome da cura não se pode saber. No fim, talvez isso possa ser visto como um interessante adendo a uma longa carreira, permanecendo o valor da carreira o mesmo, independentemente do que cada um pense de sua última incursão em um novo território. (Kirchenbaum, 1995, pp. 84-5)

"Independentemente do que cada um pense de sua incursão em um novo território", a tendência místico-transcendente-espiritual não é apenas um "interessante adendo a uma longa carreira". É uma tendência central, característica e marcante da última fase de seu pensamento, indissociavelmente ligada às concepções teóricas e à prática com que culminou a obra de toda a sua vida, e, como tal, "independentemente do que cada um pense", deve, no meu entender, ser respeitada e considerada. Nesse sentido, creio que todos os historiadores

100

do desenvolvimento da ACP devam, sob pena de serem tachados de inexatos ou parciais, explicitamente reconhecer e registrar que, ao lado do trabalho com grandes grupos e o desenvolvimento das potencialidades políticas da ACP, a incorporação de uma visão transcendente e espiritual do ser humano e da realidade é um dos aspectos essenciais da última fase do desenvolvimento da ACP proposto por Rogers, a qual, conforme adequadamente indica Holanda (1994, p. 13): "Seria uma fase mais mística, holística no seu sentido mais amplo, em que Rogers se voltaria para a consideração de uma relação mais transcendental ou para a transcendência da existência humana". De opinião semelhante é também Rud (1994, p. 204), que chega mesmo a sugerir, em coincidência com o que aqui proponho, o título de "terapia centrada no transpessoal" para a última fase do pensamento de Rogers, a qual:

> [...] seria um quarto momento no qual se lança decididamente em uma busca espiritual, sem com isso negar nada do construído anteriormente, numa síntese cada vez mais abrangente. Talvez pudéssemos defini-lo encontrando um conceito-chave, cunhado não faz muitos anos, como um momento transpessoal.

Esse ponto de vista, e mais, a caracterização dessa tendência dos últimos desenvolvimentos da ACP como um movimento de aproximação entre essa escola e as características definidoras da psicologia transpessoal, encontra ainda maior apoio se observarmos que não se trata apenas, no contexto do desenvolvimento atual da ACP, de afirmações isoladas e defendidas somente por Rogers. Como disse anteriormente, a partir da década de 1970 a literatura da ACP começa a ser crescentemente invadida por temas que, tanto pelo assunto quanto pela perspectiva teórica implícita ou explicitamente adotada, encontram-se muito mais próximos das propostas e interesses da psicologia transpessoal do que dos da psicologia humanista. Vivências místicas, estados alterados e ampliados da consciência, espiritualidade, integração indivíduo-cosmos, poderes psíquicos, fenômenos parapsicológicos, realidades além do espaço e do tempo, consciência e sabedoria grupal, eu-transcendental e outros temas que tais, ingressam e experimentam crescente aumento de freqüência na literatura, assim como cresce a inclusão de referências a pesquisas e autores identificados com o movimento transpessoal. Para além dos escritos de Rogers, essa tendência parece uma constante na obra de vários de seus colaboradores nessa última fase, especialmente aqueles membros do Centro de Estudos da Pessoa, em La Jolla, que participaram do desenvolvimento do trabalho com grandes grupos, o qual, como disse, foi a mais característica e importante inovação da ACP nesse período.

Assim, Natalie Rogers cria a *Terapia Expressiva Centrada na Pessoa*, focalizando a espiritualidade como uma das dimensões centrais de sua concepção de *conexão criativa*. Maria Constança Villas-Boas Bowen, aprofundando em seus escritos a relação entre espiritualidade e abordagem centrada na pessoa, incorpora à sua teorização princípios da moderna física e ensinamentos das milenares tradições orientais, assim como enriquece suas inovações psicoterapêuticas com técnicas meditativas e elementos de psicoterapias transpessoais. John Keith Wood, permanecendo em intensa produção teórica, não só explora temas como o transe, os estados alterados de consciência e os fenômenos paranormais ocorrentes na prática da ACP, mas procura incorporar à perspectiva centrada na pessoa dados e conceitos oriundos da pesquisa transpessoal mais atual. Maureen Miller O'Hara associa a alteração e a ampliação da consciência a certas vivências da relação terapêutica centrada na pessoa, que compara aos estados místicos relatados pelas tradições espirituais. Saindo do círculo mais estreito dos colaboradores de Rogers, vamos encontrar vários seguidores, uns mais outros menos conhecidos, que, identificando-se com esses desenvolvimentos mais recentes, têm crescentemente apresentado livros e artigos em veículos especializados ou trabalhos e painéis nos regulares encontros nacionais e internacionais de profissionais da ACP, em que exploram e dão destaque a vários temas e pontos de vista afinados com a perspectiva transpessoal.

Entretanto, não é apenas no mero aspecto quantitativo, ou seja, no crescente número de autores e artigos que abordam a temática, que vamos encontrar indicadores de que está se configurando e emergindo, nas últimas décadas do desenvolvimento da ACP, uma consistente e significativa tendência de aproximação do grupo das psicologias transpessoais. É sobretudo no aspecto qualitativo, apreensível da distribuição desses elementos de aproximação em campos estrategicamente fundamentais da teoria e da prática da ACP, que se poderá aquilatar a abrangência e a profundidade dessa tendência aproximativa, aqui investigada. É seguindo essa óptica qualitativa que, mais do que realizar o mero exame isolado dos elementos com características transpessoais emergentes na recente literatura da ACP, e com especial destaque nos textos de Rogers, buscarei apontar o sentido de sua configuração total. Nos capítulos da Parte II, pretendo demonstrar que o que realmente está sendo indicado por essa tendência é a possibilidade de transformação da ACP, em grande parte por iniciativa de seu próprio criador, em uma nova escola da psicologia transpessoal, escola essa, aliás, bastante completa, original e promissora.

Nota

1. É importante lembrar que a edição americana (*A Way of being*, Rogers, 1980) tem sete capítulos a mais que a edição brasileira, pois eles já haviam sido publicados no Brasil no livro *A pessoa como centro* (Rogers & Rosenberg, 1977).

PARTE II

A configuração de uma tendência

4

Uma nova visão de mundo (e a visão de uma nova pessoa)

Um panorama de crise e mutação

Vivemos um momento de extraordinária crise em nossa civilização; crise singular e sem precedentes, dadas suas proporções. Pela primeira vez, não apenas grupos, culturas, etnias ou mesmo civilizações encontram-se ameaçadas, mas está em risco a sobrevivência da espécie humana e a própria existência planetária. As perspectivas são sinistras em um momento no qual os valores, os padrões e os princípios que nortearam e possibilitaram o extraordinário desenvolvimento da moderna cultura ocidental falham e se esgotam como recursos para solucionar os problemas que esse mesmo desenvolvimento causou. Tal crise tem sido objeto de atenção e análise de distintos pensadores. Carl Rogers deve ser incluído entre eles.

Principalmente a partir da década de 1970, quando teve seu interesse voltado, entre outras áreas, para as implicações políticas e macrogrupais de suas idéias – sendo seu livro *Sobre o poder pessoal* marco desse novo posicionamento –, Rogers por várias vezes dirigiu sua atenção para aspectos da crise global, dela traçando dramáticos retratos e dela denunciando as tenebrosas implicações, chegando mesmo a considerar, diante de um quadro tão terrível, o risco de um desenrolar catastrófico: "Isso bem pode ser a desintegração precedente à destruição de nossa cultura pelo suicídio de um holocausto nuclear. Não podemos dissipar a possibilidade de estarmos na agonia final de nossa morte" (Rogers, 1983b, p. 9).

Mas seria este o fim inevitável: o suicídio nuclear, socioeconômico ou ecológico?

Rogers, fundamentando-se na análise de autores que abraçam semelhantes pontos de vista sobre a crise atual, concorda com a idéia de que a única saída satisfatória é uma revolução radical, uma transformação poderosa, uma mutação que, segundo ele, já estaria ocorrendo: "Estou convencido de que, neste momento, estamos atravessando uma crise transformacional, da qual nós e nosso mundo não sairemos os mesmos" (1983a, p. 123). Nesse caso, a crise atual, ao invés de significar a agonia da morte, passaria a representar os sofrimentos do parto de uma nova ordem: "Por outro lado, o atual caos, o terrorismo, a confusão, o desmoronamento de governos e instituições podem ser as dores de um mundo em trabalho de parto. Existem muitas razões para acreditar que estamos envolvidos nas aflições do nascimento de uma nova era" (Rogers, 1983b, p. 9).

Recorrendo a uma de suas pitorescas ilustrações retiradas de sua experiência como jardineiro amador, assim Rogers expôs sua impressão do momento atual:

> Uma lição que tenho aprendido com freqüência em meu jardim é que os restos putrefatos de uma planta neste ano serão a cobertura sob a qual novos brotos poderão ser descobertos no ano que vem. Da mesma forma acredito também que, em nossa cultura decadente, vemos os esboços confusos de um novo crescimento, de uma nova revolução, de uma cultura de tipo nitidamente diferente. (1978, p. 247)

Não irei aqui me deter à análise detalhada da mutação em curso, conforme é apresentada por Rogers e outros autores cujas observações referenda (como Ferguson, s.d. e Capra, s.d.). Trata-se de um fenômeno complexo e multifacetado, envolvendo diversas dimensões, não necessariamente relacionadas à perspectiva transpessoal e às quais, sem dúvida, a ACP, assim como a psicologia humanista, de maneira geral, têm oferecido significativas contribuições para a análise e o manejo das problemáticas envolvidas. Nesse sentido, basta lembrar a abordagem humanista e rogeriana de tópicos como relacionamento interpessoal e familiar, valores, necessidades pessoais, relações de poder, relações interculturais, liderança, criatividade, mudanças institucionais etc.

Por outro lado, alguns aspectos da mutação global, em curso, só encontram reconhecimento, ressonância, destaque e contribuição no campo da psicologia entre autores caracteristicamente afinados com a corrente transpessoal, e esses aspectos podem mesmo ser apontados como fatores determinantes da própria emergência da psicologia transpessoal na qualidade de corrente ou movimento que se organiza como tentativa de resposta da psicologia a novas questões, necessidades e perspectivas suscitadas por certas facetas das mudanças atuais. Tais facetas, como vimos no Capítulo 2, dizem especialmente respeito a mudanças relativas à visão de mundo e realidade emergentes a partir da revolução paradigmática no campo das ciências, assim como a determinadas mudanças observadas nas pessoas no panorama de mutação cultural, destacando-se um renascimento, no âmbito da contemporânea civilização ocidental, dos interesses pela espiritualidade e pelo misticismo, sobretudo pela via experiencial de alteração da consciência por meio de drogas ou de metodologias religiosas e psicológicas.

Transformações com um sentido de abertura às dimensões transcendentes e transpessoais, tanto da realidade objetiva quanto da própria experiência do ser, no campo do desenvolvimento da ciência e no campo das transformações pessoais no contexto de uma cultura em crise, são, portanto, os tópicos em que concentraremos nossa análise neste capítulo. Crise e transformação no campo da ciência, no qual novas descobertas e concepções há muito tornaram obsoletos os modelos tradicionais e a visão de mundo neles implícita, apontando para a necessidade de novos padrões, novos modelos, novos pontos de vista, enfim, a necessidade de construção de um novo paradigma no qual, cada vez mais consensualmente, admite-se a relevância de uma visão de mundo que inclua a dimensão transcendente da realidade, conforme defendido por tradições espirituais e vivenciado em experiências transpessoais. Crise e transformação nas pessoas e grupos que, decepcionados com as antigas soluções e padrões de comportamento, lançam-se, em geral por sua conta e risco, na busca de novas formas de ser, na exploração de experiências interiores e de relacionamento que, por vezes, adentram o domínio do transpessoal, das vivências espirituais, dos estados alterados e ampliados de consciência, em que a psicologia mais oficial tem pouco a lhes oferecer.

Carl Rogers, coerentemente à atitude de sensibilidade às necessidades de seu tempo e de abertura a novas idéias que permeou sua vida profissional e pessoal, foi especialmente sensível a essas mudanças, no que foi acompanhado por alguns de seus seguidores. Nos próximos dois tópicos examinaremos colocações suas a esse respeito (deixando para a terceira seção o exame das reações de seus seguidores), em que se evidenciam indicativos de que, ao menos em sua opinião, a abertura ao transcendente e o desenvolvimento dos potenciais de consciência e espiritualidade constituem aspectos dorsais das transformações paradigmáticas e pessoais nas quais vislumbrava as possibilidades e colocava suas esperanças de que as crises da humanidade pudessem ser superadas por um salto evolutivo transformador.

Mudanças no paradigma científico: uma nova visão de mundo para a ACP

Dentre as teorias que buscam avaliar as mudanças radicais que vêm abalando o domínio da ciência, têm-se tornado particularmente aceitas as idéias de Thomas Kuhn, físico e historiador da ciência, que introduziu o conceito de paradigma para explicar a estrutura das revoluções científicas. Para ele, a ciência não se desenvolve somente de maneira linear, como um processo gradual de acumulação de conhecimentos e formulação mais elaborada de teorias. Na verdade, ocorreriam também processos bem mais conturbados, não seqüenciais, de natureza muito mais cíclica do que linear, em que fases de grande e tranqüilo desenvolvimento seriam seguidas por fases de crise, estagnação e impasse, resolvidas num movimento de revolução e de nova ordem. Essencialmente, tais revoluções consistem numa mudança de *paradigma*, isto é, da superteoria, consensualmente aceita como visão de mundo pela comunidade dos cientistas, que contextualiza e orienta a abordagem científica da realidade.

Estamos, ao que tudo indica – ou ao menos segundo uma opinião que é generalizada no meio transpessoal – vivendo um desses momentos de revolução paradigmática, na qual a psicologia transpessoal se inscreve, ao lado da macrofísica cosmológica e da física quântica e relativista, entre outros ramos de ponta da ciência, como um dos principais agentes. Uma revolução que não se restringe a torres de marfim do esoterismo científico, mas que se imbrica no panorama conturbado da crise cultural de uma civilização que, construída sobre os alicerces de uma revolução científica, cria agora, com sua própria crise, condições para uma nova revolução, não só científica, mas cultural. Assim, embora originalmente empregada para se referir à atividade científica, a noção kuhniana de paradigma pode perfeitamente ser utilizada em relação a outros campos e, de fato, como observa Ferguson (s.d., p. 26): "[...] a expressão foi largamente adotada. Fala-se em paradigmas educacionais, paradigmas para o planejamento de cidades, mudança de paradigmas em medicina etc.".

Fazendo eco aos psicólogos transpessoais, Carl Rogers concorda plenamente que, implicada na crise atual, estaria em curso uma revolução paradigmática, uma mudança radical em nossa visão de mundo e em nossa forma de ser, que incluiria – estranha dimensão para um psicólogo *só* humanista se referir – "nosso ser espiritual":

> Por que será que, como indivíduos e como nações, estamos experienciando esses incríveis sobressaltos? É minha convicção de que isso se deve a numerosas mudanças de paradigma que estão ocorrendo simultaneamente. A inevitabilidade dessas mudanças tem literalmente abalado as raízes de nosso ser físico, psicológico, econômico e espiritual. (Rogers, 1983b, p. 9)

Restringindo-nos porém, neste tópico, às reações de Rogers a mudanças observadas no paradigma científico, tratemos de observar se nessas reações se encontram elementos que confirmem a tese aqui defendida de que suas idéias e propostas mais recentes, no caso referentes ao modelo de ciência a ser adotado pela ACP, seriam mais compatíveis com as posições características da psicologia transpessoal do que com as da psicologia humanista. Como vimos no Capítulo 2, a psicologia transpessoal apresenta-se inserida em um quadro de revolução paradigmática e se propõe como uma psicologia que incorpora as premissas da revolução científica em curso, integrando-se a um novo paradigma unificado e holístico, emergente tanto dos ramos de ponta das ciências naturais quanto da própria pesquisa transpessoal. Embora entre os diversos proponentes da mudança paradigmática se esteja longe de um consenso estabelecido sobre como será esse novo paradigma, e embora a aceitação das idéias de Kuhn entre os psicólogos não se restrinja aos psicólogos transpessoais, a concordância com certas concepções dessa revolução paradigmática é, no campo da psicologia, característica exclusiva da perspectiva transpessoal. Entre essas posições, assim me parece, devem ser consideradas todas aquelas que relacionam as novas concepções de realidade emergentes das pesquisas em ciências naturais com as vivências de estado alterado e ampliado de consciência estudadas pelos transpessoais, entendendo-as como inseridas em uma mesma visão transcendente de mundo, cujas características se afinam com as historicamente propostas por tradições espirituais.

Rogers, em seus últimos escritos, baseado em suas próprias observações e em sua leitura de autores como Fritjof Capra e Marilyn Ferguson, que defendem essa posição e têm influência e trânsito no movimento transpessoal, adota pontos de vista bastante semelhantes, se não idênticos, aos que caracterizam a psicologia transpessoal na questão do modelo de ciência. Coerentemente à curiosidade que era traço marcante de sua personalidade, e à atitude de abertura ao novo e à mudança que esteve presente em toda a sua vida profissional, interessou-se – e entusiasmou-se – em conhecer, daí derivando implicações e especulações, as revolucionárias descobertas e concepções que, anunciadas nas ciências naturais, vinham abalando as mais sólidas e estabelecidas concepções científicas de mundo e realidade.

Quando leio seus textos que abordam o tema, sinto que era com o fascínio de quem descobre um mundo novo que Rogers *passeava* no panorama que vislumbrava nas descobertas da ciência em mudança. Nesse passeio, ia assimilando e explorando as novas visões como elementos que ampliavam suas próprias idéias; não as contrariavam, e sim as fortaleciam, fundamentavam e expandiam no sentido de uma crescente abrangência e profundidade. A seguir, apresento alguns trechos comentados da obra recente de Rogers em que se evidencia a aproximação do modelo de ciência e da visão de mundo e realidade tipicamente adotados pela psicologia transpessoal, conforme descrito no Capítulo 2. À maneira de quem examina um álbum de retratos ou o diário de uma viagem, convido o leitor a, em sintéticos *instantâneos* retirados de textos que poderão ser consultados para uma apreciação mais extensiva, acompanhar Rogers em seu passeio, em sua expedição de exploração e descoberta, na qual examinava, assimilava, interagia e contribuía, compartilhando conosco os resultados de suas observações, conjecturas e reflexões, ao mesmo tempo que indicava os caminhos interessantes que ele próprio talvez sentisse não ter mais oportunidade ou tempo para explorar.

De início, observêmo-lo reconhecendo que as novas descobertas e concepções, abalando alguns dos mais sólidos pilares da mentalidade científica ortodoxa, estão revolucionando nossa visão de mundo, descortinando possibilidades espantosas, com implicações especialmente relevantes para o estudo do humano, área em que, obviamente, a psicologia e a ACP se incluem:

Nesse novo paradigma, matéria, tempo, espaço desaparecem como conceitos significantes [...]. O velho paradigma não serve mais. (Rogers, 1983b, p. 11)

Novas epistemologias e filosofias da ciência consideram o conceito linear de causa e efeito da ciência apenas como um pequeno exemplo dos diversos caminhos do conhecimento. [...] Esses novos caminhos da ciência revolucionarão a nossa maneira de estudar e perceber o mundo, especialmente o mundo biológico e humano. (Rogers, 1983a, p. 127)

Indo além, a partir de seu encontro com as idéias de renomados cientistas, Rogers concorda, não sem certa perplexidade, que as atuais mudanças de paradigma estão aproximando a ciência da milenar perspectiva místico-espiritual, tradição à qual os transpessoais também se declaram ligados, em sua visão de mundo e realidade:

Homens como Fritjof Capra (1975, 1982) e Gary Zukav (1979) foram levados a anunciar a convergência entre a física teórica e o misticismo oriental [...] são simplesmente duas estradas paralelas para a compreensão do universo como uma "dança cósmica". (Rogers, 1983b, p. 11)

A bela simplicidade da ciência desvaneceu-se em uma "ciência da complexidade" parecida com os modos de ver a realidade dos místicos orientais, ao invés de uma mecânica newtoniana. (Rogers. 1983b, p. 14)

Não é mais a ciência como nós a conhecemos, novamente ela se aproxima do místico, do indescritível, do criativo. Como viveremos com esse bizarro conceito novo? (Rogers, 1983b, p. 12)

Imerso nesse contexto de mudança de perspectivas, em que a visão de mundo e realidade é radicalmente subvertida, Rogers refere-se a várias das revolucionárias descobertas e teorias de modernos físicos, químicos e biólogos, em geral nelas apontando implicações diretamente associadas ao campo de interesses e a pontos de vista característicos da psicologia transpessoal:

Primeiro, deixem-me fazer alguns comentários sobre a nossa percepção da unidade básica da realidade material [...]. A busca por uma unidade material do universo foi infrutífera. Ela não existia. Toda nossa percepção da realidade se desvaneceu em irrealidade. Nosso mundo era diferente de qualquer coisa que tivéssemos imaginado. Não existe solidez nele. [...] a ciência, através do teorema de Bell, sugeriu um universo interconectado em que cada evento está em conexão com todos os outros [...]. Existe através do universo um misterioso e desconcertante vínculo de comunicação. (Rogers, 1983b, pp. 10-1)

Recentemente, o trabalho do químico-filósofo Ilya Prigogine veio trazer uma perspectiva diferente [...]. A teoria de Prigogine parece esclarecer questões como a meditação, as técnicas de relaxamento e os estados alterados de consciência. (Rogers, 1983a, pp. 49-50)

Um eminente microbiólogo, Jonas Salk, conduz-nos através de sua perspectiva biológica para ver uma evolução intelectual e espiritual do potencial em desenvolvimento do homem. (Rogers, 1978, p. 248)

Não vê, entretanto, nessas e em outras descobertas – como alguns psicólogos humanistas poderiam fazer – apenas curiosidades interessantes do mundo das ciências naturais, irrelevantes para a psicologia como ciência do homem. Ao contrário, nelas percebe algo extremamente significativo e relevante para a psicologia. Mais ainda, encantado com a validação que essas novas visões pareciam trazer ao campo das experiências extraordinárias de ampliação da consciência, objeto de estudos privilegiado da psicologia transpessoal, chegou a afirmar que estas eram "concomitantes" à ACP:

Assim, encontramos provas na física e na química teóricas da validade das experiências transcendentes, indescritíveis, inesperadas e transformadoras – aqueles fenômenos que meus colegas e eu temos observado e sentido como concomitantes à abordagem centrada na pessoa. (Rogers, 1983a, p. 49)

Não só na química e na física, porém, Rogers via uma revolução na concepção de mundo. Especialmente em modernos estudos do potencial humano ele busca elementos que, revolucionando a visão do mundo humano, implicariam para a psicologia possibilidades só aceitáveis sob uma perspectiva transpessoal.

Outras potencialidades humanas, de longa data conhecidas, mas desconsideradas, têm recebido nova apreciação. Fenômenos paranormais como telepatia, clarividência e precognição têm sido suficientemente testados, de forma que têm sido aceitos por associações científicas. Energias curadoras, que operam consciente ou inconscientemente, não são mais motivo de escárnio, mas partes de uma medicina holística. O poder da meditação, de forças transcendentais é também reconhecido. (Rogers, 1983b, p.13)

A moderna pesquisa do cérebro, campo que tem fornecido numerosos subsídios às teorias transpessoais, também chamou a atenção de Rogers, levando-o inclusive a admitir o ponto de vista, típico da psicologia transpessoal, de que a consciência e a mente não são produto da atividade cerebral, mas que, em certos níveis, a ultrapassam:

A teoria holográfica do funcionamento cerebral, desenvolvida pelo neurocientista de Stanford, Karl Priban, [...] não apenas revoluciona nossa concepção do funcionamento do cérebro, mas sugere que o cérebro pode criar nossa realidade. (Rogers, 1983a, p.127)

Talvez o mais extraordinário seja a evidência produzida por Bárbara Brown (1980), cientista do cérebro e especialista em *biofeedback*. Seu trabalho (e o trabalho de outros) leva à conclusão de que a mente é uma entidade maior que o próprio cérebro, e que o nosso intelecto não consciente é capaz de incríveis proezas [...]. Somos capazes de coisas não sonhadas. (Rogers, 1983b, pp.12-3)

Os cientistas que se dedicam ao estudo do cérebro confirmam a opinião de que existe uma mente poderosa, com uma enorme capacidade de ação inteligente, e que existe completamente à parte da estrutura do cérebro. (Rogers, 1983a, p.126)

Certas pesquisas e concepções mais especulativas, cujas conclusões seriam motivo de anátema para os praticantes de qualquer escola de psicologia, à exceção das transpessoais, que ousassem incluí-las em seus discursos científicos, também atraíram a atenção de Rogers em seus últimos anos, levando-o a modificar sua concepção de finitude da existência:

> A minha crença de que a morte é o fim foi modificada, no entanto, por algumas coisas que aprendi na década passada. Fiquei impressionado com os relatos de Raymond Moody (1975) sobre as experiências com pessoas que estiveram próximas da morte a ponto de serem declaradas mortas. Impressionaram-me alguns relatos sobre reencarnação [...]. Interesso-me pelos trabalhos de Elizabeth Kübler-Ross e suas conclusões sobre a vida após a morte. Acho muito interessante a concepção de Arthur Koestler, segundo a qual nossa consciência individual não passa de um fragmento da consciência cósmica, reabsorvido por ela após a morte do indivíduo. Gosto da analogia do indivíduo como um rio que corre, com o passar do tempo, em direção às águas do mar e abandona seu leito lamacento ao atingir o mar ilimitado. (Rogers, 1983a, p. 26)

Seguindo em seu exame de concepções pouco ortodoxas, incompatíveis com uma visão de realidade que não admita um modelo transpessoal da consciência, Rogers (Rogers e Rosenberg, 1977, p. 188) cita relatos de experiências fora do corpo de Robert Monroe; de contato com o mundo mágico e de vivências desconcertantes do antropólogo Carlos Castañéda em seu aprendizado com o feiticeiro índio Don Juan; e de John Lilly que, em experiências transpessoais com LSD e em tanque de privação sensorial, atinge "estados de consciência cada vez mais elevados nos quais, como muitos outros antes dele, que foram chamados de místicos, experimenta o universo como unidade, uma unidade baseada em amor", para no final afirmar:

> Esses e outros relatos não podem ser simplesmente descartados com desprezo ou zombaria. As testemunhas são demasiado sinceras, suas experiências demasiado reais. Indicam um universo vasto e misterioso – talvez uma realidade interna, talvez um mundo de espírito de que somos uma parcela sem o saber – que parece existir. Um tal universo desfecha um golpe final e esmagador em nossa crença tão confortável de que "sabemos todos o que é o mundo real". (Rogers e Rosemberg, 1977, pp. 188-9)

Enfim, adotando o ponto de vista tipicamente transpessoal de que a realidade estudada pela nova física é exatamente a mesma, embora por outra via, que a que interessa à psicologia emergente do novo paradigma unificado da ciência, à medida que ia chegando ao fim de sua viagem, recomendava a continuidade de estudos nessa direção como um dos mais promissores caminhos para a psicologia do futuro (aí incluída, naturalmente, a ACP):

> Na próxima geração de psicólogos, possivelmente liberada das proibições e resistências universitárias, talvez se incluam alguns poucos indivíduos que ousarão investigar a existência de uma realidade que não é acessível a nossos cinco sentidos, uma realidade em que o presente, o passado e o futuro se confundem, uma realidade que somente pode ser percebida quando nos mantemos passivamente receptivos, ao invés de ativamente decididos a conhecer. Este é um dos desafios mais empolgantes propostos à psicologia. (Rogers e Rosenberg, 1977, p. 50)

Ora, para reconhecer, aceitar e enfrentar esse desafio, proposto por Rogers como um dos mais empolgantes para a psicologia do futuro, a ACP, como a *ACP do futuro*, necessariamente deverá integrar uma nova visão de mundo, de realidade e de ciência, compatível com a adotada pelas psicologias transpessoais, pois tal desafio só é reconhecível e enfrentável por uma psicologia transpessoal.

Mudanças nas pessoas: por uma abordagem centrada na "pessoa emergente"

Na seção anterior examinamos aspectos da transformação global em curso, na sua faceta de revolução científica, e as implicações de teor transpessoal percebidas por Rogers na aproximação que começou a fazer entre as novas perspectivas e a ACP. A revolução científica, porém, é apenas uma das múltiplas dimensões da verdadeira mutação que, na opinião de diversos autores, entre os quais Rogers, estaríamos testemunhando. Outra dessas dimensões, com especial relevância para os objetivos deste livro, diz respeito às transformações que estariam ocorrendo nas pessoas nesse panorama de transformações radicais e estariam dando origem, segundo vários autores, a um novo tipo de pessoa.

São os *Conspiradores aquarianos* de Ferguson, os *Novos americanos livres* de Thomas Hanna ou o *Homonovus* de Fred e Anne Richards (todos citados por Rogers, 1978, p. 248, que se refere ainda a pontos de vista semelhantes de Andrew Weil, pesquisador de estados alterados de consciência, George B. Leonard, Jonas Salk, Joyce Carol Oates e René Dubos). O próprio Rogers vislumbrou esse ser humano mutante, atribuindo-lhe o papel principal na revolução radical que se processa:

> Vejo a revolução chegando, não sob a forma de um grande movimento organizado, de um exército armado e com bandeiras e manifestos e declarações, mas através do aparecimento de um novo tipo de pessoa, emergindo através das folhas e talos mortos, amarelados e putrefatos de nossas instituições enfraquecidas. (Rogers, 1978, p. 247)

Na verdade, dando continuidade a uma atitude já característica em outras fases de sua obra, Rogers foi, até o fim de seus dias, um interessado e arguto observador das mudanças apresentadas pelas pessoas no panorama da transformação cultural. Na última fase de seu trabalho, seu exame centrou-se principalmente na busca de características relacionadas ao que via como o crescente aparecimento desse novo tipo de pessoa, a que chamou *pessoa emergente* (1978), *pessoa do futuro* (1983a) ou *nova pessoa* (1983b), na qual depositava suas esperanças de que a multifacetada crise da humanidade atual pudesse ser superada por um salto qualitativo transformador da espécie, em direção ao *mundo do futuro* (*en passant*: observe-se que a leitura de sinais indicativos da aproximação de uma *nova era* e do surgimento de um *novo homem* é uma atividade freqüente e caracteristicamente assumida por psicólogos transpessoais). Em mais de um artigo apresentou diversos aspectos do que considerava como características dessa nova pessoa, muitos dos quais não são relevantes ao que examinamos neste livro, pois estão condizentes com observações de fases anteriores de seu trabalho e não implicam diretamente a aproximação de pontos de vista e interesses característicos da psicologia transpessoal.

Nos aspectos que aqui examinaremos, porém, as observações de Rogers focalizam temas e dimensões da pessoa que, de forma evidente, caracterizam temáticas transpessoais típicas. Mais do que a mera coincidência temática, são sobretudo os seus pontos de vista e as suas conclusões – em sua abordagem das dimensões espirituais e das vivências transpessoais, que considera como aspectos fundamentais na configuração personalística da pessoa do futuro – o que nos convencerá de que estava a indicar a necessidade do desenvolvimento da ACP na direção de se tornar uma psicologia transpessoal.

Como vimos no Capítulo 2, um dos fatores que favoreceram a emergência do movimento transpessoal nas décadas de 1960 e 70, refere-se ao extraordinário aumento, no contexto cultural da civilização ocidental, de vivências de estados alterados e ampliados de consciência. A posição transpessoal típica a esse respeito é não só a de privilegiar essa temática em sua investigação, mas também caracterizada pela abordagem não-psicopatologizante com que encara o fenômeno. As teorias transpessoais reconhecem nas vivências dos estados alterados e ampliados da consciência a forma de acesso às dimensões superiores do potencial humano, e um dos principais recursos de saúde, crescimento e evolução, tanto individual quanto do grupo e mesmo da espécie.

Da perspectiva de seu exame das modificações culturais e pessoais por que passa a humanidade, não passou despercebido a Rogers o interesse, e as possibilidades daí decorrentes, com que um número crescente de pessoas estava se dedicando a experiências de ampliação da consciência, fosse pela via psicodélica, fosse pela via da prática espiritual: "Verdadeiras multidões vivenciaram estados alterados de consciência, muitas por meio de drogas, mas um número cada vez maior pela disciplina psicológica. Nossa capacidade nesse sentido abre novos horizontes". (1983a, p.126)

Em sua leitura do fenômeno, Rogers não o vê como sinal de alienação da juventude, mas o compreende, ao lado da crescente busca espiritual e religiosa que freqüentemente lhe é associada, como decorrente de uma disposição legítima e saudável da pessoa do futuro na auto-exploração e no desenvolvimento de seus potenciais:

A disposição de olhar para dentro tem conduzido essas novas pessoas para muitas áreas novas – estados alterados de consciência produzidos por drogas, um novo e recente interesse por sonhos, o uso de vários tipos de meditação [...] e um interesse por concepções religiosas esotéricas e transcendentes. Estão convencidas de que dentro delas se encontram mundos não descobertos e capacidades ocultas – que devaneios, fantasias e intuição são apenas o portal que conduz a muito mais. (1978, p. 256)

Mais do que compreendê-la como fruto de uma intenção legítima, Rogers indica que na exploração dessas vias – inaceitáveis para uma psicologia mais tradicional, e pouco ou nada abrangidas pelas psicologias humanistas – poderia residir a possibilidade efetiva de uma revolução paradigmática:

> Consciência cósmica, transmissão de pensamentos e auras kirleanas emitidas por seres vivos não são delírios absurdos, mas são considerados nos limites da possibilidade, não havendo hesitação em revolucionar uma concepção convencional do mundo pela exploração dessas possibilidades. (1978, p. 256)

Assim, a exemplo dos psicólogos transpessoais, em vez de se escandalizar com o fenômeno – ou de menosprezá-lo, criticá-lo ou ridicularizá-lo – Rogers também valorizou esse tipo de vivência, apontando-o mesmo como uma das características típicas das pessoas que estão surgindo, as quais, segundo ele: "Estão conscientes e são influenciadas pelos ritmos mais amplos do universo. Estão familiarizadas com os estados alterados da consciência, com a energia psíquica, com experiências de meditação ou místicas". (Rogers e Rosenberg, 1977, p. 221)

O reconhecimento de que a busca de autotranscendência, para além da auto-realização organísmica e relacional proposta pelos humanistas como o ideal último para o ser humano, pode constituir motivação intrínseca e saudável para o desenvolvimento da pessoa; a admissão de que a exploração das dimensões espirituais do ser e da realidade levada a cabo pelas antigas tradições místicas e religiosas possa nos fornecer subsídios válidos na procura de um referencial transcendente que fundamente a compreensão da realidade e norteie a existência; e a aceitação de que os potenciais humanos de alteração da consciência podem fornecer meios efetivos para a concretização dessas possibilidades são proposições tipicamente transpessoais que Rogers parece referendar em sua descrição das pessoas do futuro:

> As pessoas do futuro são indagadoras. Querem encontrar um sentido e um objetivo para a vida que transcendam o individual. Algumas são iniciadas em cultos, mas a maioria delas está examinando todos os caminhos pelos quais a humanidade tem en-

contrado valores e forças que ultrapassam o individual. Desejam viver uma vida de paz interior. Seus heróis são criaturas espirituais. [...] Às vezes, quando em estados alterados de consciência, entram em contato com a unidade e harmonia do cosmos. (1983a, p.131)

Não chega assim a surpreender que Rogers, admitindo tais proposições e entusiasmado com as perspectivas abertas pelo reconhecimento de tão surpreendentes e desconcertantes (para os paradigmas psicológicos usuais) potenciais humanos, conclua pela inadequação dos conceitos de pessoa das psicologias correntes para a descrição dessa nova pessoa que vê emergir no desenvolvimento dos indivíduos e na evolução da espécie humana. Aponta, então, a necessidade da formulação de um novo conceito, que inclua as dimensões transpessoais da experiência e do potencial humano, isto é, que abranja as possibilidades humanas de ultrapassar os limites das estruturas da personalidade, do tempo, do espaço e da própria realidade, conforme paradigmaticamente compreendidos nas concepções de mundo e de homem defendidas pelas psicologias não-transpessoais:

Nosso conceito de pessoa está diante de uma drástica mudança. Essa pessoa tem, pelo que nos é dado perceber, um potencial inimaginado. A inteligência não-consciente dessa pessoa tem capacidades enormes. Pode controlar muitas funções corporais, pode curar doenças, pode criar realidades novas. Pode penetrar o futuro, ver as coisas a distância, transmitir pensamentos diretamente. Essa pessoa está ganhando tanto uma nova consciência de sua força e poder quanto o reconhecimento de que a única coisa constante na vida é o processo de mudança. Parece que precisamos ver o indivíduo primariamente como uma pessoa que está continuamente se transformando, uma pessoa transcendente. (1983b, p.14)

Listando as características da transformação global nas quais fundamentava suas esperanças otimistas de que encontrássemos uma saída da crise por meio de uma transformação em nossa forma de ser e em nossa forma de ver o mundo, não deixou de citar a via psicológica transpessoal de alteração da consciência – ao lado da visão mais ampla e transcendente que a nova física traz para a realidade e das possibilidades extraordinárias para o potencial humano vislumbradas em modernas pesquisas – como fatores partícipes desse processo:

> Apesar dos obstáculos que encontrarão, confio cada vez mais que as pessoas do futuro não só sobreviverão como irão constituir um fermento importantíssimo em nossa cultura. A razão de meu otimismo baseia-se no desenvolvimento e florescimento contínuos das mudanças nas perspectivas científicas, sociais e pessoais. A física teórica não pode mais ser recolocada numa caixa do passado. O *biofeedback* só pode prosseguir e não regredir, e continua a desabrochar poderes jamais sonhados de nossa inteligência profunda e inconsciente. Um número sempre crescente de pessoas experimentará estados alterados de consciência. E assim por diante, por toda a lista. Em outras palavras, as pressões continuarão a crescer até forçar a mudança de paradigma. (1983a, pp. 133-4)

Fica-nos claro depreender, de suas observações, a importância que alterações e ampliações transpessoais da consciência – ao lado das habilidades intra e interpessoais associadas à psicologia humanista – assumem como úteis e mesmo necessárias para o processo transformador da humanidade que vislumbrava nas mudanças paradigmáticas:

> O impressionante é que pessoas com essas características sentir-se-ão à vontade em um mundo que consiste apenas de energia vibratória, num mundo sem qualquer base concreta, num mundo de processo e mudança, num mundo no qual a mente, em seu sentido mais amplo, está consciente da nova realidade ao mesmo tempo em que a cria. Elas são capazes de realizar a mudança de paradigma. (1983a, p. 131)

Indo ainda além, Rogers afirma que, mais que uma espécie especial e relativamente rara de ser humano que promoveria a transformação global da qual todos nos beneficiaríamos, a pessoa do futuro ou *pessoa emergente* é a única destinada a sobreviver ao longo do processo mutativo de evolução que enxergava como alternativa à aniquilação da espécie:

> As pessoas do futuro são exatamente as mesmas que são capazes de compreender e absorver essa mudança de paradigma.

Serão as únicas capazes de viver nesse mundo novo, cujos contornos são apenas vagamente perceptíveis. Porém, a menos que nos façamos voar pelos ares, esse mundo novo está chegando, inexoravelmente, e transformando nossa cultura. (1983a pp. 133-4)

Ora, por essas citações se pode observar a nítida coincidência dos pontos de vista de Rogers com as posições adotadas pelo movimento transpessoal na interpretação do sentido e das possibilidades que a exploração de novas dimensões da consciência e do potencial humano têm no momento atual da evolução humana. Pois bem, ao se erigir a habilidade em experienciar as faixas transpessoais do ser e da realidade à categoria de necessidade essencial para a sobrevivência do indivíduo e da espécie, decorre evidentemente que a investigação dessa dimensão se apresente como tópico de extrema relevância em qualquer psicologia que se preze, no momento atual. E assumir as temáticas aí implicadas e relacionadas como objeto de estudos privilegiado é o que caracteriza, como foco de estudo e atuação, o movimento transpessoal. Assim, para dizer o mínimo, há fortes indicativos de que, ao menos na leitura feita por Rogers, o caminho de aproximação da psicologia transpessoal, mediante a eleição da temática dos estados alterados e ampliados como tópico crucial, impõe-se como tendência e desafio central para a ACP do futuro.

Portanto, se a ACP, em seu desenvolvimento como escola de psicologia, pretende continuar a se centrar na pessoa deve, caso admita as observações de seu criador na última fase de seu trabalho, instrumentalizar-se teórica e tecnicamente numa perspectiva transpessoal para, sendo uma abordagem centrada na "pessoa emergente", acompanhar e ajudar essa nova pessoa em suas incursões e explorações nas dimensões transcendentes da consciência e da realidade. Só assim estará também a ACP do futuro apta a responder afirmativamente à seguinte indagação de Rogers: "Nós temos sempre ajudado as pessoas a explorar a si mesmas e suas circunstâncias. Está a abordagem centrada na pessoa também dirigida a ajudar as pessoas a explorar experiências em áreas que transcendam a elas mesmas?". (*Apud* Bowen, 1987, p.87)

Finalmente, cabe observar que, se a ACP, na continuidade dessa tendência de aproximação que estou examinando e propondo, vier a adotar uma perspectiva transpessoal em seu modelo teórico e metodológico, assim como em sua proposta de atuação, isso não significará a destruição, a descaracterização ou o abandono de todas as contribuições e possibilidades já incorporadas em seu desenvolvimento até aqui. Ao contrário, a ACP continuará atendendo às pessoas nas dimensões habituais de seus problemas, experiências e necessidades tendo, entretanto, ampliado também para outros campos e faixas da experiência humana sua contribuição e possibilidades. Ser uma abordagem transpessoal não é centrar-se apenas nessa faixa de experiência, mas simplesmente reconhecê-la e abordá-la como importante área de estudo e atuação para a psicologia, como bem esclarece Grof ao falar de psicoterapia transpessoal:

> Um terapeuta transpessoal lida com os problemas que emergem durante o processo terapêutico, incluindo acontecimentos mundanos, dados biográficos e problemas existenciais. O que realmente define a orientação transpessoal é um modelo da psique humana que reconhece a importância das dimensões espirituais ou cósmicas, e o potencial para a evolução da consciência. O terapeuta transpessoal mantém-se cônscio do espectro total e quer sempre acompanhar o cliente a novos campos experienciais, não importando qual o nível de consciência que o processo esteja focalizando. (1988, p. 145)

"Novo mundo", "nova pessoa"... uma "nova ACP"?

Nos tópicos anteriores deste capítulo estivemos examinando a leitura que Rogers apresentou das mudanças científicas e pessoais no atual panorama de crise e transformação global, e o entendimento, explícito e implícito em suas observações, de que a ACP deveria adequar-se a essas transformações. Tal adequação, necessariamente, implica uma aproximação dos pontos de vista da psicologia transpessoal, pois além de incluir em sua visão de mundo e realidade faixas e possibilidades só aceitáveis numa perspectiva transpessoal, deve habilitar a ACP a enfocar, em seu estudo e atuação, as dimensões transpessoais (espiritualidade, estados ampliados de consciência, experiências transcendentes e paranormais etc.) do potencial humano, campo e temática que definem os focos privilegiados e característicos das teorias e práticas transpessoais.

Cabe aqui, entretanto, uma questão: estaria Rogers, no grupo de seus seguidores e colaboradores, sozinho nessa sua nova forma de ver "o mundo e a pessoa que estão surgindo" como resultado de um processo de crise e mutação? Estaria ele, atraído por opiniões e observações alheias ao campo mais direto da prática da ACP, renegando o corpo principal de aplicação, pesquisa e teorização da própria abordagem que criou e ajudou a desenvolver, partindo para um vôo de pensamento solitário, temerário e mesmo irresponsável, assumindo a insólita posição de um desviante dissidente de uma escola de pensamento fundada a partir de suas próprias idéias? Ou, na ACP, estaria ele também acompanhado nessa nova visão de mundo e na visão de uma nova pessoa, participando e liderando uma significativa tendência que propõe o desenvolvimento de uma nova ACP, a qual possa integrar em sua teorização e prática as novas concepções científicas sobre a natureza da realidade e valorizar as dimensões espirituais e transcendentes da pessoa e do mundo, desenvolvendo meios de contribuir para a emergência de uma saída transformacional que supere a crise global vivenciada pela humanidade? Colocando-me a favor dessa última hipótese, dedico este tópico a examinar as reações e as posições de outros autores da ACP relativas às mudanças observadas nas ciências e nas pessoas no panorama da cultura contemporânea.

Pretendo, aqui, demonstrar que as propostas de Rogers em direção a uma visão e a uma prática que aproximam a ACP do campo da psicologia transpessoal não pode ser considerada uma opinião isolada dentre as fileiras de seus colaboradores e seguidores, representando antes um reforço a mais em uma sólida e crescente tendência emergente nos desenvolvimentos recentes da ACP, tendência esta que inclui, além dele, numerosos outros proponentes, inclusive notáveis de destaque e peso no desenvolvimento histórico dessa escola.

Na verdade, não se pode nem dizer que Rogers foi o pioneiro, no contexto da ACP, em sentir-se atraído pelas possibilidades que traria para a psicologia em geral e para a ACP em particular a adoção de uma visão de ciência e de pessoa que, para além das propostas típicas da psicologia humanista, integrasse as dimensões transcendentes do ser e da realidade que, anteriormente ao desenvolvimento das modernas psicologias transpessoais, só haviam sido consideradas pelas vertentes religiosas e místicas do pensamento humano. No mínimo, pode-se dizer que a tendência transpessoal na ACP teve uma espécie de *profeta*, o qual alguns anos antes que tais assuntos tomassem vulto na literatura rogeriana, e antes mesmo que o movimento transpessoal atingisse divulgação mais ampla, já indicava esse caminho como um desenvolvimento necessário para a psicologia do futuro e via muitas possibilidades de a ACP seguir nessa direção. Trata-se, o nosso profeta, de Joseph Hart, co-editor da coletânea que, no início dos anos 70, reuniu diversos autores ligados a Rogers para apresentar as *Novas direções em terapia centrada no cliente* (Hart e Tomlinson, eds., 1970), e autor de um importante artigo sobre as fases do desenvolvimento da psicoterapia rogeriana (publicado como capítulo da coletânea), já aqui referido (Hart, 1970a). No último capítulo do livro, Hart (1970b) apresenta um artigo especulativo sobre o que via como o futuro da psicologia aplicada. Nesse texto, curiosamente redigido quando ainda nem Rogers nem seus colaboradores haviam mostrado quaisquer inclinações transpessoais em seus escritos, ele apresenta a opinião de que a "psicologia aplicada do futuro", indo além das formas correntes de psicoterapia, deveria tender para uma abordagem da experiência mística em direção ao que chamou de "misticismo experimental" ou "psicologia como a ciência da alma".

Criticando a espécie de visão científica que expulsou as vivências espirituais e a dimensão "transnatural" da realidade do campo das possibilidades aceitáveis, e apontando esse fator como um dos responsáveis pela crise da falta de sentido na cultura atual, Hart indica como um dos mais importantes desafios para o futuro, e especialmente para a psicologia do futuro, a aproximação ciência-religião, a qual se daria pela soma das contribuições dos pontos de vista místico-religioso oriental e científico-experimental do Ocidente. Especialmente para a psicologia, entendia Hart, já era tempo de ultrapassar uma visão científica estreita que não havia deixado para a dimensão espiritual e religiosa do homem outra consideração que retratá-la como uma forma de neurose ou de alienação social. Defende a idéia de que a concepção "religiosa" e "transnaturalista" de pessoa e realidade oferece um paradigma válido e profícuo para o desenvolvimento futuro das ciências sociais, aí incluída a psicologia. E como Hart entendia o papel da ACP, nesse contexto de mudança para além do humanismo e em direção a uma concepção mística do ser humano e da realidade cósmica mais ampla? Numa afirmativa ousada, sobretudo para o contexto rogeriano daquela época, propôs que tal tendência poderia perfeitamente ser entendida como uma extensão da terapia centrada no cliente, na qual via algumas concepções que "levam diretamente ao misticismo experimental como um desenvolvimento necessário em psicologia prática" (p. 566).

126

Se Rogers, na leitura que faz sobre as possibilidades de ampliação abertas pelos recentes desenvolvimentos científicos e culturais não foi, no âmbito da ACP, o pioneiro na tendência de aproximação do ponto de vista transpessoal, tampouco se pode dizer que tenha sido ele, entre os autores da ACP, quem mais longe levou a adoção e a exploração desses novos pontos de vista sobre a realidade e a pessoa humana. O papel de *ponta-de-lança* dessa tendência transpessoal, que defendo como emergente nos desenvolvimentos recentes da ACP, coube, no meu entender, à psicóloga brasileira Maria Constança Villas-Boas Bowen, que participou intensamente do círculo mais íntimo dos colaboradores de Rogers na fase de desenvolvimento da ACP examinada neste livro. Seu importante trabalho, não só como precoce colaboradora de Rogers na criação e promoção dos primeiros *workshops* comunitários, mas ainda na qualidade de principal pioneira em vislumbrar as possibilidades da ACP como prática facilitadora do desenvolvimento espiritual, acrescentando ao tópico importantes contribuições teóricas e metodológicas que continuaremos a examinar nos próximos capítulos, faz dela um dos mais importantes autores identificados com a tendência que é nosso objeto de atenção. Creio mesmo que, mais que suas idéias, seu *poder pessoal* – a influência emanada de sua personalidade espiritualizada – foi um fator vital no conscientizar da cúpula do *staff* rogeriano a respeito da importância dos potenciais humanos relacionados à transcendência e à espiritualidade, conforme vários deles passaram a manifestar em seus escritos a partir do trabalho com grandes grupos. Não obstante, em alguns aspectos, eu discorde de certas posições teóricas e metodológicas em suas propostas para uma ACP envolvida na exploração das dimensões espirituais do ser e da realidade, é inegável o valor extremo de sua contribuição, precoce e tragicamente interrompida por seu recente falecimento, à perspectiva examinada e defendida neste livro, e desejo deixar aqui registrada minha homenagem de admiração e reconhecimento.

No caso específico do que é examinado neste tópico, ou seja, a compreensão de que uma revolução científica e humana estaria atualmente em curso, tendo esse fato implicações para a ACP no sentido de integrar à sua prática e teoria as decorrentes concepções transpessoais de mundo e de pessoa, a obra de Bowen, de várias maneiras, caracteriza a franca adoção e o extenso desenvolvimento desse novo ponto de vista defendido por Rogers. Com relação à revolução paradigmática que aproxima modernas concepções científicas da milenar visão dos místicos, ela não só via aí promissoras possibilidades para futuros desenvolvimentos da ACP, mas também apressou-se em integrar contribuições do novo ponto de vista científico como argumentos que também validavam a elaborada formulação teórica que sustentava sua proposta de maior atenção, por parte da ACP, à questão da espiritualidade. Já com relação à emergência de uma pessoa do futuro, identificada por Rogers como esperançoso sinal de renovação da espécie nesse momento doloroso de crise e decadência global, Bowen não só concordou, mas ainda apresentou uma curiosa compreensão do que Rogers estava na realidade indicando com essa figura de uma "pessoa do amanhã".

Em interessante texto (Bowen, 1987a) em que apresenta sua concepção do processo de terapia centrada na pessoa, usa uma metáfora retirada do mito tibetano sobre a existência do maravilhoso *reino de Shambala*, escondido nos Himalaias (simbolizando, para algumas interpretações, o tesouro do potencial oculto em nosso íntimo), e só é acessível com o percorrer de difíceis caminhos (que representariam o processo terapêutico, na leitura por ela proposta) a serem trilhados com a ajuda de um experiente habitante da região, um guia *sherpa*, na metáfora utilizada, equivalente ao terapeuta centrado na pessoa. Bowen assim apresenta, simbolizado na metáfora de um percurso ao longo de uma distância espacial, o caminho de encontro e desenvolvimento de um potencial maior, que julgava estar sempre disponível no interior mais profundo e transcendente da pessoa. Para ela, o que Rogers estava dizendo ao falar de uma "pessoa do amanhã" poderia ser interpretado como a utilização de uma metáfora equivalente à dos tibetanos, só que adotando uma perspectiva temporal em vez de espacial, colocando em um tempo futuro, da mesma forma que o reino de Shambala era colocado num lugar distante, algo que era próximo e presente como potencialidade inerente a todos os seres humanos.

Ora, essa compreensão não só confirma o ponto de vista de Rogers sobre as qualidades espirituais que animadoramente verificava na "pessoa que está surgindo" – e por si só representam um desafio para o desenvolvimento de uma ACP do futuro que possa acompanhar e colaborar com o desenvolvimento da espécie humana – mas ainda amplia a propositura de Rogers, pois retira do futuro e coloca essas novas perspectivas de desenvolvimento humano como retrato fiel da natureza potencial mais profunda de todas as pessoas, e não apenas de alguns exemplares mutantes de uma "nova pessoa". Portanto, na leitura de Bowen, não só para uma eventual ACP do futuro, mas também para a ACP de agora e de todos os tempos, fica posto o desafio e o dever de integrar em sua prática e teoria a dimensão espiritual e transpessoal que diz respeito ao desenvolvimento pleno e saudável de to-dos nós.

Ponto de vista semelhante, ou seja, que as características espirituais descritas por Rogers como intrínsecas à pessoa emergente na verdade decorrem do desenvolvimento dos potenciais humanos liberados a partir do processo de crescimento pessoal, pode ser deduzido dos escritos de outro dos colaboradores mais íntimos e influentes da última fase de seu trabalho. Trata-se de ninguém menos do que sua própria filha, Natalie Rogers, a qual, além da importantíssima contribuição que apresentou à ACP mediante o desenvolvimento de sua proposta de *conexão criativa*, em que integra à prática centrada na pessoa recursos de arteterapia para criar a *Terapia Expressiva Centrada na Pessoa*, foi também a responsável pela idéia que deu origem ao trabalho com grandes grupos, que tão fortemente marca o desenvolvimento mais recente da ACP e a própria tendência de aproximação da psicologia transpessoal que estamos examinando. Em seu livro autobiográfico *A mulher emergente*, Natalie relata várias etapas de seu desenvolvimento pessoal, para incluir, no ápice de seu relato da jornada de autodescoberta, uma série de experiências de consciência alterada, de "natureza totalmente diferente" daquelas estudadas pela psicologia humanista, dedicando-lhes um capítulo (Rogers, N., 1993, cap. V) intitulado, significativamente, *Abertura*:

> Durante os últimos sete anos, enquanto descobria minha nova identidade – meu ódio, minha força, minha capacidade para agir e fazer – experimentei simultaneamente muitas coisas de natureza totalmente diferente. Reluto em rotulá-las. Alguns amigos as chamam de experiência transpessoal, despertar espiritual, a fusão do masculino e feminino ou tomada de consciência do inconsciente. Prefiro chamá-las simplesmente de abertura. (1993, p.133)

A primeira dessas experiências extraordinárias ocorreu-lhe quando, por conta de uma forte dor resultante de uma distensão nas costas, acabou por receber duas doses de morfina no hospital em que buscou ajuda, sendo pela primeira vez lançada numa rica, embora em muitos aspectos apavorante, *viagem* em um estado alterado de consciência, na qual experienciou vários temas e imagens arquetípicos, sobretudo relacionados a aspectos sombrios da morte, envolvidos na experiência humana universal, tendo inclusive uma visão (posteriormente reprimida de sua memória) do que considerou uma premonição da própria morte. Apesar dos aspectos assustadores dessa sua primeira experiência em estados alterados de consciência, teve seu interesse despertado por esse vislumbre de outras possibilidades para a consciência e a própria realidade: "Assim, de modo totalmente acidental, experimentei um estado alterado de consciência. Esta experiência aguçou minha curiosidade. O que é a realidade? O que posso aprender com os estados alterados de consciência?" (1993, p.136)

Dois anos depois, dando vazão ao interesse que lhe despertara a primeira experiência, resolve arriscar mais uma *viagem*, agora utilizando LSD. Desta vez, ao contrário da outra, predominam aspectos luminosos, e ela pode experienciar, entre outras coisas, uma intensa percepção da misteriosa energia que lhe anima o corpo em intercâmbio com o ambiente, assim como uma nova e arrebatadora perspectiva do que poderia vir a ser a experiência de sua morte, mesmo tema que tão penosamente a afligira na primeira *viagem*. Comentando seus aprendizados com essa experiência, fica claro que a vivência desse estado alterado obtido por meio de uma experiência psicodélica (caminho que praticamente só os psicólogos ligados ao movimento transpessoal reconhecem como forma válida de acessar possibilidades superiores do psiquismo e da realidade) lhe proporcionou uma verdadeira revolução de valores, abrindo-lhe novas perspectivas na consideração dos potenciais humanos e da natureza transcendente da realidade, colaborando para que despertasse para uma espiritualizada nova visão de mundo e de pessoa, que estamos discutindo neste capítulo como uma proposta característica dos pontos de vista transpessoais:

O maior impacto que essa "viagem" propiciada pelo ácido me causou foi modificar completamente minha visão da morte. Essa mudança afetou minha maneira de viver. Cresci rigidamente agnóstica, pragmática, cética em relação a assuntos religiosos ou espirituais, com uma orientação prática. Desprezei as idéias de deus, de vida eterna. Rejeitei a possibilidade de fenômenos parapsíquicos [...]. Agora tenho tentado fazer desenhos da morte nos quais estou me fundindo com o horizonte em êxtase. Minha sensação foi, e ainda é, de que o intenso raio de luz que emana do Sol ao se pôr no horizonte do oceano me puxará em seu alaranjado cálido e eu mergulharei num "além" [...]. (1993, p.142)

Durante o estado alterado, aprendi um outro conceito referente ao fluxo da energia humana. Os místicos e os massagistas descrevem-no de várias maneiras [...]. Trata-se de uma corrente muito poderosa que se manifesta sob a forma de uma vibração que lateja em cada célula. Quando estou nesse estado sinto que posso "dar" essa energia para alguém. Ela pode ser transmitida sem contato físico [...]. (1993, pp.144-5)

No restante do capítulo, Natalie relata outra viagem com ácido e uma série de outras experiências em estado de consciência alterada, as quais incluem variados aspectos transpessoais (vivências arquetípicas, extraordinária consciência intuitiva, possíveis experiências fora do corpo, acentuada percepção de sincronicidades, novas experiências de fusão, integração de polaridades cósmicas, transmissão de energias curativas, premonições etc.) obtidas por meio de sonhos especiais, imagens espontâneas, experiências artísticas ou intuitivas ou, ainda, por intermédio de metodologias não-químicas de alteração da consciência, incluindo algumas propiciadas em *workshops* de psicossíntese e de abordagem neojunguiana, classificáveis como escolas de psicologia transpessoal. Ao final do capítulo, em conclusão intitulada "Uma perspectiva alterada", ela resume a mudança de perspectiva na consideração da realidade e da natureza humana, que tais experiências lhe propiciaram, assim como o sentido ampliado e mais espiritualizado que trouxeram para sua própria vida, novamente referendando diversos dos aspectos que seu pai, assim como o movimento transpessoal em geral, associam ao mundo e à pessoa do futuro.

Voltando à questão da mudança de paradigma nas ciências naturais, vista por Rogers como uma promissora perspectiva a ser adotada também pela ACP em seus desenvolvimentos futuros, vários ecos de concordância podem ser encontrados em outros destacados autores recentes da ACP. Van Kalmthout (1995), por exemplo, em artigo sobre *A dimensão religiosa do trabalho de Rogers*, vê na aproximação de modelos oferecidos pela nova física, como a *teoria da ordem implicada* de Bohn, uma possibilidade, alternativa à mera especulação metafísica, de uma abordagem científica respeitável das novas concepções de Rogers. Modelos de realidade oriundos da ciência do novo paradigma poderiam assim, e aqui o ponto de vista de Van Kalmthout concorda plenamente com propostas de teorias transpessoais, ajudar a dar sustentação a concepções teóricas e metodológicas que validassem e viabilizassem a investigação das possibilidades levantadas pela experiência de fusão do pessoal com o universal, conforme os relatos de vivências em estado alterado que deram margem a idéias especulativas de Rogers sobre a existência de uma outra realidade.

Jerold Bozarth, um dos mais conceituados teóricos atuais da ACP (em minha opinião, depois de John Wood ele é o principal teórico vivo da ACP), em original artigo intitulado *A teoria quântica e a abordagem centrada na pessoa* (Bozarth, 1985), parece ir ainda além. Nesse texto, analisa as possíveis relações entre a teoria da ACP e o novo "paradigma quântico-sistêmico". Após uma sintética apresentação dos principais pontos característicos da nova visão paradigmática, baseando-se na exposição feita por Capra, e das possíveis implicações que isso teria na criação de um modelo de terapia que obedecesse o novo ponto de vista (proposta apresentada por Caple, 1985, que Bozarth resume), chega a uma espantosa conclusão, apresentada como tese de seu artigo:

> A tese aqui apresentada é que uma abordagem terapêutica que opera nas premissas propostas nesses princípios existe. A terapia centrada no cliente – a abordagem centrada na pessoa (ACP) – oferece um paradigma consistente com o modelo fundamental da moderna física e as proposições paralelas dos escritos de místicos. (Caple, 1995, p. 180)

E, de fato, vários autores rogerianos atuais têm buscado na visão do novo e emergente paradigma científico modelos e teorias que facilitem a compreensão teórica dos desenvolvimentos recentes da ACP. Natiello (1982) em sua investigação sobre a "elevada forma de conhecer" que é propiciada pelos *workshops* da ACP e Coulson (1995) em sua proposta teórica de "reintrodução do inconsciente na ACP", adotam, como hipótese que fundamenta suas conclusões, a mesma concepção, expressa como possibilidade por Van Kalmthout, de que as vivências da ACP podem dar acesso consciencial direto à dimensão da realidade descrita pela nova física (ver Capítulo 6 deste livro). Wood (1994) especula se a *teoria do campo morfogenético* de Sheldrake (freqüentemente citada pelos transpessoais em apoio a suas idéias) não forneceria adequada explicação ao fenômeno de "consciência coletiva", por vezes inferido do trabalho com grupos na ACP. Sanford (1993), importante colaboradora nos últimos trabalhos de Rogers, avalia paralelos entre a ACP e a moderna *teoria do caos* para concluir: "Eu creio firmemente que há um paralelo entre a teoria da ACP [...] e a nova ciência da qual o caos é parte" (p. 272).

Entre nós, no Brasil, também há significativos autores que vêem com simpatia, e mesmo entusiasmo, a recente direção que Rogers indicou para o desenvolvimento de sua abordagem. É o caso de Carmem Barreto, uma das figuras de destaque do grupo nordestino da ACP, a qual, examinando as últimas posições de Rogers, tem apresentado uma leitura desses desenvolvimentos na qual seus pontos de vista são coincidentes com minhas análises e conclusões. Em trabalho apresentado no VI Encontro Latino Americano da Abordagem Centrada na Pessoa[1] (Barreto, 1992), examina as mudanças do pensamento de Rogers em sua última fase, concluindo que estas tendiam a colocá-lo no campo do "paradigma holográfico", mediante a adoção de uma visão holística e transcendente de pessoa e realidade, considerando ainda que esta abertura às novas perspectivas teria um sentido de importante e promissora evolução para o futuro da ACP, conforme eu também aqui defendo:

> Verificamos que Rogers evoluiu bastante em sua maneira de perceber a realidade, e constatamos que sua obra reflete claramente lucidez, abertura e receptividade para as novas descobertas da ciência, tendo apresentado gradativamente uma visão holística, que culmina com a visão evolutiva da consciência e com o reconhecimento da dimensão transcendental e de unidade da pessoa com o Universo. (Barreto, 1992, p.16)

Ainda no Brasil, outro significativo participante da referida tendência holística-espiritual-transpessoal para o desenvolvimento da ACP detectada por Carmem Barreto (ver nota, p.136), é Luís Henrique de Sá, veterano batalhador da expansão da ACP no Brasil, que, em artigo significativamente intitulado *Abordagem centrada na pessoa: sinal dos tempos* (Sá, 1989), compartilha das mesmas visões aqui examinadas e defendidas: estaria havendo uma mudança de paradigma aproximando ciência e religião; é positivo o desenvolvimento de uma perspectiva mais espiritual e transpessoal pela humanidade; e é de relevância auspiciosa a aproximação observada entre a ACP, como beneficiária e colaboradora, e esse processo de mudança.

Nem todos os profissionais e autores da ACP, porém, vêem com bons olhos essa leitura entusiástica e esperançosa que Rogers faz ao vislumbrar alvissareiras possibilidades para a ACP na revolução de concepções de mundo e de pessoa em direção a uma crescente integração de uma visão com matizes espiritualizados e transpessoais, conforme entendia o sentido que interpretava nas mudanças científicas e culturais atuais. Examinemos aqueles que me parecem ser os principais argumentos dos que se opõem a uma apressada absorção pela ACP, como escola de psicologia, desses novos modelos de compreensão teórica e desses novos interesses temáticos – tão distantes de nossa tradicional visão como psicólogos humanistas! – apressadamente abraçados por Rogers e por ele propostos como relevantes ao desenvolvimento futuro de sua abordagem.

Em primeiro lugar, poderá alguém argumentar, e alguns colegas da ACP o têm feito, que tais colocações de Rogers a respeito de um novo mundo emergente de uma nova visão da realidade, em sua maioria, limitavam-se à sua visão e interpretação pessoal de acontecimentos um tanto longínquos de sua área mais direta de investigação, competência e atuação. Essa sua visão é ainda substancialmente embasada e intermediada pela leitura de autores de áreas distintas da sua, em obras especulativas ou mesmo de respeitabilidade controversa nos meios científicos mais rigorosos. Assim, mesmo admitindo-se que Rogers, em caráter mais pessoal, tivesse o direito de se entusiasmar com as promissoras perspectivas desse ponto de vista, seríamos mais prudentes em não ter tanta pressa em engajar a ACP, como escola de psicologia que conquistou uma posição de sólida credibilidade pelo rigor científico de suas pesquisas e concepções, na defesa de proposições ainda tão incertas e especulativas. Está certo que descobertas nos esotéricos campos das ciências naturais sugerem, na opinião de alguns autores, a confirmação de determinadas visões de mundo que contextualizam as tradições místicas e espirituais; mas talvez fosse mais justo e oportuno aguardarmos os físicos e químicos decidirem com mais consistência e consenso se tais proposições têm de fato fundamento, antes de lhes considerarmos possíveis e eventuais implicações para o campo da psicologia em geral, e mais especificamente para a ACP, em que, afinal, nosso compromisso maior tem sido a defesa da perspectiva humanista de construção de um modelo próprio e diferenciado para as ciências do homem.

Em segundo lugar, com respeito às otimistas interpretações que Rogers derivou sobre o potencial humano a partir da observação de que muitas pessoas estavam buscando um caminho espiritual ou a alteração da consciência como alternativa para a transformação pessoal, mesmo se desconsiderarmos reações emocionais de rejeição apriorística e preconceituosa desse novo ponto de vista, um argumento crítico mais elaborado deve ser considerado. Está certo que, no contexto cultural atual, muitas pessoas relatam ter experienciado vivências um tanto extraordinárias e/ou valorizado como positivo seu alinhamento com concepções espirituais de mundo, fato que eventualmente poderia estar confirmando os pontos de vista transpessoais sobre os potenciais humanos. Sem negar a validade de pesquisas psicológicas especializadas, e mesmo parapsicológicas, que enfoquem um assunto tão atual e relevante, não seria, mais uma vez, prudente que nós, seguidores da ACP, aguardássemos a conclusão e o amadurecimento de tais estudos antes de incluir conclusões precipitadas em nossa teorização e atuação? Mesmo que muitos de nossos clientes ou alunos já possam ter-nos trazido relatos de tais vivências, em geral estas se referem a acontecimentos um tanto distantes de nosso convívio e encontro mais imediato, no mais das vezes relacionando-se a contextos complexos, inusuais e alheios à nossa experiência e influência profissional mais direta.

Tais contextos alienígenas às nossas práticas centradas na pessoa podem incluir o envolvimento com grupos religiosos radicais, práticas exóticas de variadas correntes espiritualistas, imersão num convívio social invadido por ideologias e modas esotéricas ou, ainda, ingestão de substâncias de ação pouco esclarecida e de uso extremamente polêmico. Com tais variáveis tão complexas e ainda malcompreendidas, oriundas de campos tão exógenos às nossas práticas centradas na pessoa, ainda não seria o caso de abraçarmos, como fato consumado, a exaltação e a valorização de tais caminhos como saudáveis e superiores vias para o desenvolvimento dos potenciais da pessoa, e menos ainda seria o caso de nos apressarmos em modificar nossa compreensão do todo da personalidade humana com base em fenômenos tão *sui generis* e cujas notícias nos chegam de forma tão indireta e contaminada. Talvez, considerando sua proverbial veia de otimista sonhador, possamos desculpar a Rogers o entusiasmo e a precipitação em se deixar envolver por concepções que podem não passar de um sedutor modismo cultural, mas zelemos pelo patrimônio que ele próprio nos deixou, em vez de embarcarmos em tão duvidosas aventuras ou abraçarmos tão discutíveis conclusões...

Há elementos, porém, que demonstram que certas observações de Rogers, e de vários outros autores da ACP, colocam-nos diante de questões bem mais difíceis de nos esquivarmos. Na verdade, a aproximação entre a ACP e a perspectiva transpessoal aqui examinada e proposta não se limita nem se baseia prioritariamente na observação e na interpretação de acontecimentos e pareceres externos à nossa prática e vivência como profissionais ou clientes da ACP. Ao contrário, encontra seu principal fundamento e justificativa em fenômenos emergentes em nossa própria experiência no contexto da utilização da ACP. É o que examinaremos no próximo capítulo.

Nota

1. Nesse encontro, realizado na Bolívia, participei, juntamente com Carmem e a psicóloga uruguaia centrada na pessoa Allondra Mendizabal, que propunha a aproximação xamanismo-psicologia (Mendizabal, 1992), de um painel conjunto para apresentação de nossas idéias. Na ocasião, tivemos a grata surpresa de constatar que nossas leituras e opiniões sobre essa nova tendência do pensamento de Rogers, decritas por Carmem como de "abertura para o paradigma holográfico" e por mim como de "aproximação da psicologia transpessoal", embora tivessem se desenvolvido independentemente, eram em tudo coincidentes e convergentes. Carmem, conforme mais tarde fui informado, está atualmente convicta de que o panorama atual do desenvolvimento da ACP no Brasil pode ser resumido em três tendências importantes, uma das quais seria esta, na qual nós dois nos incluímos, de inclusão da visão holográfica e transpessoal de mundo e de pessoa (as outras duas seriam a retomada das raízes americanas e humanistas da ACP e as propostas mais filosóficas de entendimento da ACP numa perspectiva fenomenológico-existencial).

5

Novas – e inesperadas! – dimensões da vivência

A prática da ACP e a experiência obtida em suas diversas aplicações têm sido tradicionalmente a grande fonte de desenvolvimento teórico e metodológico dessa escola de psicologia. Desde o início, quando a partir de suas experiências com clientes Rogers ousou questionar a forma de praticar terapia que havia aprendido e começou a desenvolver gradualmente suas próprias idéias e métodos relativos ao trabalho psicoterápico, foi sempre a vivência na prática do trabalho com pessoas que ofereceu a inspiração e os elementos para a formulação de modelos teóricos e o teste, em investigações rigorosas, das hipóteses levantadas.

Os desenvolvimentos práticos das aplicações da ACP, quer seja no aprofundamento da terapia diádica (ou individual), quer seja na sua aplicação em contextos especiais (como a terapia com esquizofrênicos), quer ainda na expansão da aplicação da ACP no trabalho com grupos, administração e educação, também estiveram, como vimos brevemente no Capítulo 3, consistentemente associados, como fonte e mola propulsora às reformulações, inovações e ampliações teóricas e metodológicas apresentadas em cada fase do pensamento rogeriano e do desenvolvimento da ACP.

Assim, as experiências iniciais de Rogers levaram-no a esboçar uma compreensão do ser humano como fundamentalmente capaz e positivamente orientado, e à proposição de uma atitude não-diretiva e centrada no cliente como a mais indicada para o terapeuta, conceitos estes que seriam lapidados, empiricamente pesquisados e desenvolvidos em formulações teóricas rigorosas na fase investigativa de

Chicago. Foi o trabalho com esquizofrênicos, no fim da década de 1950, que levou a ACP a repensar a concepção das atitudes básicas, ampliando as possibilidades auto-expressivas do facilitador na relação terapêutica e promovendo uma crescente consideração teórica do conceito gendliniano do *experienciar*. A contínua e aprofundada prática da psicoterapia com grande número de clientes leva ao desenvolvimento de formulações e investigações com ênfase no conceito processual do *tornar-se*, ampliando a *teoria do funcionamento ótimo da personalidade*, no início dos anos 60. Os grupos de encontro, que marcam a prática da ACP desde a segunda metade da década de 1960, levam a uma cada vez maior ênfase teórica no espaço interpessoal da relação pessoa a pessoa como o campo propiciador da mudança terapêutica e a uma extraordinária ampliação das possibilidades de aplicação da ACP para além do campo mais estrito da psicoterapia e numa perspectiva de desenvolvimento do potencial humano, voltando-se também, em larga escala, para os campos da psicologia educacional, preventiva, organizacional e institucional. O início do trabalho com grandes grupos, a partir de meados dos anos 70, leva, numa nova revolução ampliadora da teoria e da prática, à conscientização do potencial político e transcultural da aplicação da ACP e à maior elaboração teórica da temática do *poder pessoal*, assim como evidencia significativas possibilidades para a participação da ACP na promoção da paz planetária.

A evolução dos métodos da ACP, aplicados progressivamente a novos campos e níveis da experiência humana, e a amplitude e profundidade imprevisíveis das possibilidades desvendadas a cada novo passo do desenvolvimento de aplicações desta escola, num dado momento, acabam surpreendentemente por adentrar os domínios transpessoais e espirituais do potencial humano. Na fase que aqui examinamos, iniciada na metade dos anos 70, a ACP se viu lançada, de forma absolutamente inesperada e não-intencional, na exploração dessa nova dimensão da experiência, pois começou a se confrontar, conforme registra a literatura do período, com a crescente emergência de fenômenos transpessoais em vivências decorrentes da aplicação dos próprios métodos que havia desenvolvido. Essa é a faceta da tendência de aproximação ACP-psicologia transpessoal que focalizaremos neste capítulo.

No primeiro tópico, examinaremos especificamente a questão como observada no contexto das aplicações grupais da ACP, pois o contato com essa nova dimensão vivencial começou a ser percebido e relatado a partir do trabalho com os grandes grupos, já referidos como

138

a mais característica e importante inovação metodológica da fase que abordamos neste livro. Além de uma apresentação comentada de relatos e observações relativos ao fenômeno, também se discutirá a questão dos *workshops* da ACP, como metodologia de alteração da consciência, sendo aventados e discutidos possíveis motivos pelos quais foi só a partir do trabalho com grandes grupos que os fenômenos transpessoais começaram a ser observados e investigados associados à utilização dos métodos da ACP. Nesse primeiro tópico, além de observações e reflexões a respeito retiradas da obra de Rogers, ser-nos-á especialmente útil recorrer aos textos de John Keith Wood, que enfocam o fenômeno, pois ele, além de importantíssimo colaborador de Rogers no desenvolvimento do trabalho com grandes grupos, é possivelmente o autor da ACP que mais aprofundou investigações, análises e teorizações sobre essa forma de trabalho grupal.

A ocorrência de abundantes vivências transpessoais nos *workshops* comunitários parece ter favorecido a sua discriminação também em outras formas de aplicação da ACP, pois tendo sua atenção despertada, a partir dos grandes grupos, para esse tipo de fenômenos experienciais, os estudiosos começaram a observá-los e relatá-los também em outras situações de aplicação da ACP, inclusive na tradicional relação dual da terapia individual. É o que examinaremos e discutiremos no segundo tópico deste capítulo, dedicado à análise das características e das possibilidades das aplicações não-grupais da ACP como metodologia capaz de exploração das dimensões transpessoais ou espirituais das potencialidades de seus clientes.

Em ambos os tópicos deste capítulo verificaremos que a literatura recente da ACP nos tem confrontado crescentemente com uma desconcertante massa de dados fenomenológicos que, embora aparentemente provocados pela ACP, nela não encontram teoria ou explicação. Chegamos portanto, assim entendo, a um aspecto crucial da tendência de aproximação que examinamos. A partir desses relatos vivenciais, parece-me não ser mais possível à ACP evitar o reconhecimento e o desenvolvimento da aproximação da psicologia transpessoal como necessidade inevitável de seu futuro. Não se trata mais da adequação a um suposto e discutível novo paradigma transpessoal emergente em outras ciências ou em outras escolas de psicologia. Nem mesmo se trata apenas de entender temáticas transpessoais trazidas ao consultório ou à sala de aula por clientes e alunos, como relatos de experiências vividas fora dali, em alguma prática espiritual, meditativa ou psicodélica. Trata-se, agora, para profissionais da ACP como eu, de entender o que ocorre em nosso próprio ambiente de trabalho e, mais grave ainda, aparentemente provocado ou facilitado por nós! O fato de vivências transpessoais ou espirituais ocorrerem em conseqüência e no contexto da utilização da ACP demonstra que esta, até agora eficaz para colocar seus clientes em contato e exploração vivencial de praticamente todas as áreas da experiência pessoal e interpessoal, também o é com relação ao transpessoal. De forma surpreendente, inesperada e não-intencional, a prática da ACP ultrapassou a fronteira da pessoa e está facilitando a emergência de experiências transpessoais!

A tradição da ACP, em seu desenvolvimento, tem sido a de, a partir do observado na sua prática, procurar aperfeiçoar a instrumentação metodológica e a compreensão teórica: "Não se necessita teoria enquanto não haja fenômenos, mudanças observáveis que precisem de uma explicação. Em primeiro lugar há a experiência e, depois, a teoria" (Rogers e Wood, 1978, p.196).

Pois bem, a "experiência", os "fenômenos" e as "mudanças observáveis" estão aí. No meu entender, a teoria ou a explicação para abarcá-los segue a tendência de aproximação da psicologia transpessoal. Fugir a isso, tentar enquadrar essas experiências em formulações teóricas anteriores ou, pior ainda, restringir a atuação apenas às experiências que se enquadrem nas formulações teóricas disponíveis, seria trair o próprio espírito da ACP, que tem como um dos princípios característicos básicos: "Uma determinação de construir todas as formulações teóricas a partir de suas raízes na experiência, em lugar de construir a experiência para caber numa formulação teórica preestabelecida" (Rogers e Wood, 1978, p.196).

Grandes grupos: onde a consciência transcende o individual

É a partir do trabalho com grandes grupos que a temática transpessoal começa a tomar vulto nos textos de Rogers e na literatura da ACP. Isso se deve, ao menos em grande parte, ao fato de ser no contexto da utilização dessa nova metodologia de trabalho que se começou a observar a intensa emergência de fenômenos vivenciais de tal ordem que implicavam na necessidade de modelos transpessoais para sua aceitação e compreensão. Fenômenos telepáticos, eventos sincronísticos, alteração e ampliação da consciência – incluindo ocorrência de experiências místicas – aumento significativo de vivências, sentimentos e atitudes religiosos, místicos e mágicos, apreensão da presença e ação de instâncias transpessoais de sabedoria, energia e cura, entre outros fenômenos, tornaram-se de tal forma exuberantes que foi inevitável a conscientização de sua ocorrência. Wood, por exemplo, relata algumas dessas ocorrências tão comuns no desenrolar do processo comunitário dos grandes grupos:

> Freqüentemente pessoas compartilham e falam de sonhos sem interpretação ou comentário. Sonhos comuns muitas vezes ocorrem. Algumas pessoas reportam "experiências místicas". Uma mulher compartilha uma "visão", uma imagem vívida que tem de uma floresta em sua mente, enquanto outra chora suavemente. Através de suas lágrimas, agora abundantes, esta fala de sua casa, de sua terra querida cheia de florestas [...]. As mesmas idéias e mitos freqüentemente emergem de várias pessoas ao mesmo tempo. (1983b, p. 34)

Referindo-se de modo mais específico às alterações ampliadoras da consciência, Rogers também reconhece-as como evento observável em seus *workshops*, chegando a citar detalhado relato de uma participante como exemplo da natureza dessas experiências, às quais atribui importante efeito transformador:

> Tenho a certeza de que esse tipo de fenômeno transcendente às vezes é vivido em alguns grupos com que tenho trabalhado, provocando mudanças na vida de alguns participantes. Um deles afirmou de forma eloqüente: "Acho que vivi uma experiência espiritual profunda, senti que havia uma comunhão espiritual no grupo. Respiramos juntos, sentimos juntos, e até falamos uns pelos outros. Senti o poder de força vital que anima cada um de nós, não importa o que isso seja. Senti sua presença sem as barreiras usuais do 'eu' e do 'você' – foi como uma experiência de meditação, quando me sinto como um centro de consciência, como parte de uma consciência mais ampla, universal". (1983a, pp. 47-8)

Mais do que ver nesses fenômenos um acontecimento eventual, ainda que significativo, Rogers acaba por concluir – não sem certa surpresa, já que a ocorrência de tais fenômenos não era de maneira alguma planejada, intencionada ou mesmo prevista, uma vez que não faziam parte de seu referencial de compreensão da realidade – que eles devem ser vistos como um dos aspectos importantes e intrínsecos desse tipo de trabalho:

> O outro aspecto importante do processo de formação de comunidades [grandes grupos] com que tenho tido contato é sua transcendência e espiritualidade. Há alguns anos eu jamais empregaria estas palavras. Mas a extrema sabedoria do grupo, a presença de uma comunicação quase telepática, a sensação de que existe "algo mais" parecem exigir tais termos. (1983a, p. 62)

Assim, embora inesperadas, as vivências transpessoais de alteração da consciência têm sido consideradas como efeito do processo grupal e não meramente uma ocorrência acidental, conforme observa Wood, em artigo no qual comenta as *Dimensões dos grandes grupos*:

> Sob efeito do grupo, os participantes podem entrar em estados de consciência (ou mentes) bem diferentes do que eles consideram como usuais. (1991, p. 72)

> Este efeito do grupo [levar os participantes a estados alterados] pode também provocar uma consciência transpessoal. Participantes de grandes grupos tiveram *insights* proféticos, agiram com profunda eficácia em situações novas e complexas e apresentaram outras manifestações de sabedoria intuitiva. (1991, p. 71)

Aliás, tão significativas e importantes mostraram-se essas vivências que, ao propor critérios que permitam avaliar o grau de sucesso de um grupo, Wood (1991, p. 72) inclui a capacidade de provocar um estado de consciência transpessoal como uma das principais características, entre outros indicativos relevantes, de um processo bem-sucedido.[1] Numa ocasião (Wood, 1989) chegou a realizar pesquisa sobre os efeitos de um grande grupo em que, entre outras questões, indagava especificamente aos participantes se haviam vivenciado episódios de experiências transpessoais. Noutra parte ainda (Wood, 1990, cap. III) aponta algumas questões que considera relevantes para a investigação dos potenciais e dimensões transpessoais dos grandes grupos:

Até que ponto foi a consciência transpessoal provocada nos participantes? Participantes de grandes grupos, em acréscimo a *insights* extraordinários, freqüentemente tornam-se conscientes de sua relação com o grupo, a sociedade, a espécie [...]. Uma conscientização da vida e da morte, da "unidade", de um "sentimento universal" e outras manifestações religiosas são freqüentemente relatadas. Qual a diferença entre genuína espiritualidade e produtos da emoção provocada pela experiência de grande grupo? Havia aí evidência de "estados alterados de consciência"? Como foram estas experiências descritas? Poderiam elas ser distinguidas de "possessões espirituais" ou psicose? (pp. 90-1)

A aproximação de Rogers, assim como a de vários de seus colaboradores, do campo de reflexões próprio da psicologia transpessoal, interessando-se pela temática dos estados alterados e envolvendo-se com concepções de cunho místico e espiritualista, pode, portanto, ser considerada grandemente associada às experiências com grandes grupos. Conforme ele próprio relata, em entrevista a Antônio Monteiro dos Santos, realizada em 1981, a qualidade transpessoal de certas vivências, que reconhece como definidoras dos melhores momentos da experiência grupal, levou-o a considerar seriamente o ponto de vista místico-espiritual como a maneira mais plausível de compreender tais fenômenos:

Santos: [...] Penso que está aí sua parte mística, e não acredito que você reconheça isso como algo místico.
Rogers: Penso que recentemente... Acredito que alguns anos atrás eu teria ficado ofendido por isto. Penso que só em anos recentes concluí que existe alguma coisa mística e mesmo transcendente nos melhores momentos da experiência de grupo... (pausa). Embora eu pareça muito longe de ser um místico.
Santos: (Sorriso)
Rogers: (Sorriso) Mas místico sim, algumas vezes místico. (Santos, s.d., p. 58)

Nessa linha de pensamento, Rogers chega mesmo a concluir, de forma categórica, a partir dessas experiências, que sua abordagem estava decididamente adentrando o território transcendente da realidade e do potencial humano, lamentando que só a essa altura, um tanto tardia de sua carreira e do desenvolvimento de suas idéias, estivesse se conscientizando da existência dessas importantes possibilidades: "Tenho a certeza de que nossas experiências terapêuticas e grupais lidam com o transcendente, o indescritível, o espiritual. Sou levado a crer que eu, como muitos outros, tenho subestimado a importância da dimensão espiritual ou mística" (1983a, p. 53).

Um dos aspectos mais interessantes e característicos dos eventos transpessoais em grandes grupos da ACP é que eles não são considerados apenas como acontecimentos individualizados, como importantes e transformadoras experiências pessoais de alguns participantes. Mais do que isso, conforme examinaremos em maior detalhe nos parágrafos seguintes, o fenômeno transpessoal é observado como um processo grupal, e o próprio desenvolvimento do grupo consiste, em grande medida, na tessitura desse processo, a partir das vivências pessoais e interpessoais: "No decorrer do processo, verificam-se uma comunicação interpessoal mais aberta, um senso de união crescente e uma psique coletiva harmoniosa, de natureza quase espiritual" (Rogers, 1983a, p.53).

Como bem resumiu Van Belle (1991, p.53) – aliás, um crítico da tendência mística da fase recente do pensamento rogeriano –, a concepção do processo grupal a que Rogers chegou a partir de seu trabalho com grandes grupos: "Claramente, o grupo para Rogers tem muitas características de universalismo místico. É transpessoal por natureza".

Um texto promocional escrito por Rogers, a partir de discussão com o *staff*, para divulgar a realização de um dos primeiros *workshops* comunitários, assim descrevia esse processo de superação da consciência individual em direção a uma instância grupal (e, portanto, transpessoal) de consciência:

> Em nossos *workshops* recentes ajudamos a criar um clima que atende à tendência humana para desenvolver-se. A pessoa isolada busca tornar-se tudo que ela (ou ele) puder ser. Como conseqüência, uma energia é gerada no grupo e o isolamento de cada consciência individual é transformado numa consciência grupal una. (*Apud* Cury, 1993, p.148)

Wood também relata, referindo-se à surpresa com que isso foi constatado, que o desenvolvimento de tal unidade suprapessoal é característica dos estágios finais de grupos bem-sucedidos: "Surpreendentemente, os finais são marcados, no sentimento e na ação, por uma transcendência coletiva que brota de uma transação organísmica entre indivíduos e o conjunto de indivíduos". (Wood, 1983b, p. 31)

Cury (1993), estudiosa brasileira que em sua tese de doutorado explorou especificamente as implicações, para o trabalho psicoterápico, das inovações trazidas pelo trabalho com grandes grupos na ACP, não deixa de indicar como aspecto característico a ocorrência dos estados alterados (ou "especiais", como prefere chamar) de consciência, reconhecendo nestes ainda um importante e necessário elemento para a obtenção do estado de consciência da unidade coletiva que, a partir de então, passou a ser considerado um dos objetivos característicos do trabalho:

> Assim, admitindo-se que os grupos intensivos são eliciadores de estados especiais de consciência, a pergunta que nos ocorre é a seguinte: esse tipo de vivência é fortuito ou foi incorporado como parte dos objetivos destes encontros de comunidade? Até onde as análises destes eventos, por membros da equipe original de Rogers, nos permitiram chegar, concluímos que os estados especiais de consciência, produzidos naturalmente como decorrência das circunstâncias especiais presentes nos grupos intensivos, estão sendo considerados elementos importantes e necessários para o desenvolvimento de um sentido de unicidade com o grupo todo, isto é, promovem a emergência de um sentido de coletividade. (Cury, 1993, p. 200)

Num certo sentido, não é a criação dessa unidade, facilitada pelas vivências especiais de consciência, apenas o resultado da soma dos esforços dos participantes congregados em torno de metas comuns. Na verdade, o todo da consciência grupal parece surgir com uma qualidade de sabedoria e eficiência que supera as próprias habilidades e potenciais individuais dos membros do coletivo, configurando mesmo uma espécie de "sábia entidade" transpessoal emergente da interação:

> O grupo é mais que os indivíduos que o compõem. [...] Quando acontece – e é raro – quando pessoas auto-expressivas, autônomas, perfazem um todo consciente, coerente, então o coletivo pode se transformar naquela sábia entidade em que ele é capaz de se transformar. (Wood, 1983a, p. 92)

Nas aplicações anteriores da ACP, a busca do terapeuta era facilitar a emergência da sabedoria interior e organísmica das pessoas para que, a partir desse centro interior de auto-avaliação, o processo de crescimento se desenvolvesse. Agora, na experiência macrogrupal, o foco encontra-se substancialmente mudado: é a uma instância transpessoal, não meramente intrapessoal, que cabe o direcionamento, de forma sábia, do processo, inclusive facilitando o próprio desenvolvimento e o exercício dos potenciais pessoais de auto-expressão e de direcionamento:

> Mas uma sabedoria maior, presente no grupo, reconhece o valor do processo, pois ele continuamente tece uma comunhão, na qual, mesmo a voz mais fraca, o sentimento mais sutil, encontrem um lugar. (Rogers, 1983a, p. 62)

Na verdade, ao menos num certo sentido e na vivência de alguns autores, é essa instância transpessoal, a consciência grupal, o *facilitador* que realmente atua nos melhores momentos grupais, nos quais a unidade parte-todo é experienciada e cujos resultados múltiplos parecem estar muito além das contribuições e habilidades, ainda que somadas, dos participantes:

> Em momentos culminantes (quando experiencia nitidamente a unidade) em comunidades temporárias de *workshops*, a consciência do grupo transforma-se em um guia "perfeito". Para o que busca, ela é um professor [...]. Para o cliente, ela é um terapeuta [...]. Para o artista, ela é a inspiração [...]. A essência dessa comunidade, o "professor", surge não de uma pessoa com respostas [...] a sabedoria pode estar escondida em sua busca. Talvez seja possível empregar-se essa sabedoria sem se construir as usuais armadilhas políticas e religiosas; eu não sei. (Wood, 1983b, p. 43)

Assim, uma possibilidade aventada é que a contribuição desses eventos seria a de possibilitar a configuração das condições para a emergência – ou a manifestação – desse foco transpessoal de sabedoria, atuante no sentido facilitador do desenvolvimento pessoal dos participantes: "O que se pode concluir sobre estes fenômenos [os grandes grupos] [...] Talvez eles sejam como um "professor" guiando suavemente os indivíduos através de vitais experiências pessoais" (Wood, 1983b, p. 32).

Por outro lado, talvez não seja adequado estarmos opondo como duas instâncias distintas, embora inter-relacionadas e interdependentes, a consciência individual e grupal vivenciadas nesses grupos. Como fenômeno transpessoal por excelência, a experiência da unidade pessoa-todo, vivenciada como participação da consciência grupal, parece ir além do fenômeno holista e gestáltico reconhecido pelas teorias humanistas em geral (cujas aplicações grupais reconhecem no coletivo de pessoas um potencial transformador não redutível às individualidades ou às interações entre pares de participantes), mas parece agora incluir certas dimensões e características só compreensíveis a partir de um paradigma holográfico (que afirma a identidade entre parte e todo), típico de uma perspectiva transpessoal. Ao menos é o que sugerem estas observações de Wood:

O grupo e eu somos isomórficos (uma palavra de meus antigos estudos de matemática). Quando tenho um forte sentimento em mim, mesmo que eu não o coloque, ele aparece no grupo. Similarmente, um sentimento forte expresso no grupo está presente em mim. Eu poderia (e freqüentemente o faço) predizer, a partir de meus próprios movimentos interiores, os pensamentos, os sentimentos e as ações da comunidade. Por outro lado, posso obter o sentido de meus movimentos interiores, a partir da consciência do grupo. (Wood, 1983b, p. 40)

O todo não apenas reflete, mas tem um efeito peculiar sobre cada indivíduo. Participantes de um *workshop*, tal como partes de um holograma, projetam a comunidade em sua totalidade. A leitura do mundo privado de alguém é também uma leitura do grupo todo. Vislumbrar a consciência do grupo equivale a penetrar o mundo privado de um participante. A consciência individual torna-se equivalente ao todo. (Wood, *apud* Cury, 1993, p. 165)

Mas até onde foi a importância atribuída por Rogers aos fenômenos transpessoais observados no trabalho com grupos? Mais que o vislumbre de novos recursos facilitadores que ampliariam suas possibilidades de atuação, Rogers reconhece neles evidências que modificaram sua compreensão do potencial humano e o levaram a se convencer do acerto com que as pessoas do futuro caminhavam para "a aceitação da existência de forças psíquicas não desenvolvidas dentro de cada um, a comunicação misteriosa, não-verbal, tão evidente nos grupos que realizamos" (1983a, p. 67). Mais ainda, ao invés de contemplar tais novidades em sua prática como um fenômeno de alcance restrito ao trabalho psicológico com novas dimensões do ser e da realidade, entende-o inserido no contexto muito mais abrangente e significativo da mutação evolutiva da consciência humana. Assim, falando a respeito das idéias de Lancelot White, que via o caminhar da humanidade dirigindo-se a um novo nível de consciência, Rogers diz:

> Mencionei o espírito transcendente de unidade que geralmente surge em nossos *workshops*. Que significado isso assume quando pensamos no futuro? [...]. Quero simplesmente mostrar que o sentimento comunitário harmonioso que se forma em nossos *workshops* fortalece todas as fontes isoladas dessa corrente subterrânea [que levará a um novo nível de consciência]. Nossas experiências nos *workshops*, ao lado de outras manifestações dessa corrente, significam a meu ver que a humanidade pode estar se dirigindo para um tipo de consciência muito diferente do que existe hoje. (1983a, pp. 67-8)

Da mesma forma, Wood conclui que os grandes grupos, vistos da perspectiva mais ampla da evolução humana, poderiam ser entendidos como um retrato ampliado de processos muito maiores em curso, que estariam atuando e participando de um movimento coletivo visando possibilitar à espécie, por meio de um salto transformador consistente no desenvolvimento de novas habilidades, a superação das dramáticas crises do momento atual:

> O que pode ser concluído desses eventos [os grandes grupos]? Eles são um pedaço da vida [...]. E essas comunidades possuem todas as características de uma comunidade humana [...]. Talvez elas sejam um microscópio que nos amplia, para nós mesmos, e através de que vemos a espécie humana trabalhando em processos evolutivos, empenhando-se, desenvolvendo novas faculdades de percepção e comunicação para conciliar e ajustar um mundo confuso e tumultuado [...]. (Wood, 1983b, p. 32)

Mais adiante, de maneira mais clara ainda, parece seguir pelos mesmos caminhos que vimos Rogers percorrer no capítulo anterior e, vendo o acessar da ACP a esses novos domínios do potencial humano, atingidos pela experiência grupal comunitária, enxerga aí uma possibilidade de contribuição tanto para o desenvolvimento evolutivo da pessoa do futuro nessa direção quanto uma contribuição para a construção de um mundo do futuro em que essa pessoa possa receber apoio e continente para viver:

> Parece possível agora iniciar o desenvolvimento de climas plenos de potencial de crescimento que favoreçam a renúncia da pessoa à confiança em autoridades e especializações fora de si, no trabalho criativo com outros, e mesmo renunciando à confiança em informação sensorial, desenvolvendo talvez um novo tipo de "habilidades parapsíquicas" que alguns sentem ser necessário para a sobrevivência da espécie [...].
>
> Hoje, no mundo, estamos testemunhando muitas coisas atonizantes: novas habilidades perceptivas, curas parapsíquicas, experiências telepáticas, psicocinese, viagens fora do corpo, todos os tipos de extraordinárias habilidades individuais [...].
>
> Seria possível que estivéssemos também vendo, nessa envolvente percepção interior das abordagens centradas na pessoa à vida comunitária, a espécie preparando um modo para desenvolver, integrar e usar capacidades humanas extraordinárias e, ao mesmo tempo, experienciar uma nova consciência comunitária e novas capacidades de autogoverno orgânico, que podem dar apoio a novas formas vivas e substituir as infra-estruturas políticas em colapso com que vivemos atualmente? (Wood, 1983b, p.43)

Creio que nos elementos que expus e discuti até aqui, restou suficientemente demonstrado que os grandes grupos, ao menos nas referências da literatura recente da ACP, são o palco de exuberantes manifestações de vivências transpessoais, as quais, no geral, são consideradas, ao menos pelos autores examinados (inclusive Rogers), não só positivos efeitos mas também intrínsecos e indispensáveis elementos dos processos grupais bem-sucedidos, sendo vislumbradas ainda algumas implicações de maior alcance relativas ao próprio destino, evolução e sobrevivência da humanidade. No tópico seguinte, ainda examinando a ocorrência de fenômenos e vivências transpessoais no âmbito e como possível efeito das aplicações da ACP, verificaremos como estas também têm sido percebidas e propostas, a partir de então, em outros contextos centrados na pessoa que não o de workshops comunitários. Antes de concluirmos esse tópico, porém, creio ser interessante tentarmos compreender duas questões relacionadas: por que, sem que houvessem sido planejadas ou intencionadas, as ocorrências transpessoais tornaram-se tão evidentes e abundantes nos grandes grupos? E, por que, só a partir daí passaram a ser notadas em outras aplicações da ACP, onde nunca antes haviam sido referidas pela literatura? Apresento a seguir duas hipóteses, que podem ser aceitas em conjunto, para elucidação dessas questões.

Uma primeira hipótese, bastante coerente e com a qual concordo plenamente, afirma que há elementos no processo grupal que, de alguma forma, atuam desencadeando as vivências inusuais e extraordinárias de consciência alterada. Alan Coulson, autor inglês que tem defendido para a ACP maior atenção às dimensões inconscientes da personalidade (nas quais inclui também as possibilidades transpessoais aqui examinadas), recorre às famosas afirmações de William James de que formas potenciais de consciência inteiramente diversas da consciência de vigília jazem ignoradas e ocultas "pela mais fina das telas" até que ao mais leve toque do "estímulo necessário" emergem "em toda sua completude", para afirmar: "Para muitos de nós, inclusive eu próprio, as experiências de *workshops* intensivos centrados na pessoa ou de terapia forneceram o estímulo necessário" (1995, p. 11).

Um dos primeiros a defender essa hipótese, e certamente quem no âmbito da ACP mais a explorou em suas implicações, foi Wood. Embora não tenha sido um objetivo intencional dos idealizadores do trabalho centrado na pessoa com grandes grupos, Wood afirma que este se caracteriza como uma potente metodologia de alteração da consciência, tanto individual quanto grupal, daí os exuberantes resultados nesse sentido que foram obtidos com sua aplicação, tornando inevitável a consideração do fenômeno pelos observadores que, assim familiarizados com a ocorrência, puderam a partir de então discriminá-lo em outras aplicações da ACP.

O principal argumento a favor dessa hipótese é o de que, de fato, os *workshops* intensivos da ACP reúnem uma série de características que os estudiosos apontam como tradicionais indutores dos estados alterados ou "de transe" da consciência. Como diz Wood, baseado em estudos sobre a indução do transe:

Sabe-se que o transe pode ser produzido pelo isolamento da rotina diária, pela fadiga, pela tensão emocional, pelo jejum, pela ambigüidade e confusão, pelo tédio, pela audição de uma música, pelo canto, dança, confissão pública de sentimentos, pelo engajamento na criação artística, pela meditação, oração, por longas vigílias – como guiar numa auto-estrada ou atividades de sentinela – assim como contatos íntimos com pessoas e pela ingestão de álcool, cafeína e outras substâncias químicas que alteram o funcionamento da mente. Em encontros intensivos de grupo, todos esses fatores podem estar presentes numa certa medida. (1985, pp.57-8)

O próprio efeito do ambiente físico onde o grupo é realizado, que para Wood (1994) tem sido um fator totalmente negligenciado pelos autores da ACP, deve ser considerado como elemento relevante na alteração da consciência nesses grandes *workshops*, confirmando a tradicional concepção mística, ou mesmo artística, da existência de locais sagrados, mágicos e inspiradores, e ainda, de acordo com pesquisas modernas, como as que relacionam, por exemplo, a ionização do ar aos estados emocionais:

Workshops são geralmente promovidos em belos arredores: os jardins de um campus universitário, nas montanhas, próximos ao mar. O meio do verão garante abundantes pores-do-sol. A consciência dos participantes nesses grandes grupos foi sem dúvida influenciada por essa ambientação apropriada. O efeito das próprias pessoas, o efeito do grupo, também exerce um forte efeito na consciência dos participantes. Nos grandes grupos é difícil ignorar que os membros do grupo estão experimentando estados alterados de consciência que podem ter conseqüências destrutivas e construtivas. (Wood, 1990, Cap. III, p.63)

Essas observações, sobre o potencial alterador da consciência existente em diversos dos fatores presentes nos encontros intensivos de grupo, estão também de acordo com as constatações do psicólogo transpessoal Stanislav Grof, o maior pesquisador contemporâneo do potencial terapêutico e transpessoal do uso de LSD, e também importante criador de metodologias não-químicas para ampliação da consciência, o qual se revelou, não obstante sua vasta experiência, surpreso ao descobrir e vivenciar pessoalmente o efeito poderoso dos fatores presentes em encontros grupais intensivos, assim relatando sua experiência ao participar de um seminário no Instituto Esalen:

A essência do seminário, originalmente concebido como instrumento educacional renovador, transformou-se no meio mais poderoso de transformação da personalidade que jamais vi, com exceção das sessões psicodélicas. [...] Na estrutura de Esalen, que combina uma variedade de enfoques de padrões casuais, as pessoas são subitamente influenciadas de modos diferentes e ângulos inesperados, e percebem-se num ambiente que encoraja, explicitamente, experiências profundas de auto-exploração.
Em tal ambiente, poderosos processos transformativos tendem a ocorrer a qualquer hora do dia ou da noite. Esse tempo integral para a auto-exploração – por um certo período limitado de tempo – parece bastante superior ao horário psicoterapêutico comum de encontros de curta duração [...]. (Grof, 1988, pp. 285-6)

No caso mais específico, e não necessariamente inclusivo de experiências espetaculares de alteração da consciência, da emergência de uma compreensão espiritualizada e com ênfase nas dimensões religiosas e transcendentes da relação humana convivial presente nos grupos de encontro, já havia sido observado anteriormente, mesmo por autores existenciais-humanistas não afinados com o referencial transpessoal, que algumas das condições presentes nos encontros de grupo haviam propiciado, para surpresa dos organizadores e dos próprios participantes, vivências só adequadamente descritas numa linguagem de tônica religiosa. Greening (Greening, org., 1975), falando sobre as *dimensões religiosas dos grupos de encontro*, informa a esse respeito que:

Alguns autores encaram os grupos de encontro de um moderno ponto de vista religioso, afirmando que a intensa comunhão de pessoas preocupadas e solícitas possui um teor espiritual e sacramental que é muito ou, talvez, mais religioso que as experiências engendradas pelas religiões formais. [...]. Gibb [1947] cita um sacerdote que afirmou, após passar um dia num grupo de encontro: "Esta foi a primeira vez que tive, realmente, uma experiência religiosa". Clark [...] declarou: "Vi amiúde as pessoas revelarem-se de um modo que me forçou a concluir que o treino de sensibilidade é, de fato, um empreendimento religioso. Sinto-me ainda mais surpreendido ao dar comigo pensando que é o mais religioso de todos os empreendimentos que conheço. (Grening, p. 117)

Wood acredita que os estados alterados de consciência – ou estados de "transe", como por vezes a eles se refere – envolvem tanto aspectos potencialmente negativos – em especial a vulnerabilidade à manipulação externa e a perda dos limites na exteriorização, individual ou grupal, dos impulsos destrutivos – quanto potenciais positivos, consistentes basicamente na possibilidade de restruturações perceptuais e cognitivas que "tornam disponíveis novas vias de experiência e de expressão" (Wood, 1985, p.57). É especialmente interessante ressaltar que, com base nesse seu posicionamento sobre o caráter ambivalente dos estados de transe, Wood se esforce por discriminar fatores que garantam à experiência grupal centrada na pessoa a minimização dos aspectos negativos e a maximização dos aspectos positivos. Examinando (Wood, 1990) a maneira como culturas tradicionais têm, em seus trabalhos com disciplinas de alteração da consciência, aplicado corretivos aos potenciais destrutivos dos estados alterados de consciência, conclui que a metodologia centrada na pessoa utilizada nos grupos intensivos também tem desenvolvido e demonstrado importantes e adequados recursos nesse sentido:

> Sob a influência do grupo, a orientação usual da realidade é relaxada e a percepção, a concentração, as capacidades mentais dos participantes podem ser ampliadas. Aquilo que era considerado impossível torna-se possível. A fronteira entre o eu e os outros pode relaxar e um sentimento de unidade pode ser experienciado. Assim, ainda que o comportamento selvagem ou descontrolado da multidão seja sempre possível, as tradições do grupo (princípios de comando centrados na pessoa) e algumas pessoas que experimentaram um *workshop* bem-sucedido ajudam na facilitação de um contexto para participações construtivas. Os participantes, através de sua participação, podem tornar-se parte da sabedoria acumulada do coletivo, ser curados, resolver problemas pessoais, confirmar sua moral, obter um senso ampliado de suas relações uns com os outros e mesmo talvez com elementos cósmicos. [...]
> Assim, cura, crescimento pessoal, resolução de problemas, crescente autoconfiança, melhores relacionamentos, adaptação à incerteza, obtenção de orientação para a comunidade, conscientização transpessoal [*transpersonal awareness*] são algumas dimensões ao longo das quais o grande grupo pode progredir. (Wood, 1990, cap. III, p.79)

Dessa perspectiva, em que os potenciais positivos da ampliação da consciência são administrados e maximizados, as inovações centradas na pessoa do trabalho com grupos, embora originais, são vistas por Wood inseridas, na condição de renovação atualizadora, em toda uma tradição imemorial de atividades grupais alteradoras da consciência, as quais têm fornecido à humanidade importante recurso de adaptação e evolução, indicando que "Talvez os grupos de *workshop* sejam o início de uma tradição para lidar com os padrões de consciência nos coletivos modernos" (1983d, p. 8)

A segunda hipótese, para explicar por que os grandes grupos significaram o marco de introdução das temáticas transpessoais na literatura da ACP, é de minha autoria, e considera que os fenômenos transpessoais sempre ocorreram, ainda que de forma discreta e não-discriminada no contexto das aplicações da ACP. Ocorre, entretanto, que nas aplicações individuais, ou mesmo em grupos menores da ACP, esses fenômenos podiam ser, parcimoniosamente, atribuídos a instâncias intra-individuais de sabedoria organísmica, não sendo necessário, para sua compreensão, que nos afastássemos dos habituais paradigmas experienciais da psicologia humanista.

Se um clien*o*, no contexto do clima facilitador de uma entrevista terapêutica, chegava a manifestar *insights* extraordinários de compreensão e reorganização de sua experiência e atitudes, era tão-somente porque havia chegado, graças ao apoio acolhedor, compreensivo e incondicional do terapeuta, a se libertar dos entraves defensivos que lhe impediam o exercício pleno de seu próprio potencial auto-realizador. Se fenômenos de empatia extraordinariamente acurada, desvelando para o terapeuta aspectos nada expostos no discurso do cliente, chegavam a causar desconfiança, por parte deste, de que aquele possuía poderes telepáticos, não era necessário recorrer-se a explicações extravagantes para esclarecer o fenômeno, pois a simples presença face a face que caracterizava a relação dava ampla margem para toda espécie de comunicação não-verbal, paraverbal e subliminar (mas não extra-sensorial) entre os dois organismos em interação.

Mesmo nos grupos de encontro, em que fenômenos grupais bastante complexos convenciam os participantes da presença de um potencial criativo, que ia além de suas habilidades particulares, a presença e interação próxima, constante e intensa que caracterizava a experiência, permitia compreender-se o efeito do grupo como o de ser basicamente um caldo de cultura, um ambiente catalisador e propiciador da reverberação ampliadora dos processos internos e da manifestação

154

da sabedoria organísmica potencialmente existente no interior de cada participante. Portanto, não era necessário, nem muito respeitável – salvo se fosse como metáfora enaltecedora dos potenciais do trabalho grupal intensivo – , referir-se antropomorficamente a algum personagem coletivo e transumano como o real ator por detrás do processo grupal.

Nos grandes grupos, entretanto, a situação se modificou. Não só alguns desses fenômenos eram agora um tanto mais intensos, como certas características novas da situação tornavam artificial e mesmo contraditório o recurso aos modelos anteriores de compreensão do fenômeno. O grande número de pessoas limita extremamente as relações face a face, a auto-exposição e o conhecimento mútuo, ainda que seja por vias não-verbais e inconscientes, tornando cada vez mais difícil explicar os fenômenos de *empatia telepática* (como as coincidências de sonho, ou as imagens espontâneas que se referem à experiência de outrem – vide, por exemplo, o caso das florestas anteriormente citado por Wood).

A incrível sincronização que o processo grupal atinge quando é capaz de galgar o nível de funcionamento como um coletivo orgânico manifesta um entrosamento de seus membros, às vezes envolvidos em subatividades distantes no espaço ou no tempo – ou de alguma outra forma não-contíguas na amplitude fragmentadora dos contatos interpessoais que caracteriza alguns momentos do trabalho com grande número de pessoas – que só o recurso a uma consciência una e ampliada como aspecto intrínseco do organismo grupal parece oferecer solução explicativa satisfatória. Mais ainda, a aparente *magia* envolvida naqueles momentos em que as crises mais difíceis parecem milagrosamente se resolver em movimentos quase acidentais (não fosse a extraordinária sabedoria e eficácia neles transparentes) da configuração grupal, momentos estes em que a elegante coordenação dos fragmentos de solução não pode ser atribuída a nenhum dos participantes, mesmo porque nenhum deles tinha, até que a solução emergisse evidente para todos como obra *do acaso* ou da *Graça Divina*, vias sensoriais ou cognitivas de acesso, consciente ou inconsciente, a todas as informações necessárias para direcionar e concluir o processo de resolução, lança-nos na perplexidade ao tentar entender o fenômeno como fruto dos potenciais intrapsíquicos estimulados por um ambiente grupal facilitador.

Ocorre-me agora, como exemplo elucidador, a lembrança de um momento desses, em que só o recurso mental a instâncias não-ordinárias da realidade e da consciência parece oferecer um contexto explicativo satisfatório.

Estávamos já havia alguns dias participando de um grande *workshop*, com a presença de Rogers, nas dependências de uma instituição de treinamento, em Brasília. O grupo, de mais de uma centena de pessoas, encontrava-se reunido na forma de um tumulto conflituoso e conturbado que, de maneira irritante e insistente, vinha sendo a principal tônica das reuniões até aquele momento, as quais em geral eram preenchidas por acaloradas e não-conclusivas discussões sobre tópicos *palpitantes* como, por exemplo, se deveria ser permitido ou não fumar no recinto. De repente, de forma inesperada e sem que ninguém claramente tivesse feito proposta ou liderado iniciativa nesse sentido, um clima de tranqüilidade e desarmamento dos ânimos, uma rápida e crescente calma, invadiu o ambiente, que foi se tornando silencioso, pacífico e descontraído. Era como se estivéssemos propositadamente preparando o espírito e a atenção para receber algo, assumindo coletivamente uma atitude de receptividade expectante. No exato momento em que este clima terminava de se instalar, um grupo de pessoas bastante emocionado, algumas chorando e se abraçando em mútuo apoio, irrompeu pela entrada do salão, dando-nos ciência de que acabavam de receber a notícia da morte de um estimado colega, o terapeuta carioca Dario dos Santos, destacado divulgador da ACP no Brasil, amigo e conhecido de muitos dos presentes, inclusive do próprio Rogers. Seguiu-se uma comovente e mobilizadora sessão do grupo comunitário, em que aquele luto, e muitos outros, pôde ser elaborado naquilo que, ao final, Rogers classificou como o mais belo serviço fúnebre que jamais presenciara. O que me pergunto é: como pode ser explicado o movimento espontâneo do grupo, numa aparente preparação, altamente sincronizada, ao que ia acontecer, e sobre o que ninguém ali dentro tinha ainda conhecimento? Parece que, de alguma forma, ao funcionar como uma unidade orgânica em seu movimento coletivo, o grupo manifestou uma espécie de consciência transpessoal como substrato orientador dessa ação, considerando, sincronizando e harmonizando dois movimentos que se davam em espaços distintos e incomunicáveis, dentro e fora da sala.

Ainda relacionado a esse mesmo episódio, lembro-me de outra interessante *coincidência*. Dias antes, em um pequeno grupo de interesse, alguns participantes do *workshop*, inclusive eu, havíamos feito uma vivência de teatro espontâneo, na qual íamos criando, de forma não-planejada e coletiva, cenas que dramatizávamos ludicamente à medida que iam emergindo mutantemente da nossa interação. Foi para nós, posteriormente, uma interessante surpresa constatar que a maioria dos temas por nós ali dramatizados acabou por emergir, dias após e em grande parte coincidindo na própria seqüência, no contexto do *grupão*, isto é, na reunião geral da comunidade. No que aqui interessa, surpreendeu-nos em especial constatar que, em nosso pequeno grupo, foi justamente um longo e intenso funeral uma das primeiras dramatizações que nos envolveu. Além disso, após esta as outras pareceram fluir de forma bem mais desimpedida e processual, exatamente como, ao menos em minha leitura, deu-se o processo grupal após o *velório* do Dario. Dessa vez, a consciência grupal, dotando nosso pequeno grupo com dons proféticos, parece ter ignorado os limites temporais, em vez de os espaciais ultrapassados no outro episódio relatado.

Naturalmente, em ambos os casos, é perfeitamente plausível a cética explicação da *coincidência*. Mas, da mesma forma que a improbabilidade absurda de coincidências desse naipe levou Jung a propor o princípio da sincronicidade como uma possibilidade de relações acausais entre os fenômenos universais – conceito esse só compreensível e aceitável no contexto de um paradigma transpessoal –, a ocorrência intensa, quase banal, de eventos inexplicáveis para os modelos tradicionais marca de tal forma as vivências dos grandes grupos que, aos pesquisadores, foi inevitável a adoção de hipóteses ou de pontos de vista transpessoais, como o da existência de uma sabedoria ou de uma consciência grupal que estaria na origem desses momentos extraordinários em que o grupo, por intermédio dos indivíduos que o compõem, parece agir como um organismo de consciência e sabedoria quase onisciente, onipresente e oniatuante no campo total da comunidade em interação.

Wood refere-se aos momentos dos grandes grupos em que, a partir de um "meditativo estado de escuta" (um estado alterado de consciência?), uma "sabedoria" misteriosa, que não pode ser identificada nos potenciais particulares das pessoas envolvidas na busca de uma resposta para alguma crise grupal, emerge repentinamente trazendo uma inesperada solução. Dá-nos, então, conta de que, em essência, trata-se do mesmo fenômeno observado na terapia individual, na qual a hipótese humanista da sabedoria organísmica, intrapsíquica e pessoal, até então havia fornecido modelo explicativo satisfatório:

Existe uma "sabedoria" no grupo. Emerge sutilmente e faz-se sentir quando o promotor e outros no grupo entregam-se a uma resposta que ninguém espera [...]. Um meditativo estado de escuta, justo como no clima da relação diádica e do encontro, impulsiona insistentemente para a superfície uma "sabedoria" e, justo como as verdades pessoais descobertas na terapia, existe um dramático acordar que é imediatamente reconhecível e aceito pelo grupo. Alcança-se uma solução, que é talhada exatamente para esta comunidade, nesse momento, nesse contexto. (Wood, 1983b, p. 37)

Assim, confrontados nos grandes grupos, com tais perspectivas e novas dimensões na consideração de fenômenos já anteriormente observados, mas noutras condições de contexto, amplitude e intensidade, cada vez mais os observadores foram obrigados a admitir que estavam testemunhando à ação uma sabedoria não reclusa, nem identificada no interior dos "sacos de pele" – para usar a conhecida expressão de Allan Watts – dos organismos humanos ali presentes. Esses se mostravam interpenetrados e ultrapassados por uma qualidade de consciência cuja origem e possibilidades lhes parecia ir além de suas vivências particulares, pois de forma alguma estava restrita pelos limites experienciais da percepção sensorial, nem tampouco respeitava as dimensões espaço-temporais da realidade usual ou a separação física entre os indivíduos e seus mundos experienciais particulares, até então tida como essencial e intransponível, ultrapassável apenas de maneira indireta por uma empatia que nunca perdesse de vista sua característica limitadora de só poder penetrar o mundo do outro na condição de "como se".

Foi necessário, então, partir-se para hipóteses transpessoais (a sabedoria e a consciência do organismo grupal) para acomodar o fenômeno. Ora, uma vez rompida assim a fronteira paradigmática que impedia a consideração sob uma perspectiva transpessoal dos fenômenos observados no âmbito das aplicações anteriores, tornou-se possível, a partir dos grandes grupos, uma retomada, com a perspectiva teórica e perceptual agora aberta aos fenômenos transpessoais, das outras formas de utilização da ACP, nas quais, a partir de então, a literatura rogeriana passou também a identificar ocorrências transpessoais e a propor utilizações dessas possibilidades e potenciais, conforme examinaremos no próximo tópico.

Terapia individual: onde o aprofundamento em si mesmo transcende o pessoal

Na verdade, uma dupla perspectiva relaciona-se ao desenvolvimento do indivíduo, do ponto de vista das práticas facilitadoras centradas na pessoa. A primeira, que podemos chamar de perspectiva introversiva ou intrapessoal, é a do aprofundamento cada vez maior e, portanto, cada vez mais congruente e autônomo da aceitação da própria experiência, do próprio centro de referência interna, como guia e ator do processo de se tornar pessoa. A segunda é a perspectiva extroversiva ou interpessoal, pela qual descobrimos a (ou nos tornamos) nós mesmos no contexto relacional, no convívio autêntico, no encontro, na relação dialogal e no intercâmbio grupal. Muito poderia ser dito a respeito da interpenetração e da inseparabilidade dessas duas dimensões do desenvolvimento.

O que nos interessa aqui, nessas seções, em que tratamos das formas com que a conscientização de experiências espirituais ou transpessoais têm-se apresentado no contexto da aplicação de metodologias de trabalho centradas na pessoa, é demonstrar que ambos os caminhos, o introversivo e o extroversivo, parecem estar levando à mesma conclusão. No primeiro tópico, creio ter demonstrado que o caminho grupal das aplicações da ACP, especialmente com os grandes grupos, em que a vivência interpessoal é exacerbada ao extremo pelo excesso do número de pessoas convidadas a buscar uma forma conjunta e não-dirigida de se autogovernar, não só tem propiciado vivências de alteração da consciência como tem colocado desafios à nossa compreensão que só se colocam equalizáveis numa visão de mundo que apenas encontra naturalidade no ponto de vista subjacente àquelas mesmas vivências extraordinárias, ou seja, um paradigma transpessoal. Aqui, neste segundo tópico, examinaremos como a perspectiva centrada na pessoa em atividades diádicas de terapia ou supervisão individual, ou mesmo de auto-exploração solitária, de acordo com referências da literatura recente, tem-se dado conta da ocorrência de vivências transpessoais e/ou da relevância da dimensão espiritual da pessoa no processo interiorizado de desenvolvimento pessoal.

Evidentemente, a polaridade introversivo-extroversivo do desenvolvimento da pessoa está presente tanto na relação terapêutica dual como na vivência grupal. Mas, da mesma forma que no tópico anterior dei maior ênfase à perspectiva interpessoal como eliciadora da entrada da prática centrada na pessoa no campo transpessoal, aqui darei maior ênfase à perspectiva introversiva e intrapessoal, presente nas relações duais de terapia ou assemelhadas, como caminho que também tem propiciado à ACP, mais uma vez de forma não-intencionada e um tanto surpreendente, a descoberta e o acesso das regiões transpessoais da experiência e do potencial humano. Isso não quer dizer que na terapia rogeriana, de vocação relacional por excelência, a dimensão interpessoal do crescimento não esteja presente, nem tampouco quer dizer que a vivência de tal dimensão não tenha propiciado, também no contexto diádico, o relato registrado de percepção e/ou vivência da qualidade transpessoal envolvida no processo. Apenas por motivos de conveniência expositiva, deixei para o próximo capítulo, em que trataremos das mudanças recentes na concepção do próprio jeito de ser facilitador na ACP, a exemplificação e a discussão das vivências transpessoais envolvendo a qualidade relacional do encontro facilitador-atendido. Mesmo assim, desejo deixar aqui registrado meu acordo com a concepção de que, visto de uma perspectiva transcendente, "tudo que está dentro está fora" e "o que é em cima é como o que é embaixo", ressaltando que, em psicoterapia, a dimensão transpessoal engloba e ultrapassa tanto a dimensão intrapessoal como a interpessoal, como bem observou Hycner:

> [...] discuti como é preciso lidar com as dimensões intrapessoais e interpessoais na terapia. [...] quero focalizar a dimensão que realmente fundamenta as outras duas e se manifesta através delas. [...] Essa dimensão é aquela a que alguns psicólogos atualmente chamam de "transpessoal". Refere-se, essencialmente, à crença (muitos diriam, à experiência) de que nossa existência está fundamentada e permeada pelo espiritual. (1995, p.81)

Dada essa explicação, e voltando-nos ao assunto da seção, será interessante notar um segundo aspecto que diferencia a conscientização do transpessoal na relação centrada na pessoa em sua modalidade dual, como na terapia individual. Nos grupos, a vivência intensiva, entre outros fatores citados, atua, como verificamos, como poderoso agente eliciador de alteração da consciência; daí, em grande parte, a exuberância de vivências nesse sentido. Já na relação mais estruturada que caracteriza a relação terapêutica individual, em geral limitada a um curto, embora semanalmente continuado, período de tempo para cada encontro, há menos oportunidade – não obstante isso ainda assim ocorra – para um desligamento mais intenso e dramático da realidade consciencial cotidiana. Assim, parece haver certo consenso entre os autores da ACP que observaram o fenômeno na sua prática, em associar, nesse caso do trabalho individual, tais experiências ou conscientizações da realidade transcendental a um processo mais seqüencial e paulatino no aprofundamento da auto-exploração, ocorrendo significativamente em alguns clientes em adiantadas fases de bem-sucedida psicoterapia, por exemplo.

Aliás, como veremos, muitas vezes, para surpresa do observador, a nova perspectiva a que o cliente chega parece, em grande parte, ao menos, uma própria conseqüência do processo terapêutico, uma sua continuidade natural. Confirmar-se-iam, assim, as esperanças manifestadas por Sá, um dos defensores brasileiros das possibilidades transpessoais da aplicação da ACP, o qual, enfatizando a via introversiva do aprofundamento no *eu* como caminho privilegiado de acesso à dimensão transcendente da identidade de cada um, manifestou a expectativa de que a psicoterapia pudesse, para o futuro, firmar-se como um moderno caminho ocidental para descoberta e desenvolvimento dessa faixa espiritual da experiência humana:

No campo específico da psicoterapia, nosso trabalho se foca naquilo que de mais íntimo e significativo existe nas pessoas, sua subjetividade ou o seu *eu*. Esse *eu* visto sob o prisma da espiritualidade é justamente a centelha do divino em nós, não o ego ilusório, causa da dor e do sofrimento, mas aquilo que nas tradições *religiosas* tem sido chamado de *purusha*, *atman* ou *bhrama*. O caminho para a espiritualidade é, sem dúvida, um caminho para o interior de nós mesmos e isso tem muito a ver com o processo psicoterapêutico, na medida em que, através dele, aprofundamos nosso conhecimento de nós mesmos para um dia, quem sabe, podermos vir a entrar em contato com a Centelha. (Sá, 1989, p. 13)

[...] Talvez a psicoterapia, caminho ocidental para a interiorização, possa nos revelar no futuro essa dimensão do existir humano até agora desprezada pela maioria dos ocidentais: a espiritualidade. (Sá, pp. 13-4)

Louise Arnold, terapeuta centrada na pessoa, em artigo sobre a *Abordagem centrada na pessoa e o desenvolvimento espiritual* (Arnold, 1982, p. 1), afirma que sua prática profissional tem-lhe demonstrado que "[...] longe de serem contraditórios, o processo terapêutico centrado na pessoa e o desenvolvimento da capacidade espiritual podem estar profundamente conectados". Baseia essa opinião na observação de que, tanto um número bastante representativo de seus clientes, de forma espontânea, não-sugerida, e muitas vezes surpreendente para o próprio cliente, traz preocupações de natureza religiosa-espiritual para a terapia, mas também, de forma especialmente relevante, uma quantia expressiva desses clientes relata a vivência de momentos com uma qualidade extraordinária que lhes parece inteiramente nova e cujos efeitos são bastante transformadores.

Com base nessas observações, busca identificar os fatores que estariam presentes ou seriam necessariamente prévios à sua ocorrência, nos processos terapêuticos em que se davam tais experiências transformadoras, que classifica como "espirituais", chegando a identificar vários elementos, todos os quais, em resumo, indicando tratarem-se de casos terapêuticos bem-sucedidos nos termos dos objetivos de uma terapia rogeriana tradicional. A exploração e a vivência da espiritualidade é, portanto, por ela entendida como uma continuidade natural do processo terapêutico, atingível apenas quando o cliente já obteve um grau satisfatório de progresso quanto aos objetivos tradicionais da terapia centrada na pessoa:

> A meu ver, as experiências espirituais que descrevi não podem existir ou ser desenvolvidas sem algumas condições fundamentais, como os elementos mencionados acima: autenticidade, transparência, referência bem centrada, coerência interna. Essa clarificação interior pode levar à descoberta de que o divino está no *si-mesmo* de cada um. (Arnold, 1982, p. 3)

Assim, em suas conclusões, insiste em que a prática da ACP, ao menos de seu ponto de vista, pode ser um importante propiciador não só para o desenvolvimento pessoal e interpessoal precipuamente visado em sua prática, como poderia levar ainda além, mostrando-se capaz de favorecer a exploração de dimensões transcendentes do psiquismo, adentrando experiencialmente os domínios da espiritualidade:

Eu gostaria de insistir sobre a importância – a meu ver – da Abordagem Centrada na Pessoa, porque ela é capaz, entre outras coisas, de dar início às dinâmicas de um genuíno desenvolvimento pessoal – de acordo com minhas observações – e de se tornar um caminho para descobertas que podem levar para o topo de experiências espirituais. (Arnold, 1982, p. 4)

Outro autor da ACP, cujas considerações a esse respeito examinaremos, é o terapeuta e professor francês Elio Nacmias. Suas impressões serão especialmente interessantes porque, ao contrário de Louise Arnold, que relata significativo envolvimento com a perspectiva espiritual desde o início de sua juventude, Nacmias revela que era profundamente cético nessas questões, só tendo se convencido de sua relevância a partir de vivências grupais, duais ou mesmo individuais, desencadeadas pela prática da ACP. Em seu artigo *O espiritual: um estado de consciência na terapia centrada na pessoa* (Nacmias, 1988), relata a surpresa e a decepção que sofreu, em 1979, durante um *workshop* realizado perto de Paris, quando constatou essa nova direção no pensamento rogeriano. Na época, excitado pelos aprendizados sobre a relação terapêutica centrada no cliente que vinha fazendo por meio do programa de treinamento promovido por André de Peretti, importante divulgador francês da idéias de Rogers, aguardava ansioso seu primeiro encontro com o criador da ACP:

[...] assim quando Carl Rogers em pessoa apareceu pela primeira vez em um encontro comunitário durante aquele *workshop*, eu esperava que ele fosse como a imagem que eu havia construído dele em minha mente. Quão desapontado eu estava em ver um homem na infelicidade seguinte à perda de sua esposa, um homem indisposto a falar de seu trabalho e de suas idéias, dizendo: "Apenas leiam meus livros sobre isso..." mas nos dizendo que tinha sido capaz de entrar em contato e conversar com o "espírito" de Helen e que sua mensagem para ele tinha sido simplesmente: "Divirta-se...". Eu disse a mim mesmo: "Quando um homem como ele chega ao ponto de se referir a conversações com 'espíritos' de pessoas que já se foram, há provavelmente alguma coisa a ser feita a respeito de seu sofrimento e de seu envelhecimento!". Eu certamente não estava preparado para ouvir uma conversa tão inusual, especialmente quando vinda de uma personalidade como Carl Rogers! (Nacmias, 1988, p. 1).

Nos parágrafos seguintes, entretanto, relata o resultado da mudança pessoal que sofreu, em sua consideração do assunto, na década que se seguiu:

> Agora, aqui estou eu, em 1988, falando livremente sobre espiritualidade, sendo familiar a conceitos como transcendência, energia e daí para a frente, escrevendo um artigo [...] sobre "A espiritualidade na *Abordagem Centrada na Pessoa* de Carl Rogers", promovendo e facilitando um seminário de uma semana sobre o mesmo tema [...], sentindo-me em casa ao trocar idéias com [...] personalidades centradas na pessoa como Maria Bowen e Brian Thorne, e finalmente sendo guiado pelo espiritual em minha vida cotidiana e no trabalho terapêutico... (Nacmias, p. 1)

O que teria acontecido nessa década que mudou tão radicalmente seu ponto de vista anterior, de que a crença na espiritualidade era explicável apenas como conseqüência de uma tentativa de aplacar a angústia da perda de entes queridos e da conscientização da proximidade da própria morte – quando não algum subproduto da degeneração senil! – convencendo-o agora de que se trata de uma dimensão da realidade importante a ponto de aceitá-la como norteadora de sua vida e de seu trabalho terapêutico? Ele nos conta que a mudança veio de forma natural e como conseqüência espontânea de seu próprio desenvolvimento ao longo do processo centrado na pessoa, de um aprofundamento em seu próprio eu interior, levando-o a compreender, com sua nova visão, a posição que anteriormente havia menosprezado:

> O que aconteceu comigo? Eu simplesmente entrei no puro processo de me tornar uma pessoa; simplesmente atualizando a tendência que é inata em todos nós. Em outras palavras, eu não tive de procurar pela espiritualidade: ela veio a mim quando a busca estava pronta para encontrar essa dimensão em mim. Isso não tem nada a ver com uma crença, mas é simplesmente o encontro com meu próprio eu interior. [...] Eu quero apenas salientar o quão embaraçado alguém pode se sentir (para dizer o mínimo) quando esse fenômeno emerge de um *background* dominado pelo pensamento racional [...]. (Nacmias, 1988, p. 2)

Na continuidade do artigo, propõe-se a explicar, com várias metáforas, aquilo que para ele era agora "auto-evidente", isto é, a compreensão do "espiritual como um guia na terapia centrada na pessoa" (1988, p. 2). As explicações ilustrativas de algumas de suas idéias sobre o papel do espiritual serão apresentadas em maior detalhe nos próximos capítulos, mas aqui será interessante destacar a idéia (comum a Maria Bowen, por ele citada) de que a perspectiva espiritual na terapia pode ser entendida como uma conscientização dos níveis mais profundos de nossa busca pessoal, de nossa "jornada interior". Assim, vendo tanto no desenrolar da terapia como no próprio desenvolvimento das idéias de Rogers um processo que se move "do psicológico para o espiritual", Nacmias afirma em suas conclusões – apresentadas não só como sua opinião, mas também como uma tentativa de sumariar o que entende ser a mensagem dos últimos escritos de Rogers – a convicção de que o crescimento pessoal propiciado pelas condições da terapia centrada na pessoa acaba por nos colocar, mais cedo ou mais tarde, em contato experiencial com a dimensão espiritual, vivência essa que entendia como tendo elevado e positivo potencial transformador:

> [...] se envolvidos por um clima facilitador, e enquanto permanecemos em nossa busca psicológica, podemos esperar, no tempo devido, um encontro com a busca espiritual, dali penetrando no "religioso" que há em nós, independentemente de nossa religião de origem ou crenças. [...] somos convidados [assim interpreta a mensagem de Rogers para a *comunidade centrada na pessoa*] a confiar nessas experiências, quando elas vêm como sendo salutares, libertadoras e benéficas. (1988, p. 4)

A maior defensora e proponente da via introversiva para a ACP na exploração da dimensão espiritual, por ela entendida basicamente como uma "jornada interior" de contato com o próprio centro, com o próprio "*self* interno" é, sem dúvida, Maria Villas-Boas Bowen. Um dos temas recorrentes em seus textos, quer tratando do processo interior do cliente, quer enfatizando a aprendizagem, o treinamento e o exercício da prática terapêutica centrada na pessoa, é a ênfase que atribui à autoconscientização e à auto-exploração interiorizada, em cujas possibilidades enxerga, para além da congruência com a "sabedoria organísmica" e com o "fluxo experiencial", uma conexão espiritual e holográfica com o processo universal.

Nessa perspectiva, Bowen observa que quando um processo terapêutico bem-sucedido e prolongado atinge um nível em que o cliente desenvolve uma capacidade de autoconsciência que lhe permite discriminar o que acontece em seu interior e assumir seu centro de referência interno como orientador de suas escolhas e atitudes, tende a haver um satisfatório equacionamento das questões pessoais e interpessoais que motivaram a busca de ajuda profissional. Não obstante a maioria dos processos terapêuticos pare nesse ponto, Bowen afirma que, a partir daí, tende a surgir em alguns clientes "uma nova busca", guiada pela perspectiva de um aprofundamento cada vez maior na utilização e integração, pela consciência, dos potentes recursos propiciados por processos interiores intuitivos, sábios, misteriosos e transcendentes, encetando o que alguns descrevem como uma jornada interior de natureza espiritual, ainda que por vezes guiada não pela herança religiosa da pessoa, mas "pela descoberta de sua própria visão do inexplicável". (Bowen, 1989, p. 3)

No seu artigo do início dos anos 80 – *Espiritualidade e abordagem centrada na pessoa: interconexão no universo e na psicoterapia* – que viria a se tornar, por assim dizer, um clássico da tendência espiritual da ACP recente –, postula sua convicção de que a via introversiva é a mais adequada e deveria ser a privilegiada quando se tratasse da exploração dos potenciais espirituais e transpessoais:

> Para se relacionar mais com a busca espiritual do homem e com as experiências transcendentais, uma mudança é necessária: em vez do que considero uma enfatização demasiada no processo interpessoal, a abordagem centrada na pessoa deve se dirigir mais para o intrapessoal. No processo de fazer essa mudança, psicoterapia e mudança da personalidade devem ser examinadas e expostas de diferentes maneiras. (Bowen, 1987b, p. 87)

Como já devo ter deixado claro nas passagens e colocações apresentadas neste capítulo, não creio que a via introversiva deva ser considerada privilegiada ou potencialmente mais promissora, como propõe Maria, para a exploração do transpessoal por uma ACP do futuro. Ao contrário, considero que nas contribuições extroversivas – ou seja, no caminho de acessar o transpessoal pelo ultrapassar do interpessoal – encontram-se algumas das maiores possibilidades de contribuição metodológica original da ACP ao campo das abordagens transpessoais, já que nessas a via interiorizada e intrapsíquica, ainda que praticada no contexto interpessoal (numa técnica de meditação ou num exercício imagético exteriormente dirigidos, por exemplo), encontra-se de tal modo privilegiada que, para muitos, seria uma inovação enriquecedora descobrir que crescimento transpessoal não é necessária ou exclusivamente sinônimo de "trabalho interior". Por outro lado, não deixo de considerar como um *insight* genial sua concepção de que a ACP, afastando-se de sua tradicional atuação interpessoal, possa desenvolver-se também como abordagem focada decididamente na exploração do espaço intrapessoal. Embora pessoalmente não me agradem algumas das formas pelas quais Maria propõe esse desenvolvimento, estou plenamente de acordo com a proposição de que esse, entre outros, é um caminho promissor para o futuro da ACP.

Nesse sentido – da possibilidade de desenvolvimento pela ACP de uma forma exclusivamente intrapessoal para abordagem do espiritual – é quase forçoso lembrarmo-nos do *focusing* de Gendlin. Como vimos, esse autor, quando ainda se encontrava inserido nas fileiras rogerianas da terapia centrada no cliente, idealizou o conceito de *experienciação*, cuja versão simplificada foi, a partir de então, incorporada ao veio principal da teoria e prática centrada na pessoa, mostrando-se uma das principais fontes de vários dos desenvolvimentos posteriores, muitos dos quais diretamente desembocando na tendência aqui examinada (concretizando a profecia de Hart apresentada mais adiante). Ressaltando, como foco a ser crescentemente perseguido e aprofundado no processo terapêutico, o fluxo experiencial e visceral de significados-sentidos que vê como essência e motor do processo interior de crescimento pessoal, Gendlin, no profícuo desenvolvimento da teoria e da prática de sua terapia experiencial, posterior à fase centrada no cliente de seu trabalho, chega a elaborar uma técnica, nomeada *focusing*, que dispensa a relação interpessoal, podendo ser executada de forma solitária e intrapsíquica, a partir de um manual de instruções que elaborou.

Entretanto, embora eu tenha notícia de que, de fato, o *focusing* tem sido investigado e explorado como recurso de meditação e desenvolvimento de potenciais espirituais e transpessoais,[2] escapa à proposta deste livro – assim como às minhas informações e embasamento teórico – rastrear essa ou outras tendências transpessoais nos desenvolvimentos pós-rogerianos (ou neo-rogerianos?) da terapia experiencial de Gendlin. Tanto mais no caso da técnica de *focusing* que, justamente por ser uma técnica, é vista com muitas restrições, quando não ignorada, na literatura recente da ACP. Basta-me aqui fazer registro de que também Gendlin, pela via de suas próprias idéias e trabalho, e a seu próprio modo, chegou à convicção, defendida pelo movimento transpessoal, de que a dimensão transcendente da vida e da pessoa existe, diz respeito ao desenvolvimento dos potenciais humanos e está especialmente envolvida nos melhores e mais transformadores momentos da terapia. É ao menos o que concluo de sua entrevista por Antônio Monteiro dos Santos realizada em 1981, na qual, referindo-se aos melhores momentos de terapia, afirma: "Nisso existe uma qualidade espiritual também, algumas vezes. É como se um grande universo tivesse sido aberto e manifestasse algumas coisas. Palavras não importam [...]. Esses momentos são os meus favoritos" (Santos, s.d., p. 74).

Também valorizando a via interiorizada como caminho pelo qual a ACP pode acessar o transpessoal, Hart, em seu artigo *profético* sobre "tendências para a psicologia aplicada do futuro", referido brevemente no capítulo anterior, afirmou que a extensão da ACP para o que chamava de "misticismo experimental" (ou "Psicologia como Ciência da Alma") seria uma conseqüência natural e coerente do desenvolvimento dessa escola. Declarando-se consciente de que muitos dos terapeutas centrados no cliente de então não concordariam (como muitos *centrados na pessoa* de hoje não concordarão) com essa afirmação, baseava sua convicção no perceber na via interior de congruência crescente com o referencial interno do fluxo experiencial da sabedoria organísmica (concepção processual tão enfatizada na fase experiencial da terapia centrada no cliente) um caminho que, a partir de dentro, levaria às experiências místicas de conexão com valores universais:

> E o que acontece com o homem que encontra o caminho interior? [...] O ideal centrado no cliente da pessoa que é capaz de reclamar seu direito de nascimento e viver no interior do ser pleno de sua própria experiência revela um homem que descobre universais. [...] ele expressa em linguagem moderna a antiga afirmação dos místicos de que os valores são *descobertos* no íntimo do homem, não impostos desde fora. Mas isso ocorre apenas se a pessoa abre a si mesma para a experiência direta desses valores. Para fazer isso, ela necessita ter a coragem de descobrir a si mesma. Ela precisa aprender a ser livre [...]. (Hart, 1970b, p. 566)

"Coragem de descobrir a si mesma"... "aprender a ser livre"... Libertar-se dos valores e condicionamentos externos e mergulhar, de forma corajosa e confiante, nas profundezas de nosso próprio e mais profundo íntimo para descobrirmos a nós mesmos, a natureza potencial de nosso ser, nosso direito de nascença: tal é a jornada interior que a ACP tem propiciado a seus clientes, na terapia, nas salas de aula, nos grupos, nas comunidades e em todas as suas aplicações desde o seu surgimento. Acompanhando esses caminhantes da jornada interior, procurando tornar mais fácil o seu percurso e, ao mesmo tempo, mergulhando em nossa própria jornada, o que temos nós, praticantes e estudiosos da ACP, descoberto sobre o *centro* da pessoa, sobre sua natureza mais profunda?

A jornada teve início décadas atrás, quando Rogers começou a aprender a se libertar, teve a coragem íntima de ultrapassar a soleira de um referencial conhecido e iniciar o processo de descobrir por si mesmo, despojando-se de tudo o que fosse exterior à experiência de estar presente e inteiro junto ao outro a quem acompanharia na viagem, para o que desse e viesse. Ambos então, terapeuta e cliente, e por meio deles todos nós, clientes e facilitadores da ACP, tiveram a coragem, de início vacilante, de dar o primeiro passo da caminhada de exploração no interior da natureza humana.

Após atravessarmos um primeiro território sombrio, povoado por monstros e perigos, já conhecido de outros exploradores (os psicanalistas, por exemplo) que nos haviam ensinado não haver nada além, à semelhança dos antigos navegadores do mar exterior da época de Colombo, nós, navegantes desses mares interiores que jazem abaixo de nossa auto-imagem e da experiência consciente cotidiana, resolvemos nos libertar de crenças e valores que nos eram ensinados como a verdade e, movidos por coragem, esperança e confiança, insistimos em seguir além, vindo a descobrir um novo mundo, um território virgem e fértil onde pudemos nos estabelecer, onde pudemos crescer e aprender, tornando-nos cada vez mais livres e plenos nessa terra prometida que agora era nossa casa: a realidade fundamentalmente positiva e social da natureza humana. Como disse Rogers a esse respeito, em 1961, em seu *Tornar-se pessoa*:

> Um dos conceitos mais revolucionários que se destacaram da nossa experiência clínica foi o reconhecimento progressivo de que o centro mais íntimo da natureza humana, as camadas mais profundas da sua personalidade, a base de sua "natureza animal",

169

tudo isso é naturalmente positivo – fundamentalmente socializa-do, dirigido para diante, racional e realista.

Esse ponto de vista é tão estranho à nossa cultura atual que não tenho esperanças de que venha a ser aceito [...]. No conjunto, a opinião dos profissionais como a dos não-profissionais é de que o homem, tal como é na sua natureza básica, deve ser guardado sob controle, dissimulado ou ambas as coisas.

Quando me debruço sobre os anos que passei na experiência clínica e na investigação, penso que demorei muito tempo para reconhecer a falsidade desse conceito popular e profissional... Creio que a razão disso residia no fato de que, na terapia, se revelam constantemente sentimentos hostis e anti-sociais, de modo que é fácil chegar à suposição de que esses sentimentos indicam a natureza profunda e, por conseguinte, a natureza fundamental do homem. Somente pouco a pouco se foi tornando evidente que esses sentimentos ferozes e associais não são nem os mais profundos nem os mais fortes e que o núcleo da personalidade é o próprio organismo, que é essencialmente autopreservador e social. (Rogers, 1982, pp. 92-3)

A partir daí, nós, facilitadores centrados na pessoa, temos nos estabelecido como *barqueiros*, acompanhantes e facilitadores da viagem interior de cada cliente para a realidade central de cada um. A coragem e a libertação envolvidas na descoberta do território novo, que está além das aparentemente pouco aceitáveis camadas iniciais do ser interior de cada cliente é, agora, vivenciada por nós, facilitadores, de maneira bem mais tranqüila, posto que é uma jornada já nossa conhecida, embora ainda a cada vez envolva novas peripécias, riscos, exigências e possibilidades de naufrágio ou desistência. A própria emoção do chegar lá, não obstante tenha sempre um renovado frescor, a indescritível alegria de mais uma jornada bem-sucedida e a grata satisfação de ter ajudado a trazer sãos e salvos novos habitantes para um território no qual esperamos poder um dia ver abrigada toda a humanidade, são, ao final, mera confirmação do que já sabíamos.

Sem dúvida, é um imenso território, e muito nele ainda haverá por onde caminhar, descobrindo, explorando, aprendendo, desenvolvendo e construindo, assim como por muito tempo ainda haverá passageiros para nossos *barcos*, necessitados de auxílio e facilitação para empreender sua própria jornada interior. Por muito tempo, talvez para sempre, a ACP poderá continuar transitando, com seus clientes, nas trilhas do processo interior do "tornar-se pessoa". Mas... será essa a última fronteira, serão os limites desse território o último mar, para além do qual nada de novo existirá?

Expedições pioneiras de navegantes de outras bandeiras e de outras embarcações (parapsicólogos e psicólogos transpessoais, com suas diversas abordagens) ainda cercadas de descrédito e desconfiança, mas cada vez mais consistentes em suas observações, assim como o reavivar de antigas narrativas de viajantes lendários (os iniciadores das tradições religiosas e espirituais), crescentemente parecem coincidir em falar de uma nova fronteira, um novo território interior, para além de nossa nova auto-imagem ideal de *pessoa plenamente funcionante* e de nossa atual compreensão do potencial de sabedoria experiencial do organismo. Assim, um novo território ainda muito mais amplo, vasto e promissor do que aquele em que nos estabelecemos parece existir. Qual terá sido a opinião de Rogers a respeito da possibilidade da existência de uma nova fronteira a ser ultrapassada e um novo território a ser explorado em nossa jornada interior rumo ao centro da pessoa?

Afastado da prática da terapia individual como esteve na últimas décadas de sua vida, Rogers deixou de ser citado neste tópico em que examinamos vivências e conscientizações transpessoais observadas nessa modalidade de aplicação da ACP. Desejo, entretanto, terminar o capítulo com algumas impressões de Rogers, o qual, em um artigo significativamente intitulado *Para além do divisor das águas: onde agora?*, resume algumas revoluções que o enfoque centrado na pessoa tem trazido ao campo da aprendizagem e das instituições de educação, especulando sobre algumas direções e implicações para futuros desenvolvimentos. No tópico final, porém, deixa seu "pensamento vagar pelas possíveis fronteiras futuras da aprendizagem" e se confessa entusiasmado com a possibilidade da existência de um "vasto espaço interior", acreditando que um próximo grande desafio da aprendizagem esteja relacionado com o explorar dessa dimensão interior em que estaria a chave para a compreensão e o desenvolvimento das capacidades transracionais "menos valorizadas na cultura ocidental – nossos poderes intuitivos e psíquicos":

> Creio que a próxima grande fronteira da aprendizagem, a área para qual estaremos explorando novas possibilidades interessantes [...], é a área do intuitivo, do psíquico, do vasto espaço interior que se delineia à nossa frente. Espero que a educação inovadora

se mova em direção à aprendizagem nesse domínio basicamente não-cognitivo, nessa área que geralmente parece ilógica e irracional. (Rogers, 1983a, Cap. VI, p. 105)

Discorrendo sobre essas possibilidades, e revelando-se decepcionado com a pouca atenção que a ciência mais oficial tem dado a tão importantes fenômenos, Rogers cita evidências parapsicológicas desses potenciais humanos, retiradas tanto da literatura científica especializada como da experiência de conhecidos seus. Cita ainda a auto-experimentação no tanque de privação sensorial realizada por John Lilly, importante pesquisador e teórico pioneiro da psicologia transpessoal, cujo livro mais conhecido *O centro de ciclone* (Lilly, 1973) – verdadeiro clássico de auto-investigação e cartografia das regiões transpessoais da consciência – é subintitulado, bem a propósito do que estamos discutindo aqui, como *Uma autobiografia do espaço interior*:

> Dispomos de evidências cada vez maiores, que não podem ser ignoradas, da existência de capacidades e potenciais da psique quase ilimitados e que estão praticamente fora do campo da ciência, ao menos como a temos concebido.
> Parece óbvio, por exemplo, que um indivíduo que flutua em um tanque de água morna, sem praticamente qualquer estimulação visual, táctil, gustativa ou olfativa, não está experienciando nada. Mas o que acontece realmente? Um indivíduo nessas condições está sendo bombardeado por ricas imagens visuais, alucinações, sons imaginários e todo tipo de experiências bizarras e provavelmente assustadoras, vindas de fontes desconhecidas de estimulação interna. O que significa? Parece que em nosso mundo interior está sempre ocorrendo algo que absolutamente não conhecemos, a não ser que eliminemos os estímulos externos. (Rogers, 1983a, p.105)

Se no campo e paradigma da ciência, "como a temos conhecido", tal tipo de pesquisa não encontra lugar, ao menos no campo da psicologia transpessoal Rogers parece ter encontrado uma "investigação séria e reflexiva". Além da clássica investigação de Lilly, referida no parágrafo anterior, Rogers cita, com respeito pela qualidade das pesquisas, o trabalho de Grof na pesquisa do LSD e ainda o estudo de Clark (1973) sobre as possibilidades da exploração da intuição, que foi publicado no *Journal of Transpersonal Psychology*, evidenciando assim, mais uma vez e de maneira ao menos circunstancial, sua crescente aproximação dessa perspectiva em suas propostas para o desenvolvimento futuro da ACP:

> Diria apenas que todo esse mundo intuitivo e psíquico está se abrindo a uma investigação séria e reflexiva. A revisão acadêmica realizada por Frances Clark (1973) e a cuidadosa pesquisa empreendida pelo dr. Grof (1975) sobre experiências internas, enigmáticas e desafiantes de indivíduos sob o efeito de LSD são dois exemplos disso. Há várias razões para se considerar as experiências internas dos indivíduos como um campo tão vasto e misterioso para pesquisa quanto as incríveis galáxias e "buracos negros" do espaço celeste. Estou simplesmente expressando a esperança de que educadores e alunos inovadores tenham a coragem, a criatividade e a capacidade de penetrar nesse mundo do espaço interior e de compreendê-lo. (Rogers, 1983a, p. 106)

Vemos assim que Rogers, dando crédito às descobertas de navegantes de outras bandeiras, manifestou sua esperança de que tivéssemos "coragem, criatividade e capacidade" para ir além do território já nosso conhecido, "para além do divisor das águas", e encetar uma "nova busca" (na expressão de Bowen), ultrapassando essa "nova fronteira do espaço interior".

Como vimos neste tópico, alguns de nossos próprios exploradores – clientes e terapeutas da ACP – têm a impressão de ter vislumbrado a nova fronteira em suas explorações das regiões longínquas de nosso território, enquanto outros, de forma cada vez mais segura, estão certos de já haver adentrado os limites e, fascinados com o que alegam ter visto e convencidos de que nossas embarcações (as práticas centradas na pessoa) estão aptas a enfrentar a viagem, preparam suas bagagens para novas e mais profundas incursões, ao passo que nos convidam (a nós, profissionais e clientes da ACP) para acompanhá-los nessa nova jornada, para além dessa nova fronteira, rumo à descoberta, exploração e compreensão de uma nova dimensão do *si-mesmo* interior de todos nós.

Assim é como vejo, metaforicamente, o que expus neste tópico e o convite que entendo aí implicado para todos nós da ACP: seremos capazes de aprender novamente a nos libertar dos limites das verdades já conhecidas, descobertas e confirmadas por nós e por outros psicólogos humanistas? Saberemos aceitar e seguir os auspiciosos e inesperados indícios a que nosso próprio caminhar está nos levando? Ousaremos, mais uma vez, ter coragem de mergulhar mais para o fundo, ultrapassando a fronteira de um vasto e desconhecido espaço no interior de nós mesmos? Teremos a *capacidade*, a *criatividade* e, sobretudo, a *coragem* de seguir a orientação deixada por Rogers, nosso comandante e *almirante-mor*, antes de partir, com destino ignorado, em sua própria viagem pessoal para o desconhecido? Creio que responder sim a essas questões significa nos assumirmos como uma psicologia que, em sua visão de homem e em seus métodos de trabalho e investigação, admite e reconhece a dimensão transpessoal e espiritual do ser. Isto é: nos assumirmos como uma psicologia transpessoal.

Notas

1. Os outros indicativos de sucesso propostos por Wood incluem as capacidades de resolver problemas pessoais dos participantes, de desenvolver positivamente sua auto-estima e seu autoconceito, de aperfeiçoar os relacionamentos, de resolver de forma criativa e justa as crises e os conflitos emergentes, de reformular valores e transformar a própria cultura.
2. Como amostra da extensão em que as idéias de Gendlin têm sido aplicadas na exploração da dimensão espiritual do ser humano, basta citar que um único número do *Focusing Connection* (edição de maio de 1989), boletim de uma organização gendliniana, traz um artigo sobre meditação e *focusing* (Levy, 1989), notícias sobre o lançamento de um livro intitulado *Bio spirituality: focusing as a way to grow*, de autoria de E. McMahon e P. A. Campbell, e ainda convite para um *workshop* com o tema *Focusing e espiritualidade*, promovido por um instituto de pesquisas sobre espiritualidade.

6

Um novo jeito de ser

No Capítulo 1, ao tratarmos dos métodos e técnicas da psicologia humanista, vimos que uma das mais fortes tendências entre as terapias humanistas é a ênfase colocada na *pessoa* do terapeuta ou do profissional de ajuda. Para além dos aspectos teóricos e técnicos de sua formação, é enfatizada a presença autêntica e expressiva do profissional, despojado de suas máscaras profissionais ou pessoais, numa disposição de fundamentar a relação de ajuda em sua dimensão humana básica de um encontro entre pessoas reais e não entre papéis ou fachadas de *terapeuta* e *paciente*. Assim, contestando o modelo behaviorista que enfatiza as técnicas e a artificialidade do modelo transferencial da psicanálise, que estimula a inexpressividade do terapeuta numa atitude de *tela em branco* e *catalisador silencioso* como forma de promover as transferências e projeções regressivas que serão interpretadas no processo, muitas terapias humanistas defendem o modelo do encontro pessoa a pessoa, da relação Eu-Tu, do ser-com, como base e condição de qualquer ajuda psicológica efetiva.

Creio que não será exagero afirmar que Rogers, dentre todos os humanistas, foi quem levou mais longe essa concepção. Mesmo para as psicoterapias existenciais, que se constroem sobre essa proposta, o *ser-com-o-outro* é apenas uma parte, uma condição necessária, mas não suficiente para a psicoterapia, que deve ser complementada dialeticamente pela intervenção mais técnica e pelo exercício da dimensão de especialista do profissional de ajuda. Já para Rogers, que reiteradamente rejeitou a identificação da ACP com qualquer técnica, é a presença genuína do terapeuta, traduzida em determinadas atitudes – e não técnicas – que propicia, não só como condição necessária, mas também suficiente, o crescimento nas relações de ajuda. Desde meados da década de 50, quando Rogers (1957) apresentou sua descrição das *Condições necessárias e suficientes da mudança terapêutica da personalidade* três atitudes são propostas como síntese do modo de ser facilitador na ACP: *consideração positiva incondicional, compreensão empática e congruência.* Rogers declara que uma das mais vívidas lembranças de sua carreira profissional refere-se à ocasião em que, pela primeira vez, durante palestra proferida em 1956 na Universidade de Michigan, definiu sua proposta de que para o sucesso da terapia tão-somente importava o *jeito de ser* do terapeuta na relação, conforme manifesto e percebido nas suas atitudes para com o cliente:

> Eu me apercebia vagamente – ainda bem que só vagamente – de que eu estava desafiando todas as "vacas sagradas" do mundo terapêutico. De fato eu estava dizendo, apesar de não muito claramente, que não era uma questão de o terapeuta ter sido psicanalizado, nem de conhecer teoria da personalidade, nem de possuir perícia no diagnóstico, nem de um amplo conhecimento de técnicas terapêuticas. Ao invés disso eu dizia que a eficácia do terapeuta na terapia dependia de suas *atitudes*. Cheguei até a ter a ousadia de definir o que eu pensava serem estas atitudes. (Rogers, 1980, p. 270)

A proposição das *três atitudes facilitadoras*, mais que qualquer outra concepção, define, sintetiza e identifica a ACP como proposta de trabalho com pessoas. Representam, talvez, a mais original formulação teórica e metodológica de Rogers e, ainda, a mais significativa contribuição da ACP para o patrimônio da psicologia contemporânea, no campo das psicoterapias e da relação de ajuda em geral. Graças às pesquisas desenvolvidas por ele e seus seguidores, é hoje generalizadamente aceito que essas são condições efetivamente facilitadoras e terapêuticas – embora se questione se seriam de fato *necessárias* ou *suficientes* – para o desenvolvimento saudável da personalidade em uma relação interpessoal. Representam, em minha opinião, o maior tesouro da ACP. Três singelas atitudes que, à semelhança dos três desejos ou dons mágicos dos contos de fada, tornam tudo possível a quem as possui e manifesta. Presentes e percebidas em qualquer situação de bloqueio, limitação, incongruência, conflito e sofrimento psicológico, essas três atitudes, esse jeito de ser, por si só, tem o poder de transformar, restaurar e curar, propiciando e pondo em movimento a ação das naturais e intrínsecas tendências à auto-realização e crescimento positivo dos seres humanos. Essa é a proposição mais básica e característica da ACP em todos os seus campos de atuação, permanecendo sua formulação praticamente inalterada desde a década de 1950. Ou não? Serão apenas três as atitudes que Rogers propõe para o facilitador?

Qualquer pessoa familiarizada com a importância que a formulação histórica das três atitudes representa para a ACP naturalmente compreenderá a revolução que consistiria o acréscimo de uma *quarta atitude* ao jeito de ser rogeriano. Ora, é exatamente isso que Rogers parece fazer, em meados da década de 1970, ao começar a falar de sua percepção de uma "nova característica", envolvida em seu próprio jeito de ser facilitador, a qual considera associada às suas melhores atuações em entrevistas terapêuticas ou no trabalho grupal:

> Descrevi anteriormente as características de uma relação que gera crescimento, investigadas e comprovadas pelas pesquisas. Recentemente, no entanto, estendi minha concepção para uma área nova, ainda não estudada empiricamente.
>
> Quando estou em minha melhor forma, como facilitador de grupos ou como terapeuta, descubro uma nova característica. Percebo que quando estou o mais próximo possível de meu eu interior, intuitivo, quando estou de alguma forma em contato com o que há de desconhecido em mim, quando estou, talvez, num estado de consciência ligeiramente alterado, então tudo o que eu faço parece ter propriedades curativas. Nessas ocasiões, a *minha presença*, simplesmente, libera e ajuda os outros. Não há nada que eu possa fazer para provocar deliberadamente essa experiência, mas quando sou capaz de relaxar e ficar próximo do meu âmago transcendental, comporto-me de um modo estranho e impulsivo na relação, que não posso justificar racionalmente e que não tem nada a haver com meus processos de pensamento.
>
> Mas esses estranhos comportamentos acabam sendo *corretos* por caminhos bizarros: parece que meu espírito alcançou e tocou o espírito do outro. Nossa relação transcende a si mesma e se torna parte de algo maior. Então, ocorrem uma capacidade de cura, uma energia e um crescimento profundos. (Rogers, 1983a, p. 47)

Essa declaração de Rogers representa um extraordinário e revolucionário acréscimo, realizado na fase final de sua vida, ao corpo teórico e metodológico da ACP. Além de vislumbrar uma "nova característica" no tópico tão essencial das "condições necessárias e suficientes" para a relação de crescimento, afirma tratar-se de algo ligado à sua melhor forma, à sua excelência como terapeuta. Afirma ainda mais: o potencial terapêutico ou transformador dessa nova característica é extraordinário, permitindo "uma capacidade de cura, uma energia e um crescimento profundos". Trata-se, portanto, de um assunto da mais elevada importância, que convida os estudiosos e praticantes da ACP à maior seriedade e ao maior empenho no sentido de esclarecer e desenvolver esse novo e importante acréscimo ao jeito de ser rogeriano, ampliado agora para essa "área nova, ainda não estudada empiricamente".

Com respeito ao caso específico deste livro, em que examinamos elementos de aproximação entre a tendência mais recente do pensamento de Rogers e as perspectivas da psicologia transpessoal, maior relevância ainda essa importante mudança adquire, pois como o leitor certamente já o fez, constatamos que o que Rogers está descrevendo, até mesmo pelo vocabulário de que lança mão no esforço de transmitir a qualidade especial de sua vivência nesses momentos, parece ser, nitidamente, uma experiência transpessoal! A maior parte dos termos que utiliza para descrevê-la refere-se muito mais à temática, à terminologia e às concepções teóricas características da psicologia transpessoal do que àquelas da psicologia humanista, na qual a falta de familiaridade com tais experiências e concepções pode levar os rogerianos humanistas a uma certa sensação de perplexidade, de estranhamento e, mesmo, de desconforto ao considerar tais afirmações de Rogers. Talvez por isso, como eu creio tem acontecido, grande parte dos profissionais e estudiosos da ACP não tem dedicado ao assunto a atenção que ele merece, tendendo a *não valorizar* em sua extraordinária importância, ou a *não compreender* na amplitude de seu revolucionário significado, e ainda a *não aceitar*, em suas fecundas e transformadoras possibilidades de aplicação prática, essa nova característica "de uma relação que gera crescimento", agora proposta. Já para um rogeriano transpessoal – isto é, aquele profissional da ACP que adotasse, ou ao menos estivesse familiarizado com, a perspectiva transpessoal em psicologia – tornar-se-ia fácil *compreender* de forma empática a experiência descrita por Rogers, *valorizar e aceitar positivamente* essa nova característica, como ainda o entu-

178

siasmaria a possibilidade de praticá-la, incorporando-a e desenvolvendo-a *congruentemente* em seu jeito de ser facilitador. Assim, não fosse por outro dos motivos já apresentados e ainda por apresentar neste trabalho, creio que a simples formulação dessa nova característica transpessoal proposta por Rogers tornaria *necessária* uma aproximação entre a ACP e o campo da psicologia transpessoal e, ao mesmo tempo, seria *suficiente* para justificar tal empreendimento.

Sem a pretensão de poder esgotar um tão importante assunto – como o corpo acumulado da teoria, da pesquisa e da prática da ACP ainda não esgotou a discussão, a investigação e a aplicação das atitudes de consideração positiva incondicional, compreensão empática e congruência – nosso exame e discussão neste capítulo, à luz da aproximação ACP-psicologia transpessoal, procurará aprofundar e esclarecer alguns aspectos envolvidos na proposição dessa nova atitude e de algumas das implicações para a ACP. Para tanto, além da bastante conhecida descrição de Rogers, anteriormente citada, tomarei por referência outros comentários e colocações suas a respeito, retiradas de obras menos conhecidas – sendo-nos especialmente útil a entrevista concedida a Antônio Monteiro dos Santos, em 1981, na qual abordou extensivamente o assunto (Santos, s.d.) – juntamente com comentários e vivências de outros autores centrados na pessoa, relativos a essa nova característica ou atitude de teor transpessoal, que vem emergindo como proposta e possibilidade de acréscimo ao jeito de ser que caracteriza a ACP.

No primeiro tópico, busco aprofundar a compreensão das características do estado de consciência descrito por Rogers nesses momentos, procurando demonstrar que não só se trata de um estado alterado de consciência como, mais especificamente, de um estado de consciência ampliada experimentado com uma qualidade de vivência mística e espiritual, e associado a uma percepção (ou uma consciência) das dimensões transcendentais do ser e da realidade, preenchendo assim algumas condições que permitem descrevê-lo e classificá-lo como uma experiência transpessoal.

No segundo tópico, voltando-nos para o exame das potencialidades terapêuticas e transformadoras que Rogers afirma estarem presentes e mesmo serem liberadas quando da vivência desse estado de consciência especial, minha intenção é demonstrar que certas características desses potenciais autorizam-nos à séria consideração de que, mais que uma vivência subjetiva de estados transpessoais, Rogers estava liberando potenciais só compreensíveis na aceitação de um paradigma transpessoal de mundo e de pessoa, pois vão além do aceitável na mais otimista das visões humanistas sobre as possibilidades da natureza humana e sua sabedoria organísmica. Assim, em minha opinião, mais que exercitando as possibilidades de uma alteração subjetiva de sua consciência, ampliadora de certos potenciais cognitivos do funcionamento cerebral, o que Rogers descreve é uma liberação de potenciais novos na qualidade concreta de sua presença, participação e interação no mundo, potenciais esses que podem ser descritos também *objetivamente* como transpessoais, isto é, ultrapassando a visão habitual de pessoa, de tempo e de espaço, de fronteiras interpessoais e da própria natureza da realidade. Parece-me, então, justo'afirmar que, mais que um estado de consciência ampliada que contata aspectos e dimensões transpessoais de seu ser e da realidade, o que Rogers descreve inclui também a expressão atualizadora, o pôr-no-mundo, desses potenciais vislumbrados ou, visto de outro modo, o lançar do próprio ser na vivência das novas dimensões vislumbradas no mundo. Quer seja um lançar no mundo, um trazer à existência, as novas dimensões de seu ser descobertas pela consciência ampliada, quer seja um lançar-se no mundo para vivenciar-lhe as novas dimensões descobertas pela percepção ampliada da realidade, o que vejo é a emergência de um novo ser-no-mundo, um novo jeito de ser. Sendo transpessoal, em um mundo transpessoal, Rogers estaria então assumindo, em suas melhores atuações facilitadoras, *um jeito transpessoal de ser.*

Um estado de consciência especial: "ligeiramente alterado" ou transpessoal?

A definição de estado alterado de consciência, como vimos no Capítulo 2, foi proposta inicialmente por Charles Tart, por volta de 1969, tendo-se mostrado um conceito especialmente útil para a atividade teórica e metodológica no estudo da consciência e seus potenciais, ultrapassando mesmo as fronteiras dos interesses e pontos de vista específicos da psicologia transpessoal e fazendo hoje parte do vocabulário geral da psicologia. A utilização dessa expressão, portanto, não é por si só indicativa de que se está adotando uma perspectiva transpessoal. Por outro lado, é sem dúvida no movimento transpessoal que se congregam a maior parte das pesquisas relativas à exploração e compreensão desses estados, assim como das formulações teóricas decorrentes. Em especial, algumas categorias dos estados alterados, entendidas pelos autores da corrente transpessoal como de consciência ampliada ou de consciência superior (alguns descritos como de *consciência transpessoal* ou ainda como de consciência cósmica), são, como vimos, temática privilegiada e típica das psicologias transpessoais, as quais desenvolvem modelos teóricos a partir desse estudo que, caracteristicamente, adotam em sua visão de homem um espectro transpessoalmente ampliado das possibilidades da consciência humana.

Mais especificamente, no campo das psicoterapias, dos métodos e técnicas para a promoção de crescimento psicológico, a questão dos estados ampliados e transpessoais fornece alguns critérios que nos permitem classificar uma psicoterapia como transpessoal. Naturalmente, muitas, talvez todas, psicoterapias não-transpessoais utilizam, dando ou não esse nome, tecnologias ou procedimentos de alteração da consciência, bastando citar como exemplos as bem-conhecidas utilizações clínicas da hipnose, as diversas formas de imaginação dirigida ou, ainda, as técnicas da *associação livre* e da *atenção flutuante*, o método de suave alteração da consciência criado por Freud para exploração das faixas infraconscientes do psiquismo.

Somente as terapias transpessoais, entretanto, aceitam as possibilidades transpessoais da consciência humana, considerando, em conseqüência, que a alteração da consciência é o meio privilegiado para explorar os potenciais curativos e transformacionais das faixas superiores e habitualmente supraconscientes do psiquismo. Assim, em geral, a prática das terapias transpessoais inclui algum método de indução ou, ao menos, de facilitação, da alteração da consciência do cliente, de modo a favorecer, em algum momento do processo, o contato e a vivência das faixas transpessoais de seu potencial. Mais ainda, algumas das terapias transpessoais vão além e trabalham a partir da alteração da consciência, em níveis transpessoais, do próprio terapeuta ou facilitador o que, por vezes, incluiria, na visão de alguns autores, a utilização de certos *poderes psíquicos* paranormais por parte deste (aí incluídos poderes como telepatia, transmissão de energias curativas inclusive a distância, projeções da consciência, vidência etc.).

No Capítulo 5 vimos que a ACP, de maneira não-intencional e ainda pouco esclarecida, tem-se mostrado uma terapia capaz de favorecer a emergência de vivências transpessoais e espirituais em seus clientes, e que tais vivências, ao menos potencialmente, mostram-se bastante promissoras como elemento propiciador de crescimento e de transformação psicológica, estando muitas vezes tipicamente ligadas, na visão dos autores examinados, a casos bem-sucedidos ou a momentos culminantes do processo terapêutico, individual ou grupal. Isso, por si só, já mereceria, por parte dos rogerianos e mesmo dos psicólogos transpessoais, um esforço de aproximação entre suas escolas, lucrando os rogerianos uma melhor compreensão do fenômeno e seus potenciais, e os transpessoais, o conhecimento de uma nova via, que me parece extremamente original e promissora, de acesso às dimensões superiores do psiquismo humano.

Neste capítulo, porém, creio que nosso exame demonstrará que as possibilidades da ACP como psicoterapia transpessoal vão ainda além, pois se insinua, nas últimas colocações de Rogers e de outros autores, uma prática transpessoal que atinge a sofisticação da utilização dos potenciais transpessoais da consciência do próprio terapeuta, novamente por uma via bastante singular e revolucionária, embora ainda um tanto mal-esclarecida e pouco operacionalizada, aspectos aos quais nosso exame e discussão, neste e no próximo tópico, procurará trazer alguma contribuição.

De início, tratemos de determinar se aquilo que Rogers – declarara em 1973: "Eu nunca tive uma experiência mística, nem qualquer experiência com uma realidade paranormal, nem, tampouco, qualquer estado induzido por drogas que me proporcionasse um único vislumbre de um mundo diferente de nosso seguro mundo 'real'" (Rogers e Rosenberg, 1977, p. 179) – está agora tão relutantemente classificando como "talvez" um estado de consciência "ligeiramente alterado" pode de fato ser considerado como tal. Recordemos a clássica definição de Tart:

> De um modo bastante conciso, "um estado de consciência" [...] é aqui definido como um padrão generalizado de funcionamento psicológico. Um "estado alterado da consciência" [...] pode ser definido como uma alteração qualitativa no padrão comum de funcionamento mental em que o experienciador sente que a sua consciência está radicalmente diferente do seu funcionamento "normal". Deve-se notar que um EAC não é definido por um conteúdo particular da consciência, por um comportamento, ou por uma modificação fisiológica, mas em termos de seu padrão total. (Tart, 1991, p.41)

Como o próprio leitor terá por certo notado, a descrição feita por Rogers a respeito desses momentos especiais parece bastante distante do padrão de consciência por nós conhecido como "normal", o que ele próprio reconhece na entrevista a Santos, alegando, aliás, ter sido a percepção dessa nítida diferença o que o levou a cogitar se estaria vivenciando, afinal, um estado alterado de consciência:

Santos: Meu objetivo é descobrir como psicoterapeutas usam seu próprio *self* (eu interno) na psicoterapia. Eu estudei seus escritos e o que notei foi que a maneira como você usa seu "estado escondido" [terminologia da teoria de Santos sobre os "momentos mágicos" em psicoterapia] de consciência na terapia é por meio de sua habilidade de se tornar "uno" com o cliente. Quero me aprofundar nisso e ver se nós podemos falar sobre isto.
Rogers: Muito bem, eu posso começar daí... Você está falando sobre aspectos escondidos da consciência que o terapeuta usa no seu trabalho. Recentemente, tenho sido, de certa maneira, quase forçado a pensar nisso, em vista de algumas sessões que tive até o momento. E concluí que a coisa a que tenho-me referido, muitas vezes de uma maneira brincalhona, é talvez quase um estado alterado de consciência, em que começo a realmente ESTAR com o cliente. É um sentimento definido e é, de alguma maneira, um estado diferente do estado ordinário de consciência. (Santos, s.d., p. 53)

Mais adiante, na mesma entrevista, descrevendo seus melhores momentos como terapeuta, Rogers nos oferece maior detalhamento da extensão da mudança percebida em vários aspectos de sua consciência, fazendo novamente alusão a diferenças que percebe em relação ao seu estado habitual:

Santos: Como você se sente por dentro, internamente, quando vivencia esses momentos?
Rogers: Eu suponho que me sinto todo num só pedaço, numa coisa só... e como se eu estivesse completamente focalizado. Todavia... na minha vida cotidiana penso: "Oh! Meu Deus, como vou conseguir fazer tudo antes de partir para a Europa? Existe a reunião no Centro...". Você sabe, é muito fragmentada. E uma coisa de que eu gosto, a respeito de terapia ou de ser um facilitador num grupo, e que é consideravelmente profunda, é que me

sinto completamente focalizado somente em uma coisa e eu sou um pedaço só, uma coisa só, naquele momento.

Santos: Estou curioso a respeito dos tipos de pensamento que vêm à sua mente.

Rogers: Não existe muito em forma de pensamento. É um momento muito existencial, pois quando termino uma entrevista realmente boa, minha memória dela é geralmente péssima. Mais tarde, quando penso nela, algumas partes voltam à memória... mas o meu lado intelectual não está muito presente. Bem, o lado intelectual está presente também, mas está tudo focalizado nesse momento com nenhum intento de pensar nele, com nenhum intento de tentar relembrá-lo... assim, todas as minhas potencialidades estão presentes, mas penso que elas estão presentes, nesse momento, não com o pensamento de preservar algo para o futuro, ou de formar alguma teoria sobre o que está acontecendo, ou alguma coisa assim.

Santos: Você perde a noção do tempo? [...].

Rogers: Sim, penso que os melhores períodos da terapia são os momentos sem noção de tempo, em que eu não estou muito consciente do tempo... Exceto pelo fato de que, se eu tiver outro encontro num determinado horário, então existe alguma consciência disso no *background*. (Santos, s.d., pp. 56-7)

Em outros textos, Rogers observa que, habitualmente, tal alteração da consciência associada aos melhores momentos da terapia e liberadora de possibilidades inacessíveis no estado normal é vivenciada não apenas pelo terapeuta, mas também pelo cliente no contexto da relação interpessoal:

Sinto que nos melhores momentos da terapia há um mútuo estado alterado de consciência. Que ambos, realmente de alguma forma, transcendemos um pouquinho o que somos ordinariamente, e há uma comunicação acontecendo, que nenhum de nós compreende mas que é muito reflexiva. (Rogers, *apud* Wood, 1991, p.71)

O fenômeno, aliás, conforme ocorre na consciência do terapeuta, ou de ambos os participantes do encontro terapêutico, parece ser basicamente o mesmo que, no capítulo anterior, vimos estar emergindo como uma das características, também lá demonstrando elevado potencial curativo e transformacional, dos melhores momentos dos grandes grupos, em que por vezes é vivenciado coletivamente por mais pessoas ainda, conforme confirma Wood baseado em observações próprias e de outros investigadores:

> Não apenas duas pessoas, no ambiente especial da psicoterapia individual, entram nesse relacionamento especial. Tanto o observador pessoal quanto uma literatura abundante sugerem que grupos de pessoas também podem entrar em estados alterados de consciência juntos, o que talvez seja responsável por muitas das habilidades do grupo delineadas anteriormente. (Wood, 1991, p. 71)

Assim, diante da definição de estados alterados apresentada por Tart, a relutância de Rogers em classificar esses importantes momentos especiais, da terapia ou da vivência grupal, como uma experiência de alteração da consciência, parece cada vez mais despropositada e podemos, decididamente, concluir que ele está vivenciando o que é definido como um estado alterado de consciência. É o que, com muita propriedade, afirma Wood ao analisar as descrições que Rogers faz de suas vivências nesses episódios:

> O terapeuta e o cliente participam de uma experiência integrativa que transcende o tempo, que transcende os limites da identidade presumida do cliente e do terapeuta. [...] Nesse estado, ele pode perder a consciência do que está ao seu redor e até do sentido do tempo. Voltando ao seu estado habitual, ele pode experienciar uma amnésia parcial. Em outras palavras, nesses momentos intensos e vitais ele está, por definição, em um estado alterado de consciência. (Wood, 1994, p. 229)

Wood, entretanto, continua seus comentários, parcialmente concordando com a categoria de *leve* alteração com que Rogers insiste em classificar sua vivência:

> [...] mas não se trata de um transe profundo, que possui a pessoa, capturando sua vontade e incapacitando sua habilidade de pensar. As faculdades críticas de Rogers estão atuando. É um estado disciplinado no qual os modos complementares de consciência estão ambos funcionando plenamente. [...] De fato, nesse estado,

o terapeuta está aparentemente mais e não menos consciente do que em outros momentos. Rogers (1957b) verifica isso quando indica que nunca se sentia "tão inteiro ou uma pessoa tão completa como nas suas entrevistas terapêuticas". (1994, p. 230)

Nessa passagem, em minha opinião, evidencia-se a superioridade do conceito de estado alterado de consciência sobre o de "estado de transe", terminologia que Wood diversas vezes usa alternativamente à expressão estados alterados de consciência, adotando conceituação proposta por Ronald Shor. Se "transe" é definido como "qualquer estado em que a orientação generalizada para a realidade se desvanece numa consciência relativamente não-funcional" (Shor, *apud* Wood, 1985, p. 56), o que Rogers descreve não é transe superficial nem profundo: não é transe nenhum, pois embora vivenciando um padrão de funcionamento mental distintamente diferente do padrão habitual – e, portanto, um estado alterado de consciência – está, não obstante, no pleno, ampliado e funcional exercício de suas faculdades psicológicas, como o próprio Wood observa. Trata-se assim de uma qualidade especial de consciência ampliada, em que estão ausentes os aspectos ambivalentes de grande parte dos estados alterados de consciência ou de transe que, se de um lado abrem possibilidades construtivas, de outro podem nos tornar muito mais limitados e vulneráveis em aspectos que, em nosso estado habitual, funcionam de forma mais adequada e adaptativa.

Aparentemente, o que Rogers descreve, e o que Wood confirma, aproxima-se do que Tart (1991 p. 67) definiu, chegando na ocasião a duvidar de que tal experiência fosse possível, como um "estado superior de consciência", isto é, o estado em que não só estejam preservadas todas as funções disponíveis no estado habitual como também em que: "(1) algumas ou todas essas funções funcionam mais eficientemente e/ou (2) algumas funções novas, de valor positivo, estão presentes".

É o que Natiello parece descrever ao analisar o "estado de receptividade e de elevada conscientização", que vê como a "forma de conhecer" cujo desenvolvimento é facilitado em experiências grupais de aprendizagem da ACP, permitindo uma experiência direta e holística da realidade, a qual:

[...] ocorre em um estado de receptividade e elevada conscientização quando a mente racional – ferramenta com a qual nós filtramos certos aspectos da experiência para reflexão – está em descanso. Ele envolve a pessoa inteira, com o subconsciente, inconsciente e consciente agindo com unidade. Ele coloca juntos o intelecto e as emoções. E, apesar disso, não é irracional, mas supra-racional. Está associado à condição de ser plenamente aberto para, e absorto na, experiência; integrado, fluindo. (Natiello, 1982, p. 4)

Podemos, então, agora dar mais um passo na caracterização do estado de consciência que Rogers descreve como associado a suas melhores atuações: trata-se não só de um estado alterado de consciência como é um *estado* ampliado, quiçá mesmo um "estado de consciência superior" na completa acepção do termo. É bastante conhecida – e foi perifericamente indicada no trecho de Wood anteriormente citado – a complementaridade, em geral pouco desenvolvida e explorada, dos dois modos de funcionamento da consciência humana, em grande parte identificados pelas diferentes atividades e funções desempenhadas pelos dois hemisférios cerebrais. Wood (1994) aprofunda a temática, defendendo a hipótese de que tanto Rogers, na sua forma de exercer a atitude de empatia em geral, e especialmente nesses momentos de excelência, quanto os clientes da ACP (inclusive grupos) estavam desenvolvendo uma elevada capacidade de associar, de forma harmônica e altamente positiva, os potenciais analíticos e holísticos das duas formas complementares de pensar e perceber.

A conclusão equivalente, a respeito da habilidade de Rogers em suas melhores atuações, chega Santos (s.d.), ao concluir que os momentos mais poderosos de transformação em terapia (os "momentos mágicos" que estudou por meio de entrevistas com destacados mestres terapeutas, inclusive Rogers) consistem na utilização integrada do "estado aparente" de consciência (associado por Santos à mente racional, analítica e objetiva, identificada com o hemisfério cerebral esquerdo que utilizamos predominantemente em nossa cultura) e do "estado escondido" (identificado com os potenciais intuitivos, holísticos e criativos do hemisfério direito). Santos, entretanto, vai ainda além desse entendimento baseado na estrutura cerebral e orgânica mais estrita, encontrando na vivência de tais momentos uma qualidade "espiritual" de percepção e de participação de uma ordem mais elevada de integração universal, o que associaria, segundo ele, esses momentos especiais a toda uma tradição de relatos de místicos de todos os tempos. De maneira semelhante, Bowen descreve esses "momentos de mudança em terapia" como uma experiência essencialmente espiritual, em que a expansão consciencial permite a vivência direta da unidade transcendente de todas as coisas, proposta pelos místicos como fundamento da realidade e de nossa própria identidade:

> Eu gosto de descrever o momento de mudança em terapia como um momento espiritual. Por "espiritual" quero dizer um momento no qual operamos a partir do *Self* interno e, conseqüentemente, nos sentimos interligados com a energia do Universo. Em momentos como esses nós não somos uma parte fragmentada do todo. Nós "somos" o todo. Limites entre Eu-Você-Ele-Natureza-Deus desaparecem. Não existe nada de pensamento envolvido, nós somos pura consciência, pura vivência. (Bowen, 1985b, p. 111)

Vários outros autores (alguns dos quais já referidos no capítulo anterior, como Nacmias e Arnold), trabalhando numa orientação centrada na pessoa, também reconhecem, nas descrições da qualidade especial dos melhores momentos terapêuticos, uma identidade, ao menos aparente, com o relato de vivências místicas e espirituais.

O'Hara (1983), num de seus momentos de simpatia pela perspectiva transpessoal, afirma a qualidade espiritual do estado de consciência experimentado nos momentos culminantes do encontro terapeuta-cliente. Para ela, esses momentos nos quais se relata a experiência de unidade na relação e o *insight* compreensivo, mediante a vivência consciencial direta e ampliada, dos grandes questionamentos ontológicos e existenciais, são, em essência, a mesma experiência referida na tradição religiosa de todos os tempos como o momento de "iluminação": "É o estado de consciência procurado na maior parte das tradições como um estado de sabedoria" (p. 100). O próprio Rogers, que vimos no capítulo anterior afirmar ter concluído "que existe alguma coisa mística e mesmo transcendente nos melhores momentos da experiência de grupo" (em Santos, s.d., p. 58), ao descrever a "nova característica" que estamos examinando, alega tratar-se de um fenômeno da mesma qualidade da experiência referida em certos momentos grupais e, transcrevendo o relato de uma participante como exemplo (já citado no capítulo anterior), conclui que "Esse relato, como os estados alterados de consciência, pertence ao terreno do místico" (1983a, p. 48), acrescentando ainda sua convicção de que as práticas da ACP estavam, nesses casos, lidando com a "dimensão espiritual e transcendente".

Essa conclusão, sobre a natureza espiritual e transcendente envolvida no estado especial de consciência presente nos melhores momentos da prática da ACP, recebeu também apoio do autor inglês Brian Thorne, o qual, por um caminho próprio e independente, havia chegado a uma descrição análoga à de Rogers sobre a qualidade nova e especial que identificava nos momentos culminantes da terapia centrada na pessoa.

Thorne é um importante divulgador da ACP na Inglaterra, onde tem liderado organizações profissionais, escrito livros e artigos a respeito, colaborado na criação e nas atividades de centros de formação de conselheiros e facilitadores grupais, participando ainda da promoção de grandes *workshops* transculturais. Além de terapeuta, é ministro da Igreja Anglicana, sendo um dos mais destacados simpatizantes e incentivadores do desenvolvimento de uma perspectiva espiritual para a ACP, elaborando diversas contribuições originais a respeito, apresentadas em grande parte em seu livro *Aconselhamento centrado na pessoa: dimensões terapêuticas e espirituais* (Thorne, 1993). Percorrendo um caminho em grande parte original e independente para descobrir a dimensão espiritual da prática da ACP, ele mesmo chegou a formular, sem conhecimento ainda da proposta de Rogers, sua própria versão de uma quarta característica para além das três condições atitudinais básicas da ACP, a qual também via como associada aos melhores momentos do processo terapêutico.

Thorne afirma que ficou muito surpreso ao conhecer as declarações de Rogers sobre uma poderosa característica nova da relação terapêutica, pois logo encontrou várias coincidências entre a descrição de Rogers e a sua própria: ambas falam de uma ampliação do estado de consciência; da manifestação espontânea de uma capacidade intuitiva altamente complexa; da experiência do transcendente; e, finalmente, da percepção de que "neste estado transcendente há um sentido de ampliação da energia, do bem-estar e do poder de curar" (1993, p. 183). Ao final, comentando a afirmação de Rogers de que tais experiências pertenciam ao terreno místico e transcendente e seu reconhecimento de que havia anteriormente negligenciado tal dimensão, Thorne concorda e acrescenta: "É minha convicção, apoiada em minha experiência, que aqueles de nós a quem diz respeito garantir a vitalidade e o desenvolvimento da tradição centrada no cliente devem tomar essas palavras de Rogers com a máxima seriedade". (1993, p. 183)

Assim, no prosseguimento de nossa análise da nova característica vislumbrada por Rogers e por outros autores da ACP nos melhores momentos de atuação facilitadora, após termos determinado que se trata tanto de um estado alterado quanto também de um estado de consciência ampliado em que as potencialidades da consciência tornam-se aprimoradas e otimizadas, damos agora mais um passo na direção da perspectiva transpessoal típica: trata-se, ao menos na opinião dos autores examinados, de um experiência especial intrinsecamente relacionada à vivência das dimensões transcendentais, espirituais, religiosas ou místicas do potencial humano.

Estreitamente relacionado à qualidade espiritual das vivências descritas, um último aspecto pode ser apontado de forma a relacionar o que Rogers, entre outros, apresenta à temática e aos pontos de vista típicos da Quarta Força da psicologia, demonstrando que sua vivência pode ser classificada como aquilo que é categoricamente definido como uma *experiência transpessoal*. Grof (1988), na mais aceita definição e classificação das experiências transpessoais, inclui sob essa designação às vivências conscienciais em que é experienciada uma superação ampliadora das fronteiras usuais da identidade pessoal e/ou do tempo e/ou do espaço e/ou da própria realidade conhecida.

Ao falar de uma identidade transpessoal, que vislumbra para além do *self* organísmico ("meu espírito", "meu âmago transcendental"), ao falar de uma unidade entre o cliente e o terapeuta que rompe as fronteiras entre o *eu* e o *você* ("parece que meu espírito tocou o espírito do outro"), ao se referir a vias de comunicação ("caminhos bizarros") que se processam para lá das dimensões espaço-temporais que mapeam nossa compreensão habitual das possibilidades da realidade, e, ainda, ao pressentir em "algo maior", que transcende os participantes, a fonte de cura e energia que está atuando transformadoramente na relação, Rogers parece, de fato, estar adentrando diversos dos portais que dão acesso aos domínios transpessoais da consciência e experiência humanas.

Definitivamente, portanto, o estado de consciência subjacente à nova atitude facilitadora vislumbrada por Rogers atingiu o *status* de um estado de consciência transpessoal, reclamando, em minha opinião, que os estudos a respeito façam jus, enfoquem e destaquem essa qualidade transpessoal como característica essencial e necessária das novas possibilidades curativas e transformadoras aí implicadas; em vez de ignorá-la, subestimá-la ou reduzi-la a alguma versão de funcionamento cerebral modificado, de comunicação não-verbal inconsciente, de sabedoria organísmica na visão humanista clássica, ou outra forma não-transpessoal de compreensão do fenômeno. E fazer justiça à amplitude, riqueza e implicações do estado aqui analisado, a mim parece, só pode ser feito por uma psicologia que assuma um modelo transpessoal da consciência humana. Em outras palavras: uma psicologia transpessoal.

Creio que isso se tornará mais claro se encararmos a hipótese de que, mais que apenas descrever um estado de consciência, Rogers, ao referir-se aos aspectos transpessoais já citados, estava nos falando de uma qualidade extraordinária de experiência que, além de nos possibilitar a entrada consciencial e subjetiva numa nova dimensão dos potenciais do homem e realidade, também parece franquear a entrada – mediante a transformação pessoal facilitada pela nova consciência – de nosso ser inteiro nessa realidade ampliada, inclusive com a possibilidade de aí concretamente transitarmos e atuarmos.

Estaríamos, assim, constatando e iniciando o desenvolvimento de novas potencialidades objetivas para a atuação da dimensão transpessoal de nosso ser (nosso "âmago transcendental") em intercâmbio com as potencialidades energéticas e curativas de uma realidade percebida como "algo maior", na qual entramos em contato e em comunhão, descobrindo novas vias ou "caminhos bizarros" de interação com outros *eus interiores*, percebidos agora como *espíritos* que podem ser diretamente contatados pelo meu, e dando acesso a instâncias suprapessoais que vão ainda além das pessoas e do próprio mundo como os temos conhecido. É o que examinamos no próximo tópico.

Sendo transpessoal num mundo transpessoal: um jeito transpessoal de ser

Como vimos no Capítulo 2, um dos principais fatores que impulsionou o desenvolvimento do movimento transpessoal em psicologia, realçando-lhe a relevância ante a comunidade científica mais ampla, relaciona-se à aparente e surpreendente coincidência entre a realidade descrita em certas vivências transpessoais – categorizadas como místicas ou de consciência cósmica – e algumas das conclusões, sobre a natureza mais profunda da realidade, que têm emergido em estudos de ponta da ciência natural.

Cogita-se, ao se comparar as descobertas e as teorias dos físicos modernos com a vivência milenar dos místicos, se estas últimas, além do aspecto subjetivo de vivências simbólicas interiores – que poderia perfeitamente ser abrangido por um paradigma (subjetivista e intrapsíquico) psicológico tradicional – não estariam na verdade dando acesso a uma dimensão muito mais fundamental e *real*, objetivamente falando, da natureza profunda do universo aparentemente *material* que nos circunda e interpenetra. Tais experiências teriam, assim, o valor epistemológico de um conhecimento intuitivo direto, obtido pela superação das distorções das vias sensoriais e intelectuais habituais, sendo muito mais acuradas e penetrantemente realistas do que a tradicional atitude objetiva do cientista, derivada esta de um aprimoramento disciplinado das funções racionais e sensórias da consciência usual de vigília. Ao se propor a exploração dessa hipótese, e na defesa de uma nova visão ampliada sobre a natureza mais profunda do mundo e da realidade como um novo modelo a ser adotado para a ciência em geral, a psicologia transpessoal tem-se destacado como o movimento na psicologia que melhor se afina e contribui para a perspectiva de revolução paradigmática, conforme também defendida por destacados expoentes das ciências naturais mais objetivas.

No Capítulo 4, ao tratarmos das reações de Rogers às mudanças no paradigma científico, tivemos oportunidade de verificar sua simpatia por esse ponto de vista, que o levou inclusive a propor (Rogers e Rosenberg, 1977), como um dos desafios mais empolgantes para a psicologia, a investigação da existência dessa realidade transcendente, inacessível aos nossos cinco sentidos, e só atingível por um estado especial de consciência: "[...] quando nos mantemos passivamente receptivos, ao invés de ativamente decididos a conhecer" (p. 181). Noutra obra ainda (1983a, p. 47), afirma que essa nova visão da realidade, e a possibilidade humana de contatá-la por meio da experiência de alteração da consciência descrita pelos místicos como de "união com o universo", era confirmada por sua experiência "mais recente com clientes, especialmente com grupos". Mais ainda, recorrendo às descrições que os novos físicos, assim como antes deles fizeram os místicos, fazem agora das características e das leis da nova realidade que se descortina nas pesquisas mais avançadas, vê aí possibilidade de uma validação ainda maior (e, eu diria, não apenas restrita à otimização de alguns potenciais meramente psicológicos e subjetivos) das experiências extraordinárias que, como vimos neste e no último capítulo, têm-se mostrado exuberantemente intrínsecas às práticas recentes e avançadas da ACP:

Assim, encontramos provas na física e na química teóricas da validade das experiências transcendentes, indescritíveis, inesperadas e transformadoras – aqueles fenômenos que meus colegas e eu temos observado e sentido como concomitantes à abordagem centrada na pessoa. (1983a, p.49)

Cabe ressaltar que Rogers não está sozinho, entre os autores da ACP, ao associar as vivências conscienciais extraordinárias experimentadas na prática dessa abordagem à estranha, insólita e maravilhosa realidade descrita pelos físicos e místicos. Coulson (1995), por exemplo, a partir de sua própria experiência transformacional experimentada em um *workshop* da ACP (descrita em Coulson, 1992), conjetura se, ao propiciar tais intensas alterações da consciência, não estaria a ACP dando acesso a uma dimensão transcendente e subjacente tanto à realidade psíquica quanto à material, às quais incluiria e ultrapassaria ao penetrar o domínio que foi descrito pelo físico David Bohm como a *ordem implicada* da realidade:

Eu conjeturei se, abrindo-nos para profundos, transcendentes e transpessoais domínios da consciência, tais experiências teriam também, em efeito, o potencial de nos conectar com aquilo que David Bohm (1980) chama de "ordem implicada" aquém e além de nossa própria realidade física e de nossa usual consciência das fronteiras do ego. (Coulson, 1995, p.3)

É também o que Natiello conclui ao analisar as implicações para a educação do *elevado* (e alterado) *estado de conhecer* (*state of knowing*) que a ACP facilita aos participantes nos melhores momentos da experiência comunitária de aprendizagem:

Eu acredito que a facilitação e o destaque de tal estado de conhecer podem ser a maior contribuição que a abordagem centrada na pessoa pode trazer para a aprendizagem. Pois esse é o estado no qual nós atingimos nosso potencial, nossa conexão com o eu, com o outro, com o universo. É a condição na qual alcançamos a natureza holística, inter-relacionada e interdependente da realidade que está sendo descrita pelos físicos contemporâneos. (Natiello, 1982, p.10)

Vejo aí, portanto, um novo e revolucionário aspecto das alterações transpessoais da consciência observadas nos desenvolvimentos recentes da prática da ACP, quer como efeito da aplicação de suas metodologias de trabalho individual e grupal, quer como fundamento das novas características propostas para atuação do facilitador. Não se trataria apenas de ampliações subjetivas do potencial humano, mas de experiências que poderiam também colocar aquele que as vivencia em contato com uma dimensão objetiva (ou talvez fosse melhor dizer *transobjetiva*) da realidade, desconhecida para o comum das pessoas, abrindo-lhe, talvez, novas possibilidades de atuação concreta, também essas desconhecidas e inacessíveis ao comum das pessoas em sua consciência habitual. Pode parecer uma conclusão bastante ousada, indo inclusive além do tradicional ponto de vista humanista-fenomenológico-existencial – que restringe e privilegia para a psicologia o campo da experiência subjetiva, fenomenológica e pessoal – pois estaríamos adentrando agora o campo das ciências naturais e objetivas do qual, a tanto custo, vínhamos tentando nos afastar.

Entretanto, como procurarei demonstrar neste tópico, essa revolucionária possibilidade – de estarmos descobrindo novos potenciais que nos permitiriam o trânsito e a atuação nas insólitas dimensões da realidade apontadas tanto nas descobertas recentes dos físicos como na milenar visão dos místicos e das tradições espirituais – é algo que, ao menos a julgar por alguns indicativos, está realmente emergindo como fato concreto e crescente nas atuações da ACP. Estaríamos assim, mais uma vez, e agora de forma objetiva, rompendo a fronteira da pessoa e da vivência pessoal como limite de nossa atuação. Indo além da pessoa e lançando-nos num contato psicológico direto com dimensões subjacentes à realidade física, aí atuando, estaríamos não só tendo uma consciência transpessoal, como *sendo transpessoais*, isto é, existindo e atuando em dimensões da realidade onde, para além das limitações físicas e psicológicas de nossa existência habitual, descobriríamos potencialidades e possibilidades inerentes à nossa desvelada condição existencial de seres energéticos, cósmicos, holísticos, espirituais, transmateriais e transpessoais.

Especialmente duas novas classes de potenciais com características transpessoais, observados na atuação facilitadora e que têm sido descritos na literatura recente da ACP como fenômenos associados à ampliação da consciência presente nos melhores momentos da relação terapêutica e grupal, parecem-me autorizar essa conclusão. Em primeiro lugar, trata-se da crescente ênfase, e das características descritas, no uso da faculdade da *intuição*, por parte do terapeuta, dando a entender um processamento sensorial e cognitivo que ultrapassa o substrato espaço-temporal e organísmico da pessoa e da realidade conforme compreendida em paradigmas não-transpessoais. Numa outra categoria, referente aos potenciais curativos e transformadores *ativos* liberados nos momentos especiais em que está presente o estado transpessoal de consciência descrito como uma nova característica da relação terapêutica, incluem-se tanto os fenômenos em que a influência terapeuta-cliente se processa por vias não conhecidas, como os fenômenos relatados em que os efeitos obtidos parecem provir de fontes para além dos potenciais e da atuação das pessoas envolvidas. Examinemos esses tópicos separadamente.

Uma nova qualidade de intuição

Uma das habilidades mais freqüentemente referidas como associadas à nova característica facilitadora descrita por Rogers é a manifestação, em graus extraordinários a ponto de sugerir tratar-se de um fenômeno parapsicológico e nos levar a cogitar a natureza transpessoal da relação, da faculdade da intuição. Mas o que é intuição?

O termo intuição, empregado de forma imprecisa e ambígua na linguagem comum, e definido de múltiplas e muitas vezes contraditórias formas no tradicional campo da filosofia, tem também recebido diferentes concepções nos estudos e teorias da moderna psicologia. Assim, delimitar e descrever a faculdade humana que o termo pretende nomear oferece, justamente por tantos enfoques pelos quais tem sido abordada, definida e estudada, uma série de dificuldades conceituais. Como diz a *Encyclopedia of Psychology* (Corsini, ed., 1984), referindo-se aos diversos sentidos que esse termo tem recebido no campo da filosofia: "Concepções de intuição na filosofia, portanto, variam desde a mais primitiva função mental até a mais sublime, desde a simples tomada de consciência da existência até a apreensão de verdades últimas" (p. 252).

Na moderna psicologia, embora a variedade de definições ainda se mantenha em certo grau, parece haver consenso quanto a encarar a intuição – amiúde definida como a faculdade de chegar a algum conhecimento ou conclusão sem ter consciência clara do processo de percepção ou pensamento envolvido – como uma habilidade cognitiva ou uma função psicológica, natural e associada à forma de pensar não-analítica, não-verbal e nem linearmente lógica do hemisfério cerebral direito. Envolveria assim, basicamente, a habilidade – em geral inconsciente – de colher e processar informações de forma sintética, holística, gestáltica e icônica, não implicando *per se* nenhum fenômeno extraordinário. Por outro lado, assim como para o senso comum sempre pairou sobre a intuição uma aura de poder místico ou mágico, referido como um *sexto sentido* ou como a decantada "intuição feminina", também na psicologia mais moderna, especialmente nas escolas transpessoais, têm surgido concepções que, sem negar a compreensão da intuição como um processo cognitivo orgânico-cerebral, aventam se, potencialmente ao menos, o que chamamos de intuição não poderia incluir possibilidades ainda mais amplas que desafiariam as explicações sensório-corticais admitidas por uma visão organicista do potencial humano.

Certas características da intuição, por vezes extraordinárias, sugerem, pela qualidade análoga, uma identidade de natureza entre a intuição, na sua acepção mais parcimoniosa, e certos fenômenos parapsicológicos de percepção extra-sensorial (telepatia, pré-cognição, retrocognição, percepção a distância) e transpessoais (intuição ou conhecimento direto de faixas da realidade e da natureza humana inacessíveis ao estado habitual de consciência), os quais poderiam também, segundo alguns autores, ser incluídos nas possibilidades do que chamamos intuição. Evelyn A. Brown, em seu artigo *Intuition and Inner Guidance* dá-nos um bom exemplo dessa perspectiva que tem incluído na concepção de intuição tanto o fenômeno destro-cerebral quanto a aceitação de que um fator espiritual ou transpessoal possa estar envolvido:

> Intuição é uma sensação interior de saber – saber que você sabe, com uma certeza não nascida do pensamento racional [...].
> Geralmente ocorre [...] como sua habilidade do cérebro direito de ver o todo revelar padrões e relacionamentos insuspeitos que fazem sentido para além da mente linear. Quando isso ocorre, você sintetiza coisas de uma nova maneira.
> Orientação interior também chega à mente intuitiva de outras fontes com nomes como mente mais elevada, orientação espiritual, eu profundo, Deus, inconsciente coletivo, Inteligência Universal, ou Eu Divino. (Brown, 1984, p.18)

Assim, saindo do campo das abordagens psicológicas que só admitem o substrato orgânico cerebral da função intuitiva, tem sido característica na psicologia transpessoal a aproximação do extremo mais espiritual das definições de intuição, recuperando para a psicologia um ponto de vista anteriormente defendido em clássicas definições filosóficas que atribuem à intuição a qualidade de um sentido transcendente de conexão com o todo mais amplo da realidade espiritual.

A posição típica da corrente transpessoal na questão da intuição não vê necessidade de optar entre o ponto de vista orgânico-cerebral (inquestionável, ante o acúmulo de evidências) e o transcendente-espiritual (cada vez mais respeitável, sobretudo graças à convergência das descrições da realidade baseadas nas descobertas físicas recentes e as defendidas com base na visão intuitiva dos místicos), entendendo antes que se trata de todo um espectro de experiências, distribuídas num contínuo. A intuição incluiria, assim, processos que vão desde experiências perceptivas envolvendo a organização de fragmentos de informação sensorial numa apercepção integradora, passando pela elaboração cognitiva, subconsciente e não-linear de pistas diversas em dada situação-problema, e chegando, no extremo, a incluir alterações ampliadoras da consciência que dariam acesso tanto a vias extra-sensoriais de recepção de informações, como ainda a fontes extracerebrais de conhecimento e elaboração cognitiva, e mesmo ao contato consciencial direto com substratos transcendentes e imateriais da realidade. A importante autora transpessoal Vaughan (1979), adotando essa visão inclusiva do espectro das experiências intuitivas, propõe que elas sejam classificadas de acordo com o aspecto predominante:

A ampla extensão da experiência humana intuitiva se funde em quatro níveis distintos de conscientização: físico, emocional, mental e espiritual. Embora qualquer experiência vivida possa conter elementos de mais de um nível, as experiências são usualmente fáceis de serem categorizadas, de acordo com o nível no qual elas são percebidas conscientemente. Por exemplo: experiências místicas são vivências intuitivas no nível espiritual e, sendo assim, elas não dependem de fatores sensoriais, emocionais ou mentais para serem válidas. Intuição no nível físico é associada com sensações corporais; no nível emocional, com sentimentos, e, no nível mental, com imagens e idéias. (Vaughan, 1979, p. 66)

A partir dessa concepção transpessoal de classificação das experiências intuitivas, cumpre aqui questionarmos em que categoria deveremos classificar a intuição extraordinária, ou ao menos assim referida na literatura, presente nos melhores momentos da psicoterapia, conforme descrições mais recentes de Rogers e outros autores da ACP. Trata-se de um fenômeno que pode ser descrito como restrito a uma acurada experiência organísmica e, portanto, perfeitamente abarcável pelo paradigma humanista da teoria rogeriana clássica? Ou estaria agora incluindo características novas, com a qualidade de intuição espiritual referida por Vaughan, estando, portanto, a exigir um novo paradigma para sua compreensão, pois envolve elementos de qualidade tão intensa e extraordinária que implicariam algo de místico ou espiritual? Ao menos Rogers, mais uma vez, parece concluir a favor da segunda hipótese, conforme mostra sua afirmação final no trecho em que comenta, durante entrevista de 1983 para a TV NBC, sua experiência nesses momentos:

> Eu ouço a mim mesmo dizendo coisas totalmente fora de propósito, não relevantes ao extremo com o que está acontecendo, mas que todavia sempre chamam a atenção para, e atingem de perto, algo no cliente que é muito válido e muito significativo... Em tais momentos meu eu interior está em contato com o eu interior do cliente de uma maneira que minha mente consciente não poderia reconhecer. É uma experiência mística. (*Apud* Bowen, 1991, p. 13)

Em minha opinião, baseando-nos apenas nos relatos de casos de terapia individual, é difícil fazermos uma afirmação categórica a esse respeito. A descrição exata dos fatos que levaram Rogers a qualificar suas intuições nesses momentos como "místicas" está, em geral, ausente, ficando-nos a pergunta se estas incluiriam, realmente, informações absolutamente não dedutíveis da comunicação pelas vias sensoriais e cognitivas habituais.

Sabidamente, a relação íntima entre cliente e terapeuta possibilita um conhecimento acumulado, complexo, muitas vezes inconscientemente processado e envolvendo vias não-verbais e paraverbais de comunicação, o que permitiria uma compreensão não-transpessoal do fenômeno, não obstante a experiência subjetiva de quem o vivencia atribua-lhe um caráter de fantástico e extraordinário. Talvez nos grandes grupos, sim, como vimos no capítulo anterior, a explicação transpessoal e/ou parapsicológica pareça a mais indicada, pois nesses a possibilidade de conhecimento do outro pelas vias perceptivas normais, conscientes ou inconscientes, é extremamente dificultada pelas condições ambientais de distância, poucos contatos individuais mais prolongados, pouco detalhamento nas exposições pessoais, e outras características implicadas na situação de quase multidão em que se processam os relacionamentos nesses grupos.

O caso das florestas, narrado por Wood e aqui já citado (e a seguir apresentado em outra versão, em que também é relacionado a potenciais liberados por alterações da consciência vivenciadas em grupos da ACP), é um desses em que nos fica a pergunta de onde teriam vindo os dados que permitiram a uma participante colher, quase *no ar* e sem saber a quem se referia, uma impressão intuitiva que se revelou tão significativa para o momento vivido por outra participante:

> Experiências profundamente positivas, freqüentemente atribuídas a essas alterações da consciência, podem também ser encontradas nesses encontros de grupo. Durante um grupo de encontro, uma mulher compartilhou uma "visão" – uma imagem mental finamente esboçada de uma cena de floresta. Um outro membro do grupo chorava enquanto isso. Através das lágrimas que escorriam de repente, essa pessoa falou do efeito assustador de ter sua "mente lida". Na verdade, quando a outra falou, ela estava lamentando a recente perda de sua "querida terra de florestas". (Wood, 1985, pp. 55-6)

Por outro lado, mesmo reconhecendo que a limitada informação disponível sobre os dados objetivos envolvidos nesses momentos de intuição na prática da ACP torna difícil uma conclusão definitiva a respeito (ficando aí um tópico que, a meu ver, merece atenção de futuras investigações empíricas), a análise, digamos assim, *fenomenológica* da experiência relatada pode, em minha opinião, fornecer-nos pelo menos sérios motivos para reflexão e especulação sobre a provável natureza transpessoal do fenômeno. Sim, pois, conforme examinaremos nos próximos parágrafos, este é vivido num estado alterado de consciência em que, fenomenologicamente ao menos, ao experienciador parece insuficiente o recurso mental aos seus já bem-conhecidos, como psicólogo rogeriano, modelos humanistas, referindo-se a seu envolvimento em dimensões transpessoais tanto da relação como de seu próprio ser e da realidade.

Parece, assim, mais ou menos constante, nos episódios que envolvem a qualidade espiritual extraordinária dos momentos intuitivos intensos na prática da ACP, a referência a uma vivência de unidade superadora das fronteiras interpessoais e a impressão de que canais conscienciais e perceptuais não-sensórios estão em ação. Também tem sido relatada a conscientização, por parte dos facilitadores que vivenciam essa qualidade especial de intuição, de uma dimensão de si mesmo que estaria além da experiência de um eu associado à totalidade mente-corpo (havendo assim um *self* espiritual ou transpessoal para além do *self* organísmico – vimos Rogers, por exemplo, falar de seu "eu intuitivo" como associado a seu "âmago transcendental" e a seu "espírito") e de uma ordem transcendente da realidade, com outras leis de espaço-tempo, com a qual pressentimos nossa interconexão e, na qual, envolvidos, percebemos tratar-se, de alguma forma, do real território em que todos esses fenômenos extraordinários se dão. O fenômeno, assim, ao menos na compreensão dos terapeutas rogerianos que o vivenciam e descrevem, iria além das habituais habilidades e atitudes humanistas normalmente prescritas para o terapeuta rogeriano, confirmando a impressão de tratar-se, essa nova característica, de uma atitude, habilidade ou potencial transpessoal. Dessa forma, uma abordagem possível e adequada para os propósitos desse livro, sem termos de entrar na discussão de se há ou não dados suficientes nos relatos examinados que confirmem tratar-se concretamente de um fenômeno não abarcável pelos modelos humanistas, é observarmos simplesmente que há uma tendência na literatura rogeriana recente para ampliar a concepção exclusivamente organísmica da capacidade de intuição observada nos melhores momentos terapêuticos, de forma a incluir uma concepção transpessoal, implícita ou explícita, para a descrição e explicação do fenômeno.

A esse respeito, será interessante notar a própria evolução das colocações de Rogers nesse tema. Na verdade, no âmbito da ACP, já há décadas vinha sendo destacada a presença da intuição em momentos de excelência terapêutica, inicialmente apontada de forma quase incidental e referida como associada ao livre exercício, por parte do terapeuta, de sua *sabedoria organísmica*, ou seja, das habilidades experienciais e elaborativas de seu organismo funcionando plenamente como um todo.

Cury (1993), por exemplo, ao argumentar que as descrições de alteração da consciência durante o trabalho terapêutico, feitas por Rogers em sua obra recente, em vez de caracterizarem uma novidade indicariam antes uma continuidade da forma de atuar que tradicionalmente propunha, recorre à citação de um texto de Rogers publicado em 1955, no qual já se podem notar muitas das características do que,

200

posteriormente, veio a classificar como intuição, sendo interessante notar que, então, Rogers descrevia o fenômeno em seu modelo, estritamente humanista, da sabedoria organísmica:

> Abandono-me ao caráter imediato da relação a ponto de ser todo o meu organismo, e não apenas minha consciência, que é sensível à relação e se encarrega dela. Não respondo conscientemente de forma planejada ou analítica, mas reajo simplesmente de forma não-reflexiva sobre um outro indivíduo, baseando-se a minha reação (embora não conscientemente) na minha sensibilidade organísmica total a esta outra pessoa. Vivo a relação nessa base. (Rogers, *apud* Cury, 1993, p.197)

Na fase imediatamente anterior à que aqui examinamos, a fase dos grupos de encontro da década de 60, o fenômeno, na percepção de Rogers, atinge tal grau que, ao menos na opinião de muitos autores, já o leva a pré-figurar a proposição da nova característica facilitadora que posteriormente, conforme estamos examinando, viria a apresentar, acentuando ainda mais a insólita intuição e o bizarro comportamento que assume em determinados momentos da interação facilitadora. Nessa época, porém, Rogers ainda associa a intuição a uma espécie de sabedoria emergente do uso de seu organismo total, não fazendo referência a instâncias transcendentais de sua personalidade ou da realidade. Já num artigo mais recente (Rogers, 1985), em que discute diferenças e semelhanças entre sua abordagem e a de Milton Erickson, referindo-se a seus próprios comentários em um caso gravado, Rogers ressalta novamente o valor que atribui a esses momentos intuitivos, em que a sua resposta não tem conexão lógica com o que está sendo dito, associando-os aqui a uma *leve* alteração da consciência:

> Eu vim a valorizar em alto grau esse tipo de resposta intuitiva. [...] Nesses momentos eu estou talvez em um estado de consciência levemente alterado, habitando o mundo do cliente, em completa sintonia com esse mundo. [...] Eu sei muito mais do que minha mente consciente está percebendo. Eu não formo minhas respostas conscientemente; elas simplesmente surgem em mim a partir de minha compreensão não-consciente do mundo do cliente. (Rogers, 1985, p.565)

Ao esclarecer o que entende por *mente não-consciente*, Rogers, embora não abandone a concepção de uma *mente orgânica*, declara que vê no fenômeno algo que vai *além do cérebro*, envolvendo uma "comunicação misteriosa":

> Quando uso o termo mente ou intelecto "não-consciente", estou me referindo ao fato de que "mente" cobre muito mais território que "cérebro", um ponto de vista sustentado por Barbara Brown, entre outros. [...]
> Usado nesse sentido, a mente não-consciente é muito diferente do "inconsciente" freudiano. [...] Para mim, de qualquer forma, esse conceito ajuda a explicar como eu posso conhecer e falar sobre o âmago interior de meu cliente sem nenhum conhecimento consciente desse âmago. Parece que Erickson tinha um talento muito grande para esse tipo de comunicação misteriosa. (Rogers, 1985, pp. 565-6)

Aqui é oportuno deixar bem claro que o ponto de vista transpessoal não exclui que a própria experiência organísmica esteja envolvida nesses momentos, inclusive em um grau de plenitude tal que lhe possibilite a expansão para novos domínios além dos limites espaço-temporais a que é habitualmente limitada. Creio mesmo que nenhum dos autores aqui citados elimina essa dimensão mais direta da experiência corpórea, pois não se está negando a unidade corpo-mente tão defendida pelos humanistas, mas expandindo-a – e é isso o que caracteriza a posição transpessoal – à qualidade de corpo-mente-algo mais, à possibilidade de unidade e integração, para além de si mesmo, com o outro e com o ambiente, até abranger o todo cósmico.

O'Hara (1983) expressa claramente a opinião de que, a partir da fé na "sabedoria" existente nos organismos, traduzida na confiança em "nossos próprios sentimentos e sensações do corpo", chegaríamos à utilização da intuição e à ampliação da consciência, franqueando o acesso a dimensões de nosso potencial, estas, sim, só aceitáveis – até há pouco pelo menos – por uma visão mística e transorganísmica da natureza humana:

> Quando podemos acreditar que existe sabedoria num ser vivo, mesmo que não tenhamos uma explanação cognitiva disso, começamos a seguir coisas tais como nossos sentimentos e sensações do corpo, começamos a confiar mais em nossa intuição e

combinamos essas capacidades com a razão e começamos a ser guiados por essa ampliada consciência do momento, tal como a estamos vivendo realmente. Podemos também aprender a usar capacidades que, no presente, para a maioria de nós, repousam completamente além da razão, como telepatia, pré-cognição, viagem astral, e áreas da consciência humana conhecidas dos místicos avançados de todas as culturas. (O'Hara, 1983, p.100)

O próprio Rogers (1983a, cap. II), em texto em que comenta seus aprendizados e as tendências de seus interesses e idéias na década de 1970, ao falar de seu crescente convencimento de que os poderes intuitivos da mente, ao lado de outros poderes psicológicos ainda não bem conhecidos e explorados do espaço interno humano, constituiriam um dos campos de desenvolvimento mais promissores para futuras pesquisas científicas, inicia associando tais possibilidades aos potenciais cerebrais, em especial os do cérebro direito, para, mais adiante, afirmar sua abertura a potenciais mais incríveis ainda, associados a uma outra ordem de realidade, na qual se tornariam possíveis vivências humanas não vinculadas ao campo espaço-temporal de nossas vivências habituais, inclusive dando-se independentemente de nosso aparato sensório-cortical organísmico:

Durante esses anos todos, creio que tenho estado mais aberto a novas idéias. As que se afiguram mais importantes dizem respeito ao espaço interno – o reino dos poderes psicológicos e das habilidades psíquicas da pessoa humana. A meu ver, essa área constitui a nova fronteira do conhecimento, o gume da descoberta. Há dez anos, eu não faria essa afirmação. Mas as leituras, a experiência e o diálogo com pessoas que trabalham nesse campo mudaram a minha visão. Os seres humanos potencialmente dispõem de uma gama enorme de poderes intuitivos. Somos na verdade mais sábios que nossos intelectos. Há muitas provas disso. Estamos aprendendo que lamentavelmente temos negligenciado as possibilidades da "mente metafórica", não-racional, criativa – o lado direito do cérebro. [...]
Estou aberto a fenômenos ainda mais misteriosos – a premonição, a telepatia, a clarividência, as auras humanas, as fotografias kirlianas e até mesmo as experiências que se dão fora do corpo. Essas experiências podem não corresponder às leis científicas conhecidas, mas talvez estejamos no caminho da descoberta de

uma nova ordem, regida por outro tipo de leis. Sinto que estou aprendendo muito com uma área nova de conhecimentos, e considero essa experiência agradável e empolgante. (Rogers, 1983a, pp. 25-6)

A intuição extraordinária revelada em momentos de excelência terapêutica associados à alteração ampliadora da consciência descrita por Rogers tem sido algumas vezes considerada, na literatura da ACP, como uma forma particularmente profunda e potente da habitual atitude rogeriana da empatia. O próprio Rogers, porém, diferencia a empatia habitual – consistente numa afinação, cognitiva e emocional, consciente do terapeuta com os conteúdos vivenciados e expressos pelo cliente – e a experiência dos momentos intuitivos intensos que vimos examinando, pois se de um lado esses compartilham com a empatia usual a habilidade de penetrar o mundo do cliente, fazem-no por vias intuitivas inconscientes e de tal modo misteriosas que sugerem um fenômeno parapsicológico ou transpessoal. A esse respeito, em sua entrevista a Santos (s.d.), Rogers afirma que, se ambos os fenômenos, vistos como momentos culminantes do processo, são por ele vivenciados em uma experiência de "unidade com o cliente" que descreve como sintonizar o "mesmo comprimento de onda", no caso da empatia intuitiva, digamos assim (pessoalmente prefiro chamá-la de *telempatia*, um vocábulo que associa telepatia e empatia), a sintonia parece processar-se por uma via no mínimo intrigante, pois se afina, nas palavras de Rogers, com um "comprimento de onda não-expresso":

> [...] E, o outro estar no mesmo comprimento de onda poderiam ser essas reações intuitivas, certamente diferentes, que parecem não ser relacionadas com o comprimento de onda, se você quer colocar dessa maneira, mas que atingem um nível bem profundo em um comprimento de onda não-expresso. E, com relação a essas reações intuitivas, eu me sinto muito bem também; estes são para mim momentos memoráveis da terapia. (Santos, s.d. pp. 55-6)

Creio que diante dessa descrição de Rogers, há espaço para especularmos de onde, afinal, vem tal possibilidade de comunicação para além do que é expresso. Mais do que uma metáfora (como a expressão "entrar no mesmo comprimento de onda" pode ser entendida no caso da empatia habitual) não estaria aqui, de fato, ocorrendo algum tipo de comunicação paranormal, energética, vibracional ou de outra ordem, não processada pelas vias sensoriais e cognitivas conhecidas? Ou tratar-se-ia de um fenômeno transpessoal por excelência, decorrente da vivência, em um nível espiritual e não dual da realidade, de uma unidade transcendente entre terapeuta, cliente e, talvez, todo o Universo, resultando daí potencialidades perceptivas, cognitivas e intuitivas congruentes a essa concepção ampliada de realidade? Ao menos na visão de Maria Bowen, que examinamos a seguir, é nessas direções que a compreensão do fenômeno intuitivo, manifesto nos melhores momentos da terapia centrada na pessoa, deve caminhar.

Dentre os autores da ACP, provavelmente foi Bowen quem não só levou mais longe a ênfase no papel privilegiado da intuição no processo terapêutico mas também quem, da forma mais assumida e definitiva, adotou um modelo transpessoal para a compreensão do fenômeno. Ela própria era altamente intuitiva, desenvolvendo esse potencial de forma tão intensa que, ao menos na impressão e influência que causava em Natalie Rogers, não deixava dúvidas de que estava envolvida uma qualidade extra-sensorial, assumida como uma das potencialidades humanas associadas à conscientização das dimensões transpessoais de nosso ser e da realidade: "Maria Villas Bowen, terapeuta sensível e intuitiva, está em sintonia com suas capacidades telepáticas, parapsicológicas. Estou aprendendo com ela que todos nós possuímos essa capacidade, se nos dispusermos a desenvolvê-la". (Rogers, N., 1993, p.187)

Para Bowen (1987c), a intuição representa a principal faculdade humana, capaz de, quando corretamente exercida, coordenar de maneira eficiente e produtiva todas as nossas outras funções psíquicas e corporais. Conseqüentemente, no processo terapêutico, a orientação pela intuição definia o que considerava sua atuação ideal. Para ela, a intuição estava relacionada não só à empatia, mas implicada nas outras atitudes básicas, na aceitação incondicional e na congruência propostas por Rogers para os terapeutas.

Bowen (1987b), porém, defende a idéia de que as três atitudes básicas da terapia rogeriana são insuficientes, embora necessárias, para provocar mudanças terapêuticas reais, não obstante possam ser satisfatórias em encontros de mero apoio. Propõe, à guisa de quarta atitude, a função do terapeuta como fornecedor de *impressões integrativas*, isto é, intervenções que permitam ao cliente reorganizar sua experiência em uma nova compreensão e numa nova consciência, ou seja, uma nova *Gestalt* em que estas adquiram um sentido transformador, enriquecedor e superador da fase de desenvolvimento em que o cliente se encontra. Propondo que Rogers sempre fizera isto, especialmente por meio da "reflexão de sentimentos", Bowen também coloca na categoria de impressão integrativa as metáforas, imagens e ações que surgem espontaneamente na consciência do terapeuta, especialmente quando em estado alterado e ampliado de consciência, brotando de alguma elaboração intuitiva.

Analisando a qualidade das respostas intuitivas – por ela classificadas como impressões integrativas – descritas por Rogers em seus últimos escritos como um dos aspectos da "nova característica" dos momentos terapêuticos culminantes, considera esta fundamentada numa atitude de empatia profunda e indicativa da presença de alguns dos fatores transpessoais já apontados (alteração da consciência, unidade, transcendência das fronteiras interpessoais, intuição de uma dimensão transpessoal do próprio eu e participação numa dimensão ampliada da realidade):

> [...] Minha impressão é a de que, assim que o contato de Rogers com a outra pessoa progride, sua mente se torna quieta e calma, e ele fica totalmente apontando em uma só direção, como se estivesse em um estado meditativo. Parece que ele entra em um estado alterado de consciência, no qual o dualismo entre ele e a outra pessoa desaparece. Ele se torna uno com o cliente e, dessa maneira, entra no mundo desorganizado, confuso e irracional do cliente. A partir daí, de uma maneira magnética, Rogers junta, numa "impressão integrativa", as experiências fragmentadas e desconectadas do cliente. O *feedback* das *impressões integrativas* do terapeuta permite ao cliente ver as coisas sob uma nova luz e organizar sua experiência caótica. Esse momento de organização é a essência do processo terapêutico. [...] Essa organização somente é possível quando cliente e terapeuta estão no mesmo comprimento de onda e os limites entre Eu-Tu (I-Thou) desaparecem. (Bowen, 1987b, p. 112)

Esses momentos integrativos, vivenciados por Rogers a partir da consciência de unidade com o cliente e a conexão com uma energia maior, definem para Bowen a essência do que entendia como mudança terapêutica e o ponto primordial a ser buscado pelos terapeutas.

Mais uma vez, encontrava aí uma qualidade espiritual associada à presença intensa da função intuitiva:

> [...] o que é importante é nossa habilidade como terapeutas, para nos deixarmos entrar no mundo da outra pessoa e vivenciar este momento espiritual quando os limites entre eu e você desaparecem [...]. É esse momento de comunicação entre dois *"selves"* internos, ambos partilhando a energia do universo. É um momento altamente intuitivo. (Bowen, 1987b, p. 114)

Em seu modelo teórico transpessoal, que examinaremos em maior detalhe no próximo capítulo, a noção de *self* interno ocupa posição central, entendida como instância transcendente que fundamenta nossa identidade mais profunda por meio de uma interconexão, de natureza holográfica e transpessoal, com o todo universal. Ao lado do amor, entendido por Bowen como o sentimento de admiração e integração que aparece com a vivência de interconexão, a intuição representaria nosso outro canal de acesso ao *self* interno, pois por intermédio dela, quando acalmamos a mente que obscurece nossa relação com a *fonte de sabedoria* (a interconexão *self* interno/universo), Bowen acreditava que poderíamos obter orientação perfeita e inesgotável: "Quero ter condições de acalmar minha mente, de maneira que eu possa permitir que *'inputs'* daquela parte profunda de mim venham à minha consciência e, dessa maneira, ser guiada por aquela energia do *self* interno que chamo de 'intuição'" (1987b, p. 108).

Assim, concluindo este tópico, podemos afirmar que – ao menos conforme indicativos e opiniões expressas pelos significativos expoentes da fase mais recente do desenvolvimento da ACP que examinamos – associado ao estado de consciência alterado, ampliado e transpessoal que Rogers descreve em suas melhores atuações, estariam a descoberta, o desenvolvimento e o exercício de um potencial intuitivo espiritual, isto é, de qualidades parapsicológicas e transpessoais, que nos permitiriam acessar informações, conhecimento e sabedoria normalmente inacessíveis ao nosso estado habitual. Este, entretanto, não é o único potencial extraordinário desvelado pela alteração transpessoal da consciência do terapeuta centrado na pessoa, como uma das possibilidades intrínsecas da dimensão transpessoal de nosso ser e da realidade. Aparentemente, a via pela qual, mediante a intuição, recebemos informações de instâncias e canais misteriosos, é uma via de duas mãos, ampliando não apenas nossas habilidades *passivas* como receptores de informação, mas também nossas potencialidades *ativas*, revelando assim novas e surpreendentes possibilidades de atuarmos, com fins de ajuda, cura e transformação, pelos mesmos "caminhos bizarros" pelos quais transita a informação intuitiva e mediante os quais, na expressão de Rogers, "meu espírito alcança e toca o espírito do outro, tornando-se parte de algo maior". É o que examinaremos a seguir.

Do poder pessoal ao poder transpessoal

Retornando à descrição feita por Rogers a respeito da nova característica que vislumbrava em seus melhores momentos, e foi apresentada na primeira parte deste capítulo, notamos que ele, de várias formas, refere-se não só a um ampliado poder intuitivo, mas também à presença de misteriosos e eficientes poderes ativos no sentido de cura, energização e ajuda ao cliente:

> Quando estou em minha melhor forma [...] percebo que estou o mais próximo possível de meu eu interior, intuitivo, [...]; quando estou, talvez, num estado de consciência ligeiramente alterado, *então tudo o que eu faço parece ter propriedades curativas*. Nessas ocasiões, *a minha presença, simplesmente, libera e ajuda os outros*. [...] quando sou capaz de relaxar e ficar próximo do meu âmago transcendental, *comporto-me de um modo estranho e impulsivo na relação* [...]
> Mas esses *estranhos comportamentos acabam sendo corretos por caminhos bizarros: parece que meu espírito alcançou e tocou o espírito do outro*. Nossa relação transcende a si mesma e se torna parte de algo maior. Então, *ocorrem uma capacidade de cura, uma energia e um crescimento profundos*. (Rogers, 1983a, p. 47, grifos meus)

A exemplo do que vimos ao tratar de intuição, embora Rogers se utilize de afirmações superlativas referindo-se aos estranhos poderes de cura presentes nesses momentos especiais, e os associe a "estranhos comportamentos" ou ainda à sua simples "presença", ou mesmo à participação em "algo maior", priva-nos de descrições detalhadas dos fenômenos a que se refere. Deixa-nos, assim, com poucos dados para que avaliemos se estão envolvidos de fato, objetivamente falando, fenômenos extraordinários comparáveis às curas mágicas ou milagrosas defendidas por tradições espirituais, e mais recentemente por escolas de parapsicologia e de psicologia transpessoal, como um dos potenciais desenvolvíveis e utilizáveis por aquele que busca o caminho do crescimento espiritual – ou de expansão da consciência.

É bem verdade que, por vezes, um ou outro autor da ACP é um pouco mais explícito, descrevendo situações em que, ao darmos crédito ao relato, fica um tanto mais definida a impressão de estar em questão um fenômeno não-abarcável por um paradigma mais tradicional e não-transpessoal de compreensão das possibilidades de comportamento da realidade e de desenvolvimento dos potenciais humanos. Nesse sentido, podemos verificar as colocações, apresentadas a seguir, nas quais Santos (s.d.) e Stamatiadis (1990) referem-se a episódios em que, segundo suas impressões, estava envolvido algo mais que o admissível nos modelos humanistas de atuação terapêutica. Para ambos, as potencialidades abertas por um canal intuitivo de percepção do mundo íntimo do cliente revelam-se capazes não só de superar as barreiras do contato perceptivo, efetuando-se também a distância e de maneira *telepática*, como ainda, mostrando-se este canal como uma via interativa de dupla direção, permitiriam que a comunicação, talvez de natureza energética desconhecida ou realizada mediante a interconexão em uma dimensão transespacial da realidade, atuasse também no sentido ativo de transmissão de ajuda, apoio, fortalecimento e cura.

Regina Stamatiadis, terapeuta centrada na pessoa, da Suíça, em artigo em que descreve o que chama de *Terapia de vida compartilhada* – algo semelhante ao que aqui se denomina trabalho de acompanhante terapêutico, ou seja, o trabalho intensivo em que o terapeuta convive horas ou mesmo dias com o cliente em ambientes de sua vida cotidiana – comenta que, em conseqüência da ligação profunda que desenvolvia com seus clientes, por vezes experimentava, mesmo a distância, sensações que lhe traduziam o que estava se passando com a pessoa, e ainda, utilizando-se do mesmo canal (qualificado por ela como *telepatia*) pelo qual recebia essas informações intuitivas, tentava enviar-lhes alguma espécie de ajuda:

> De tempos em tempos, enquanto estou fazendo meus serviços domésticos diários, eu desejo me colocar conscientemente aberta para receber quaisquer sensações que possam vir a mim da

parte de meus clientes. Minhas percepções freqüentemente vêm a se revelar acuradas. Outras vezes eu me concentro em meus clientes, desejando fortalecê-los. Quando eles se tornam conscientes disto, são modificados. (Stamatiadis, 1990, p.297)

Santos, em sua teoria sobre momentos mágicos na terapia, fala dos momentos de encontro entre os "centros" ou as "essências" do cliente e terapeuta. A exemplo de Rogers, que declara viver esses momentos como um toque de espírito a espírito ou entre âmagos transcendentais participando de algo maior (aqui será interessante cogitarmos o que o teria levado a preferir essa terminologia à utilizada em sua tradicional proposição de uma relação pessoa a pessoa), considera que em tais ocasiões vamos além das dimensões conhecidas de espaço e tempo, assim como de nossas características individuais e biográficas, participando, inclusive como possibilidade de comunicação e intervenção, da dimensão transcendental de nosso ser e da realidade. Para ilustrar sua opinião, recorre à narração de um caso em que lhe restou nítida a impressão de que algo nesse sentido ocorrera:

> [...] Eu tenho um grande carinho e um grande amor por todos os meus clientes e me dedico com afinco a eles, seja quando estou perto ou longe deles. Uma coisa que tem-me ocorrido é meditar de vez em quando para aqueles que no momento passam por dificuldades maiores. Uma vez acordei de madrugada pensando numa cliente que estava passando por uma dificuldade muito forte e, naquele momento, ocorreu-me de meditar muito e mandar muita luz para ela. No outro dia, ela chegou ao consultório dizendo ter tido uma noite terrível, que quase a tinha levado ao suicídio, mas que agora estava tudo bem. Procurei não racionalizar sobre o que aconteceu e, em silêncio, só agradeci àquela força universal que me acordou durante a noite. Só assim tenho conseguido viver com meus clientes aqueles momentos mágicos de centro para centro, de essência para essência, com muitos deles. (Santos, s.d., pp.141-2)

Apesar da existência, na literatura rogeriana, de alguns relatos como estes, eles ainda são um tanto raros e pouco precisos para justificar um exame mais objetivo da qualidade transpessoal ou paranormal presente, na percepção de alguns autores, nos melhores momentos da ACP. Portanto, creio que, a exemplo do que fizemos no tópico anterior, será plenamente satisfatório aos propósitos deste livro examinarmos o assunto do ponto de vista da experiência subjetiva ou fenomenológica dos autores que o vivenciam e descrevem, assim como do ponto de vista de alguns esboços teóricos que tentam dar conta do fenômeno. Por meio desse enfoque, pretendo demonstrar que, de uma maneira ou de outra, registra-se considerável tendência na literatura recente da ACP no sentido de uma aproximação – também aqui neste tópico das potencialidades curativas liberadas pela "nova característica" dos melhores momentos terapêuticos – da perspectiva transpessoal, seja na descrição, seja na explicação do fenômeno.

Antes de prosseguir, porém, desejo, num parênteses, louvar a honestidade de alguns autores, como os citados Stamatiadis e Santos, ao assumirem publicamente que, como parte de sua intensa vontade de ajudar seus clientes, têm-se permitido ousar a utilização, sem prejuízo de sua atuação psicoterapêutica cientificamente embasada, de recursos *espirituais* – no caso telepatia e meditação em favor de outrem – como uma possibilidade a mais com esse fim. Estou convencido de que os relatos desse tipo são raros não tanto porque a atitude seja rara, mas sobretudo porque se trata ainda de um assunto tabu nos meios científicos da psicologia, situação que, graças ao desenvolvimento da parapsicologia e da psicologia transpessoal, e sobretudo graças à atitude corajosa de autores como os citados, parece estar mudando, embora ainda um tanto lentamente, e sempre pondo em certo risco a reputação de quem admite publicamente, por exemplo, que pratica, como complemento de sua atuação psicoterapêutica, a oração, a meditação, a intuição telepática, ou outros meios ainda mais polêmicos, embora de longa utilização em práticas tradicionais de cura espiritual: vidência e premonição – auxiliada ou não por métodos mânticos, como o I Ching e o tarô; projeções extracorporais da consciência; mediunidade; dons espirituais de cura, por imposição de mãos ou outros métodos; rituais mágicos; fenômenos sincronísticos como indicativos do caminho a seguir; canalização de energias e sabedoria mais elevadas; sonhos espirituais ou paranormais; visualizações ou afirmações curativas; transmissões energéticas etc.

Lembro-me de uma colega, respeitada psicóloga e professora universitária em seu país, que, durante um congresso internacional de profissionais da ACP, perguntou-me discretamente o que eu fazia quando nada parecia dar certo com um cliente. À minha resposta espontânea (*"Eu rezo!"*), ela, um tanto surpresa, admitiu que fazia o mesmo e estava muito satisfeita de poder estar conversando a respeito, pois em certos círculos de psicólogos profissionais isso daria margem à ridicularização e, sobretudo, levantaria dúvidas sobre sua competência como terapeuta e professora de psicologia.

Creio mesmo que se fosse feita uma pesquisa em que se perguntasse a psicoterapeutas, com a devida garantia de anonimato, quantos fazem, de forma eventual ou sistemática, uso *secreto* de algum desses recursos espirituais na tentativa de ajudar seus clientes e/ou melhorar sua atuação, descobriríamos que isso ocorre com uma freqüência (e, quiçá, com uma eficiência) muito maior do que é publicamente admitido. Ao menos é o que tenho observado e concluído em conversas informais e particulares com colegas de diversas abordagens...

Fechando o parênteses, prossigamos o exame na perspectiva escolhida, isto é, verificando o tom descritivo e o referencial teórico, de teor antes transpessoal do que humanista, adotado pelos autores da ACP ao relatarem e explicarem as potencialidades terapêuticas que descobrem nesses momentos em que está presente a nova característica proposta por Rogers.

Em primeiro lugar, é oportuno observar que nem sempre as ações e as verbalizações do terapeuta que ocorrem nesses momentos – e são descritas por Rogers como estranhos comportamentos que nada têm a ver com seus processos racionais – são necessariamente descritas como ações transpessoais ou paranormais, isto é, ações ou verbalizações que envolvessem algum poder inexplicável ou incompreensível a partir dos paradigmas habituais em que o processo terapêutico é descrito e compreendido.

Embora a origem dessa atuação – descrita como a misteriosa e extraordinária intuição que examinamos no tópico anterior – suscite facilmente a impressão de que alguma qualidade ou potencial transpessoal ou parapsicológico esteja envolvido, a ação ou a verbalização decorrentes, em si, podem parecer efetivas apenas pelos motivos habituais de transmitir ao cliente, pelas normais vias perceptivas e cognitivas, a profunda (ou, no caso, extraordinariamente profunda) empatia com que está sendo compreendido e tendo suas necessidades, inclusive as não-expressas, percebidas e atendidas. Nesse nível de atuação, em que a presença do transpessoal é indicada apenas pela qualidade extraordinária da intuição que deu origem ao comportamento do terapeuta na relação, poderiam ser classificadas as respostas resultantes da "empatia idiossincrática" descrita por Bozarth (1984) e os relatos de Rogers no mesmo tom do seguinte:

[...] às vezes, sentimentos intuitivos que parecem irracionais e não relacionados com o que está acontecendo brotam de coisas que eu quero dizer ou fazer. Como, por exemplo, estando num grupo e tendo vontade de cruzar a sala e sentar perto de um cliente com meus braços ao seu redor, ou, numa entrevista, sentindo vontade de dizer alguma coisa que parece totalmente não-relacionada com o que está acontecendo. Estou aprendendo mais e mais a confiar nestes sentimentos intuitivos, porque eles quase sempre provam acertar o alvo. (Rogers, em Santos, s.d., p.55)

Fossem desse tipo todas as ações descritas como associadas à nova característica proposta por Rogers, nosso exame das características transpessoais envolvidas poderia ter terminado no tópico anterior, pois pouco mais teríamos a examinar além do estado de consciência transpessoal e da extraordinária intuição presente nesses momentos. O próprio Rogers, porém, parece lançar-nos um desafio maior ao afirmar que nesses momentos extraordinários "tudo o que faço parece ter propriedades curativas", dando a entender que, ao menos por vezes, não apenas a origem da sua ação é misteriosa, mas também o próprio mecanismo pelo qual essa ação atinge o cliente é enigmático, já que seu efeito parece não estar necessariamente ligado ao que faz ou diz na relação. Ao menos é isto o que concluo ao entender o seu "tudo o que eu faço" como "qualquer coisa que eu faça", ou ainda como "não importa o que eu faça". Esse meu entendimento é autorizado por sua afirmação seguinte de que, nesses momentos, independentemente do dizer ou fazer alguma coisa, "a minha presença, simplesmente, libera e ajuda os outros".

De alguma forma, assim, o que estaria em ação seria uma extraordinariamente ativa (em níveis paranormais ou transpessoais) qualidade curativa inerente ao seu jeito de ser nesses momentos especiais. Nesse caso, mais do que nos centrarmos na ação ou na verbalização em si (cuja descrição, ademais, em geral está ausente), parece-me mais relevante, como o próprio Rogers e outros autores têm feito, focalizar nosso exame na descrição das características do jeito de ser que propicia os efeitos observados.

Seguindo a descrição de Rogers, parecem estar envolvidos: 1. um estado transpessoal de consciência (já examinado no primeiro tópico); 2. uma presença ampliada da intuição (examinada no tópico anterior); 3. a vivência de uma unidade entre cliente e terapeuta em um nível profundo descrito como espiritual ("parece que meu espírito alcançou e tocou o espírito do outro"); 4. a experiência de um nível mais profundo e transpessoal da própria identidade e potencial ("meu eu interior, intuitivo"; "meu âmago transcendental"; "meu espírito"); 5. a participação em uma instância transpessoal transcendente à relação, liberando potenciais para além dos disponíveis nas pessoas do terapeuta e paciente ("nossa relação transcende a si mesma e se torna parte de algo maior"). Já examinamos exaustivamente os dois primeiros aspectos, não sendo necessário voltar a insistir neles. Os três aspectos restantes foram até aqui examinados apenas como confirmação da qualidade transpessoal que caracteriza a alteração da consciência envolvida, ou em sua relação com a intuição telepática presente nesses momentos, sendo que agora podemos voltar a examiná-los tendo em vista sua implicação na liberação dos potenciais curativos do jeito de ser descrito.

O primeiro aspecto, a experiência consciencial de uma unidade transcendente entre cliente e terapeuta, que vimos ser defendida por Bowen e Santos como uma precondição para a manifestação da intuição extraordinária (de qualidade paranormal, espiritual ou transpessoal) que Rogers descreve, será por outros autores também defendida como requisito, ou mesmo mecanismo, essencial à eficácia dos misteriosos poderes curativos presentes nesses momentos. O'Hara e Wood, por exemplo, considerando tal vivência de unidade como esta ocorre nos grandes grupos e resulta na experiência de uma consciência de unidade entre pessoa e grupo, incluem a ocorrência de curas como um dos freqüentes fenômenos paranormais ou transpessoais que vêem aparecer associados à experiência da consciência grupal:

> Há um verdadeiro encontro, um encontro Eu-Tu entre membros do grupo. Nesse estado de unidade, sonhos são compartilhados, pessoas experienciam percepções além do alcance dos sentidos normais, curas freqüentemente ocorrem, o futuro algumas vezes é vislumbrado. Em resumo, muitos dos fenômenos referidos como "paranormais" ou transpessoais aparecem. (1983, p.108)

Spahn (1992), em suas observações sobre o ato de curar na ACP, recorre às conclusões de LeShan (1974) em estudo sobre os curadores psíquicos das tradições espirituais, para sugerir uma profunda semelhança entre a vivência destes, nas quais é descrita a experiência em que curador e curado sentem-se participantes de uma unidade maior sem, no entanto, perderem seu sentido de individualidade, e a forma de atuar que observava em Rogers. Spahn chega mesmo a concluir que a ACP é um enfoque terapêutico particularmente eficiente para conduzir a esse estado de unidade procurado e praticado pelos curadores espirituais e paranormais, citando como exemplo e argumento a descrição que Rogers faz da nova característica que estamos examinando. De maneira semelhante, O'Hara (1983, p. 101), ao se referir ao estado de consciência em que a cura é obtida na terapia, e que para ela se caracteriza pela vivência de unidade na experiência de ser com o outro, comenta que o fenômeno é equivalente ao das práticas curativas e religiosas: "Tais estados de consciência parecem estar relacionados com a cura não apenas no contexto psicoterapêutico mas em muitos outros. [...] conhecemos as práticas curativas e religiosas". Já Nacmias (1988, p. 3), que relaciona a experiência do terapeuta rogeriano a pontos fundamentais de diversas tradições espirituais, vê na "capacidade de amar" e na qualidade do amor presente nos melhores momentos da terapia o sinal mais evidente de que o espiritual está envolvido na relação. Referindo-se a essa qualidade espiritual de amor como a "qualidade de amor que gera crescimento na pessoa amada", e considerando a empatia – por ele nomeada "amor em ação" – como a atitude rogeriana que traduz o sentido de ligação e unidade propiciado pelo amor num sentido idêntico ao do sentimento descrito na tradição cristã, entre outras, como "compaixão", via aí a possibilidade de transformação e cura propiciada pela transmissão do "fluxo de amor" a que temos acesso quando nesse estado de consciência "privilegiado" e "espiritual".

Ao lado da vivência de extraordinária unidade com o cliente, que não seria exagero classificar como manifestação da atitude empática elevada a um nível espiritual ou transpessoal, poderíamos falar também do desenvolvimento da *congruência* a um grau tal, nesses momentos, em que também essa atitude facilitadora atingisse uma qualidade transpessoal. A busca do próprio centro, por parte do terapeuta, atingindo um nível em que é ultrapassada a própria fronteira do ego e da identidade organísmica pessoal, sendo então vivenciada a dimensão transpessoal do *eu* ("meu âmago transcendental" ou "meu espírito" nas palavras de Rogers), é, assim, enfatizada por alguns autores como uma condição necessária, ou mesmo suficiente, para a liberação dos poderes curativos misteriosos presentes nesses momentos especiais da terapia. Esse nível da vivência do próprio eu é aquele no qual, segundo esses autores e a literatura transpessoal em geral, tomamos consciência de nossa "interconexão com o universo" (Bowen) e, conectando-nos por ressonância ou na vivência de uma unidade no encontro com o *eu* do cliente em um mesmo nível transcendente de identidade e realidade ("parece que meu espírito alcançou e tocou o espírito do outro" tornando-se parte de "algo maior"), permitimos que o todo transcendente aja por nosso intermédio na relação. Manifestar-se-iam, então, potenciais que vão muito além das nossas habilidades e conhecimentos normais. Como diz Santos (s.d.):

> Na minha vivência como terapeuta, para mim, tem sido essencial cultivar momentos em que minha essência se encontra com a essência da outra pessoa e nós podemos nos encontrar além das diferenças que constituem nossa vida rotineira do dia-a-dia, indo além do tempo e do espaço. [...]
> Para atingirmos o ponto onde nos permitimos entrar nessa relação centro a centro com o outro, temos, na minha experiência, de trabalhar duro com o nosso ego e procurar centrar nosso ser no mundo que vai além de talentos, inteligência e conhecimentos, pois aí nesse plano não existem dualidades nem diferenças. [...] nos centrando além dos limites do mundo conhecido, buscando contato com a força maior que rege o Universo [...].
> Mas se ele [o envolvimento com o cliente] vem da força maior que rege o Universo e vai até o centro dos indivíduos, essas coisas (talento, inteligência e conhecimentos) tomam seu valor real secundário, e a saúde, crescimento e entendimento independem desses ingredientes. (pp.140-1)

Sá (1989) também enfatiza a vivência da dimensão transpessoal do eu, por ele chamada a "centelha do divino em nós", como o aspecto espiritual crucial da terapia, a ser buscado pelo terapeuta mediante um processo de congruência crescente, de mergulho em si mesmo, de aprofundamento interiorizado em busca do próprio centro. Comentando a descrição da nova característica proposta por Rogers – e sublinhando a passagem em que este afirma que "nessas ocasiões, a minha presença, simplesmente, libera e ajuda os outros" – observa, com muita propriedade, que tal fenômeno equivale ao da "bênção", de efeitos misteriosos e sobrenaturais, que na tradição hindu é considerada manifestação dos poderes espirituais atuantes na relação entre mestre e discípulo: "[...] vamos desembocar num quadro muito familiar aos espiritualistas: o *chela* (discípulo) reverencia o guru e recebe

216

darsham (a bênção ou a luz) e ele (o guru) continua ali impassível" (p. 15). Chega assim a concluir que, talvez, haja aí um indicativo de que, nesses momentos privilegiados em que o terapeuta vivencia a dimensão transcendente de sua identidade, o simples poder imanente de seu ser fosse o fator causal realmente ativo na transformação do cliente, dispensando qualquer outro fazer ou dizer:

> Podemos começar a pensar se existe alguma necessidade de *fazer* algo ou se o que realmente causa transformação é o que estamos sendo naquele exato momento, é o nosso contato com essa centelha, com essa luz no nosso interior. (Sá, 1989, p. 15)

Dessa forma, indo além da tradicional noção rogeriana de "poder pessoal" (ou seja, o espontâneo poder de influência e transformação manifesto pela pessoa que aceita e assume congruentemente seu próprio ser organísmico), parece que o que Rogers, Santos, Sá e outros autores da ACP estão propondo é a existência de um *poder transpessoal* de transformação, atuante por canais não-usuais e não-aceitáveis para os paradigmas psicológicos tradicionais (inclusive a perspectiva humanista), considerando-o uma capacidade inerente do facilitador que entre em contato com a dimensão transpessoal de seu ser, ou seja, que assuma um jeito transpessoal de ser em sua relação com o cliente.

O terceiro e último aspecto relevante a ser considerado, neste tópico sobre poderes transpessoais liberados como conseqüência da vivência de um jeito transpessoal de ser, diz respeito à impressão relatada por alguns dos autores examinados de que, nesses momentos especiais da terapia, experienciam a ação de forças exteriores aos potenciais dos participantes da relação, as quais são intuídas como oriundas de instâncias transcendentes da realidade. Enquanto Rogers fala na participação em "algo maior", Santos refere-se à "força maior que rege o Universo", ao passo que Bowen, falando de uma "Energia que transcende nosso sentido de eu", é bastante explícita ao referir-se a essa experiência no relato de um momento de crescimento que vivenciou no atendimento a um cliente:

> Meu trabalho é guiado pela crença de que nós temos dentro de nós todos os recursos necessários para lidar criativamente com a vida e de que estamos interligados com a Energia que transcende nosso sentido de Eu. [...] Naquele momento ele atingiu uma

ordem superior à que tinha anteriormente. Foi um momento de criação para ele; foi um momento de criação para mim. Nós estávamos ligados, e *nossa energia não era a única presente na sala*. (1987b, p. 120, grifo meu)

Não irei estender-me aqui sobre esse último aspecto, posto que a proposição de uma fonte transcendente como a origem da força atuante nos momentos de cura e de transformação terapêutica será analisada em profundidade no próximo capítulo. Por ora, basta-nos observar que, em confirmação ao que estou defendendo neste capítulo, segundo Rogers e outros autores das fases mais recentes do desenvolvimento da ACP, o exercício do novo jeito de ser, descrito como a "nova característica" facilitadora fundamentada em um estado transpessoal de consciência, libera não só potenciais curativos e intuitivos extraordinários que sugerem a existência de uma dimensão transpessoal em nosso ser, atuantes por vias igualmente extraordinárias e que implicam a existência de uma dimensão transcendente da realidade, como coloca terapeuta e cliente em contato com forças que os ultrapassam, caracterizando como literalmente *transpessoal* (isto é, transcendente aos potenciais das pessoas envolvidas) a fonte, a própria origem dos fenômenos curativos e transformadores observados.

Estaríamos assim, em todos os sentidos, ultrapassando as fronteiras da pessoa e da realidade – como são usualmente aceitas e entendidas no modelo humanista – em nossa compreensão do processo terapêutico, formulando as bases de uma atuação terapêutica, de um jeito de ser facilitador, à qual somente um modelo transpessoal ou espiritual de pessoa e realidade poderia abranger e acolher como uma possibilidade factível e viável. Ou negamos as impressões desses autores todos, encabeçados pelo criador da ACP, ou admitimos que essa abordagem, ao incorporar a "nova característica" descrita por Rogers, assume-se definitivamente como proposta de uma nova escola de psicoterapia transpessoal.

7

Novas bases teóricas: o transpessoal como centro

Um fundamento teórico transpessoal

Nos três últimos capítulos estivemos examinando elementos que, emergentes em diversos campos do desenvolvimento recente da ACP e nas obras de Rogers e de alguns de seus seguidores e colaboradores nesse período, indicam a configuração de uma crescente tendência de aproximação entre esta abordagem e as características que definem as escolas de psicologia transpessoal. Um novo modelo de ciência, implicando uma nova visão de mundo, na qual tem lugar privilegiado a consideração das dimensões espirituais e transcendentes de pessoa e realidade, é vislumbrado e considerado como concomitante à ACP. A perspectiva do nascimento de uma nova pessoa, a qual teria como principais características o desejo e a capacidade de explorar os potenciais espirituais envolvidos na ampliação transpessoal da consciência, é considerada um passo evolutivo essencial à sobrevivência da espécie, colocando-se para a ACP o desafio e a tarefa de facilitar, acompanhar e auxiliar tal desenvolvimento em seu trabalho com pessoas e grupos. Os próprios métodos de trabalho da ACP têm-se mostrado capazes e eficazes em estimular a manifestação de alterações ampliadoras da consciência, as quais têm-se revelado, na opinião de Rogers e de outros autores examinados, importantes e desejáveis fatores de crescimento, cura e transformação de pessoas e grupos no contexto das aplicações da ACP. Mais ainda, a alteração da consciência do próprio terapeuta ou facilitador rogeriano, permitindo por esse meio o acesso a potenciais curativos e transformadores superiores ao que até então fora considerado as possibilidades ideais da atuação facilitadora centrada na pessoa, indicam todo um novo campo de desenvolvimento para a ACP na qualidade de abordagem transpessoal.

Aceitando-se as colocações de Rogers e de outros autores da ACP que temos examinado, vemo-nos lançados num mundo transpessoal, habitado por pessoas transpessoais (ou a caminho de assim se tornarem) e, nós próprios, psicólogos centrados na pessoa, em nosso trabalho, percebemo-nos acessando e explorando dimensões transpessoais da experiência de nossos clientes, como ainda descobrindo-as em nós mesmos e a partir delas nos descobrindo como psicólogos e psicoterapeutas transpessoais. O que temos nós, seguidores da ACP, em nossa escola de psicologia, em nossa teoria, que nos permita dar conta de tais dimensões transpessoais nas quais crescentemente nossa experiência tem-nos envolvido neste fim de milênio? Que quadros referenciais teóricos temos nós, que nos permitam organizar num esquema orientador nossas atividades e experiências nessas novas dimensões do ser e da realidade a que nossa prática e reflexão nos estão levando?

Uma das principais críticas relativas às direções que o pensamento de Rogers toma após a década de 1960, e sobretudo na fase que se segue nos anos 70 e 80, é a crescente fragilidade – em comparação às fases anteriores, sobretudo a da década de 1950 – da estrutura teórica e da fundamentação empírica. De fato, em seus desenvolvimentos recentes, a ACP não conta com um modelo teórico de hipóteses organicamente estruturadas em proposições empiricamente testáveis, comparável ao elaborado nas tradicionais formulações da terapia centrada no cliente. Assim, um dos principais desafios que se coloca aos autores atuais é reformular e ampliar a teoria, para dar conta, de forma adequada, das direções diversificadas e abrangentes que a prática da ACP tem tomado nas últimas décadas. Na sua mais clássica e completa formulação da teoria de terapia, personalidade e relacionamento (Rogers, 1959) – posteriormente complementada na fase de Wisconsin (entre 1957 e 1963) por estudos sobre a natureza processual da mudança da personalidade, pela inclusão crescente do conceito gendliniano de experienciar na compreensão do processo terapêutico e pela descrição das características ideais de uma personalidade sadia – Rogers sistematiza os elementos de sua visão de ser humano em uma configuração que se ajusta perfeitamente aos procedimentos tradicionais da terapia centrada no cliente.

220

A relação teoria-prática, entretanto, começa a apresentar sérias lacunas quando confrontada com as aplicações grupais e educacionais típicas do que aqui chamo de fase dos grupos de encontro (1964-74) de seu trabalho. Tais lacunas vão se tornando cada vez maiores quando, na última década de sua vida, seus interesses, afastando-se mais e mais da sistematização teórica e da fundamentação empírica, voltam-se para o trabalho com grandes grupos e aplicações políticas e socioculturais de suas idéias e, finalmente, chegamos às raias da perplexidade ao consideramos, à luz da estrutura teórica formal da ACP, a tendência místico-espiritual que emerge em sua prática e pensamento nessa última fase, conforme vimos examinando.

Como relacionar e integrar à tradicional visão humanista – assumida pela ACP em sua teoria oficial relativa à estrutura, ao desenvolvimento, à dinâmica e à mudança da personalidade – as últimas observações de Rogers sobre alteração da consciência, poderes psíquicos, fenômenos transpessoais etc., assim como suas idéias mais especulativas sobre o potencial humano e a natureza da realidade?

Ora, é justamente no centro do domínio teórico, no alicerce da visão filosófica de homem que sustenta sua teoria e orienta todo o seu trabalho, que Rogers, em meados dos anos 70, propõe uma extraordinária e revolucionária modificação: uma nova formulação da *hipótese fundamental* da ACP. Apresentada pela primeira vez em 1975, em palestra (publicada em Rogers, 1978) proferida na abertura da Conferência sobre Teoria promovida pela Associação de Psicologia Humanista, e tendo exposição mais elaborada em seu livro *Um jeito de ser* em capítulo intitulado *Os fundamentos de uma abordagem centrada na pessoa* (Rogers, 1983a, cap. III), essa mudança, embora assaz divulgada e conhecida, em minha opinião, não foi ainda devidamente conscientizada e explorada em suas implicações pela maior parte de seus seguidores. Trata-se, na verdade, de uma reformulação que apresenta como fundamento da ACP uma hipótese transpessoal em substituição a uma hipótese humanista!

A hipótese humanista, que até então fundamentava a ACP, diz respeito à existência de uma tendência básica no ser humano, chamada por Rogers de *tendência atualizante*, relacionada à tendência para a auto-realização e para o crescimento que, como vimos, os humanistas americanos em geral consideram existir em todos os organismos vivos, impulsionando-os a um crescimento e desenvolvimento para além da simples automanutenção, mas em direção a uma crescente complexidade, autonomia, diferenciação, funcionalidade e atualização de seus potenciais. Com a reformulação de meados dos anos 70, a tendência atualizante passa a ser considerada apenas como um aspecto ou faceta de uma tendência muito mais ampla, a que Rogers intitula *tendência direcional formativa do universo*:

> Defendo a hipótese de que existe uma tendência direcional formativa no universo, que pode ser rastreada e observada no espaço estrelar, nos cristais, nos microrganismos, na vida orgânica mais complexa e nos seres humanos. Trata-se de uma tendência evolutiva para uma maior ordem, uma maior complexidade, uma maior inter-relação. Na espécie humana, essa tendência se expressa quando o indivíduo progride de seu início unicelular para um funcionamento orgânico complexo, para um modo de conhecer e sentir abaixo do nível de consciência, para um conhecimento consciente do organismo e do mundo externo, para uma consciência transcendente da harmonia e da unidade do sistema cósmico, no qual se inclui a espécie humana. É muito provável que essa hipótese seja um ponto de partida para uma teoria da psicologia humanística. Mas ela é, sem dúvida, o fundamento da abordagem centrada na pessoa. (Rogers, 1983a, p. 50)

Para mim, é evidente que Rogers se equivoca ao associar essa hipótese à psicologia humanista, e deveria antes sugeri-la como ponto de partida para uma teoria da psicologia transpessoal: se o homem é retirado do centro e se as possibilidades de sua consciência passam a ser vistas da perspectiva do todo cósmico transcendente, ultrapassamos a visão humanista para adotar o ponto de vista transpessoal. E se a nova hipótese, o novo fundamento da teoria, é transpessoal, que implicações isso traz para o todo da estrutura teórica? Entendo que Rogers, mudando o fundamento teórico e filosófico de sua abordagem, na verdade lançou as bases para – e já iniciou em grande escala – uma reforma geral do edifício inteiro da ACP no sentido de torná-la uma teoria de psicologia transpessoal. Este é, basicamente, o ponto que pretendo demonstrar neste capítulo, no qual, examinando separadamente as modificações introduzidas na teoria de personalidade e na teoria de psicoterapia e mudança da personalidade, verificaremos as revolucionárias implicações teóricas, com características transpessoais, dessa nova hipótese proposta como fundamento para a ACP.

Do tornar-se pessoa ao tornar-se transpessoal: uma nova visão de homem para a teoria de personalidade

No Capítulo 2 ao apresentar as características que identificam a visão de homem adotada pelas teorias transpessoais, em especial as que permitem distinguir o ponto de vista transpessoal do humanista nos tópicos normalmente abrangidos por uma teoria de personalidade, apontei vários aspectos diferenciais entre as duas correntes. De maneira geral, a característica principal da posição transpessoal não é de oposição à visão humanista, que é aceita mas relativizada, sofrendo seus conceitos uma expansão tal que passam por um salto qualitativo e uma ampliação de perspectivas e possibilidades tão significativa que permitem falar de uma nova posição teórica, no caso, referente à visão de ser humano, sua natureza e possibilidades.

Neste tópico, tendo por parâmetro os critérios diferenciadores entre a posição humanista e a posição transpessoal, examinaremos as principais mudanças de teor transpessoal, implicadas para a teoria de personalidade da ACP, de forma explícita ou implícita, a partir da proposição de uma nova hipótese fundamental.

Primeiro abordarei os dois aspectos mais explícitos dessas mudanças, os quais dizem respeito às modificações declaradamente introduzidas por Rogers, com sua nova hipótese, em suas postulações teóricas sobre a *motivação* e o *desenvolvimento* humanos, tecendo ainda alguns comentários sobre esses temas uma vez inseridos na perspectiva mais ampla de uma teoria da *evolução*, e a conseqüente adoção de uma nova visão de mundo, contexto no qual Rogers agora deseja incluir sua formulação de uma teoria da personalidade.

Outros dois aspectos importantes da teoria rogeriana serão abordados em seguida: sua visão e conceitualizações referentes aos temas *identidade* e *consciência*. Também aí, embora de forma não tão explícita, Rogers, com sua postulação da hipótese da tendência direcional formativa do universo como fundamento da ACP, parece-me ter realizado consistente modificação ampliadora de sua teoria em direção a uma aproximação do ponto de vista transpessoal.

Uma teoria transpessoal de motivação, desenvolvimento e evolução

As modificações mais explícitas introduzidas por Rogers com sua nova hipótese fundamental dizem respeito diretamente à teoria de motivação e de desenvolvimento que propõe para a ACP. Assim como a anterior hipótese fundamental, a nova hipótese é, essencialmente, uma afirmação sobre a natureza da motivação mais básica que impulsiona e direciona o comportamento e o desenvolvimento da personalidade humana. Portanto, será oportuno relembrarmos, resumidamente, as diferenças entre a posição humanista e a transpessoal nessas questões.

Enquanto as teorias humanistas tendem a defender, como a motivação mais básica e intrínseca do ser humano, o impulso para a auto-realização, para o crescimento, para a atualização dos potenciais e para o desenvolvimento dos organismos em direção a maior diferenciação, complexidade e integradora autonomia, a posição transpessoal costuma reconhecer a tendência à auto-realização apenas como uma faceta de uma tendência mais ampla, voltada em última instância à autotranscendência, para além da auto-realização, à vivência de *estados últimos*, no dizer de Sutich (1973), em que a consciência é expandida até incluir a totalidade cósmica.

De maneira correspondente, agora na questão do desenvolvimento, as teorias transpessoais também vão além da posição humanista típica, que vê no objetivo do desenvolvimento sadio e pleno da personalidade humana a possibilidade última de uma existência organísmica, processual e integrada ao aqui-agora, expressando-se em respostas originais, criativas e espontâneas que sintetizem e afirmem a cada novo momento e a cada nova situação as possibilidades mais plenas e únicas de um indivíduo aberto à totalidade de sua experiência. Para a posição transpessoal, em sua posição teórica sobre o desenvolvimento da personalidade, é previsto um momento em que a auto-afirmação organísmica é transcendida em uma nova etapa de desenvolvimento, na qual, indo além da própria vivência organísmica e do momento existencial envolvente de sua experiência mais imediata, a pessoa pressente e se lança na vivência de possibilidades mais cósmicas, infinitas e intemporais que se abrem à medida que são superadas todas as noções de uma individualidade separada do todo.

Assim, ao propor a tendência formativa como fundamento da

ACP, Rogers afastou-se (embora sem o negar, mas ultrapassando-o, o que é justamente o que fazem as teorias transpessoais em geral) de um dos pontos mais fundamentais e típicos do humanismo americano: a teoria humanista de motivação, que vê no impulso para a autorealização a motivação mais básica e abrangente do comportamento humano. A hipótese da tendência atualizante, até então defendida por Rogers como o fundamento da ACP, consiste numa asserção, tipicamente humanista, sobre a natureza mais profunda e genérica da motivação humana. A nova hipótese, ampliando a visão anterior, altera a concepção rogeriana humanista, transformando-a numa teoria de motivação transpessoal. Isso se dá, basicamente, em dois aspectos que dizem respeito à resposta que é agora apresentada às questões: Qual a origem, a base, o fundamento da motivação humana? E qual a direção, o sentido, a finalidade última a que se dirigem os impulsos motivacionais do ser humano?

Em resposta à primeira questão, a nova formulação de Rogers coloca o fundamento da motivação humana em uma instância transcendente a todos os processos naturais, sejam orgânicos ou inorgânicos, sejam minerais, vegetais ou animais. Como afirmou em entrevista a Bergin (*apud* Wood, 1994, p. 232): "Creio que existe certo tipo de influência organizadora transcendente no universo que também opera no homem". Portanto, é a mesma tendência direcional formativa do universo que atua em todos os níveis – "no espaço estrelar, nos cristais, nos microrganismos, na vida orgânica mais complexa e nos seres humanos" – direcionando o comportamento, o desenvolvimento e a evolução do todo universal "para uma maior ordem, uma maior complexidade, uma maior inter-relação". Mais ainda, não só essa tendência dirige a evolução universal, como, no dizer de Rogers (1983a, p. 50), trata-se de algo que subjaz na própria origem e início desse movimento cósmico: "uma tendência criativa poderosa, que deu origem ao nosso universo, desde o menor floco de neve até a maior galáxia, da modesta ameba até a mais sensível e bem-dotada das pessoas".

Ora, parece-me claramente que, com essas formulações sobre a natureza mais profunda dos impulsos motivacionais, Rogers está retirando o fundamento último da motivação humana do interior do organismo, do centro da pessoa, para localizá-lo numa instância que permeia, origina, direciona e transcende toda a existência universal. Assim, com essa nova teoria de motivação, Rogers está fincando na dimensão cósmica transcendente os pilares fundamentais de sua teoria da personalidade, o que constitui, obviamente, uma aproximação da visão de homem defendida pelas teorias transpessoais. Com a modificação teórica proposta por Rogers, o centro direcionador mais intrínseco e fundamental da pessoa está, paradoxalmente, além da pessoa, sendo, por definição, transpessoal!

O segundo aspecto transpessoal da nova formulação teórica de Rogers sobre a motivação humana relaciona-se à questão da direção e finalidade a que somos impulsionados a partir das tendências mais profundas e intrínsecas de nosso ser. Mais especificamente, a questão que nos interessa aqui esclarecer é: em que sentidos a nova formulação da hipótese fundamental da ACP modifica e, eventualmente, amplia na direção de um ponto de vista transpessoal, as tradicionais concepções rogerianas sobre as direções a que o desenvolvimento da personalidade humana é levado quando submetido à livre manifestação de seus impulsos motivacionais mais fundamentais e saudáveis? Para respondê-la, adentramos agora a *teoria de desenvolvimento* rogeriana, outro tema a ser examinado neste tópico.

De acordo com a teoria de desenvolvimento da personalidade apresentada por Rogers nas suas formulações mais clássicas, tradicionais e humanistas, o *tornar-se pessoa*, a direção tomada por um desenvolvimento psicológico saudável ou por um processo terapêutico bem-sucedido, tende a aproximar-se de um estágio final ideal em que a tendência atualizante não encontra obstáculos à sua atuação, levando ao "funcionamento ótimo da personalidade" (Rogers, 1959), à "pessoa plenamente funcionante", à "vida plena" (idem, 1982) em que o ser humano é capaz do exercício total e adequado de suas potencialidades organísmicas.

Na nova formulação, ao descrever as direções que a tendência direcional formativa do universo imprime ao desenvolvimento e à evolução humanos, ainda é afirmada a existência de um estágio em que o desenvolvimento atinge "um conhecimento consciente do organismo e do mundo externo", confirmando assim a postulação anterior do nível de "funcionamento ótimo da personalidade" em que a pessoa atua a partir da integração consciente das informações recebidas e processadas pelo organismo em interação experiencial com o meio ambiente mais imediato. Agora, porém, as possibilidades do desenvolvimento humano não são aí limitadas, sendo identificado um novo estágio. Rogers indica que o prosseguir direcional da atuação da tendência formativa do universo sobre o indivíduo e a espécie humana caminha para uma outra etapa, na qual se torna possível à pessoa atin-

226

gir uma "consciência transcendente da harmonia e da unidade do sistema cósmico, no qual se inclui a espécie humana".

Assim, atribuindo, para além da auto-realização como "organismo plenamente funcionante", um sentido de autotranscendência à direção em que a motivação intrínseca do ser humano o encaminha até a culminância da experiência consciencial de unidade com o cosmos – designada pelos transpessoais como a *experiência de consciência cósmica* – Rogers indica agora que o desenvolvimento último de nossas potencialidades leva à superação de nossa identificação com o fluxo da experiência organísmica para atingir uma fusão, colaborativa e consciente, com o fluxo evolutivo do próprio universo, à medida que este, entre outras coisas, forma e transforma a espécie humana. Temos aí, portanto, uma modificação ampliadora, com características transpessoais, da tradicional teoria rogeriana de desenvolvimento, justo no ponto mais relevante, sua "teoria do desenvolvimento ótimo da personalidade", que nos fala da direção final a que impulsiona nossa motivação intrínseca para buscar o desenvolvimento pleno de nossas potencialidades. Transcender-se, ir além de si mesmo, do próprio organismo, do ambiente circundante e da existência pessoal, redescobrir sua dimensão cósmica, transtemporal, transespacial, transorganísmica e transpessoal: tal é agora a direção que Rogers aponta como meta última do desenvolvimento psicológico humano!

Se Rogers associa o todo cósmico transcendente tanto à origem quanto à direção do desenvolvimento da personalidade, na qualidade de fundamento da motivação mais intrínseca para o desenvolvimento do indivíduo e da espécie humana, como ademais de tudo o que existe, sua hipótese vai além da formulação das bases para uma teoria psicológica de motivação e de desenvolvimento, imbricando-se na formulação de uma teoria geral da evolução.

De fato, Rogers inspira-se para propor a hipótese da tendência formativa, ao mesmo tempo que aí também se fundamenta, no pensamento, coincidente com o seu, de diversos autores que estão buscando uma compreensão holística e sistêmica dos processos da evolução universal. Nesse sentido, relaciona com a sua hipótese proposições equivalentes de autores como Lancelot White, que fala de uma *tendência mórfica*; Albert Szent-Gyoergyi, que se refere à *sintropia*; Jan Christian Smuts, que há décadas já postulava a existência de uma *tendência holística*; e Ilya Prigogine, com sua concepção de uma "ciência da complexidade" na qual os *sistemas abertos*, inclusive inorgânicos, indo do *Ser para o tornar-se* (Prigogine, 1979), caminham em saltos de autotranscendência na direção de *todos* mais complexos, ordenados e coerentes. Rogers poderia, ainda, ter citado outros pensadores, em apoio a essa visão evolucionista que ganha ampla e crescente aceitação no contexto da moderna revolução paradigmática, como é o caso, para citar um dos mais completos e destacados exemplos, de Teilhard de Chardin (1970) que, postulando em sua teoria da evolução a "lei da complexidade e consciência", afirma que a tendência universal em direção à complexidade crescente é acompanhada por uma crescente ampliação da faculdade de conscientização, que atingiria seu ápice na espiritualidade humana.

Para todos esses autores, a tendência do universo para a entropia, enunciada na física clássica pela segunda lei da termodinâmica de Newton e que se refere à tendência universal dos sistemas para a desagregação crescente, é apenas uma faceta parcial de um processo mais amplo no qual se inclui, de forma predominante ou pelo menos equivalente, uma tendência para o desenvolvimento e para ascendentes estágios de maior ordem, amplitude, complexidade e organização, cuja influência é observável em todos os níveis do sistema cósmico, e estaria recebendo, segundo Rogers, muito menos atenção que o devido:

> Assim, sabe-se muito sobre a tendência universal de todo sistema a se degenerar em direção a um estado cada vez mais desordenado, cada vez mais caótico. O funcionamento desse sistema é como uma rua de mão única: o mundo é visto como uma grande máquina, que vai reduzindo a marcha e se desgastando.
> Mas a tendência formativa, muito mais importante, e que pode ser igualmente observada em qualquer nível do universo, é muito menos reconhecida e ressaltada. Afinal de contas, toda forma que vemos ou conhecemos surgiu de uma outra mais simples, menos complexa. Esse fenômeno é, no mínimo, tão significativo quanto a entropia. Poderíamos dar exemplos extraídos tanto da vida orgânica quanto da inorgânica. (1983a, pp. 44-5)

Essa concepção, sobretudo na forma em que Rogers a postulou, estabelece que nós, seres humanos, participamos e desempenhamos nossa função em um processo mais amplo de desenvolvimento e de evolução universal, processo esse que, mais que para uma crescente organização e complexidade, caminha na direção de uma unificação consciente, já que a própria consciência, tomando parte nesse processo (ao menos a partir de certo momento dele), caminha ascendentemente para novos estágios de abertura e ampliação em que, identificada com planos cada vez mais elevados da hierarquia sistêmica do cosmos, pode chegar a abrangê-lo como um todo. Se, no plano individual, partimos de um desígnio organísmico intrínseco para nos diferenciar, organizar e conscientemente nos unificar como todos orgânicos cada vez mais complexos e autônomos, no plano universal, é o todo que está fazendo isso, por nosso intermédio, assim como por intermédio de tudo o mais, a partir de um onipresente desígnio misterioso, positivamente orientado e transcendente.

A hipótese da tendência formativa modifica ampliadoramente as bases da ACP, indo além mesmo da formulação de uma teoria de evolução para afirmar uma nova cosmovisão em que o otimismo que Rogers anteriormente manifestara em sua visão de homem é estendido para uma visão de mundo na qual deseja fundamentar e contextualizar a teoria e a prática da ACP: não só apenas o homem, mas o universo inteiro é considerado agora como digno de confiança, tendo na orientação para o crescimento positivo e a auto-realização consciente de suas potencialidades a sua motivação mais profunda.

Afastamo-nos assim das concepções materialistas e deterministas de mundo, e passamos a compreender a evolução no contexto de um universo que tem sentido, que sofre a força de influências organizadoras transcendentes, que é orientado para o futuro na direção de um desenvolvimento e unificação diferenciada crescentes, em vez de consistir em processos mecânicos postos em marcha apenas como efeito de causas determinantes passadas. Encontramo-nos de volta a uma visão científica de universo que considera as *causas finais*, numa concepção teleológica que, desde Aristóteles e a ciência escolástica, não era mais retomada pelas ciências naturais, e só recentemente vinha sendo defendida pelas psicologias existenciais-humanistas restrita tão-somente à compreensão do homem, conforme a proposição, defendida por essas teorias, de um modelo distinto para as ciências humanas. Estamos lançados em plena revolução paradigmática, para a qual o universo, na afirmação do físico James Jeans, que Rogers gostava de citar, "assemelha-se mais a um pensamento do que a uma máquina".

É a essa nova visão de mundo, a qual tanto entusiasmo lhe despertou, conforme examinamos no Capítulo 4, que Rogers (1983a) vai recorrer para responder àqueles que, discordando de suas idéias sobre a "dimensão espiritual e mística" que seu pensamento e sua prática vinham desvendando como intrínseca à ACP, eventualmente o questionassem: "E a lógica, perguntarão eles, a ciência, a sagacidade?" (p. 48). Para esses, a resposta de Rogers é apontar para a visão de mundo emergente nas ciências do novo paradigma, como a física teórica divulgada por Capra, para quem a "visão dos místicos" encontra coerência no retrato fornecido pelas mais avançadas pesquisas e concepções sobre a natureza última da realidade:

> Antes que me abandonem por completo, gostaria de mencionar algumas provas surpreendentes dessa concepção, vindas de áreas as mais inesperadas.
> Fritjof Capra [...], um conhecido físico teórico, mostrou que a física moderna aboliu por completo quaisquer conceitos sólidos sobre o nosso mundo, com exceção do conceito de energia. Numa afirmação que resume essa observação, ele diz: "Na física moderna, o universo é concebido como um todo indivisível, dinâmico, no qual o observador participa de um modo essencial. Nessa concepção, os conceitos tradicionais de espaço e tempo, de objetos isolados e de causa e efeito perdem o sentido. Tal concepção, no entanto, é muito semelhante à dos místicos orientais". [...] (Rogers, 1983a, p. 48)

Também, como vimos no Capítulo 4 é nessa mesma nova visão de mundo que Rogers, na proposição da nova hipótese, vai buscar fundamento para afirmar sua nova visão teórica e justificar a crescente aproximação, na teoria e na prática, que a ACP tem feito da perspectiva mística e transpessoal:

> Assim, encontramos provas, na física e na química teóricas, da validade das experiências transcendentes, indescritíveis, inesperadas e transformadoras – aqueles tipos de fenômeno que meus colegas e eu temos observado e sentido como concomitantes à abordagem centrada na pessoa. (1983a, p. 49)

A *pessoa do futuro*, da qual ouvimos Rogers tão esperançosa e elogiosamente falar no Capítulo 4 como a única capaz de sobreviver no mundo do futuro que vislumbrava emergente na revolução paradigmática em curso, não encontrava na teoria rogeriana anterior formulações que validassem e esclarecessem suas experiências de fusão consciente e colaborativa com o fluxo evolutivo da totalidade cósmica. Agora, com as mudanças teóricas apresentadas, a pessoa do futuro já pode encontrar, na teoria de personalidade que fundamenta a ACP, referência conceitual a essas experiências conscienciais extraordinárias, às quais é atribuída, na nova formulação teórica, a honrosa distinção de serem consideradas característica extrema do desenvolvimento psicológico saudável e da própria continuidade evolutiva da espécie humana. Vemos, assim, a ACP fazendo coro a mais um tradicional ponto de vista transpessoal, o qual, como vimos no Capítulo 2, desde Bucke, enxerga no desenvolvimento generalizado da capacidade de consciência cósmica o passo seguinte da evolução filogenética que, anteriormente, possibilitara à espécie humana superar a consciência simples dos animais, atingindo a capacidade de autoconsciência.

A nova hipótese fundamental da ACP, sendo apresentada por Rogers no contexto mais amplo de uma teoria da evolução universal afinada com uma posição que reconhece um fundamento transcendente para a realidade e para o ser humano, tenta dar conta, de forma unificada e coerente, tanto desta nova visão de mundo e de pessoa como dos fenômenos transpessoais emergentes no panorama sociocultural atual e na própria prática da ACP. Representa, assim, um nítido movimento de aproximação da mesma visão e paradigma que têm sido apresentados como fundamento de praticamente todas as escolas do movimento transpessoal, desconhecendo eu escolas de outras correntes, inclusive da psicologia humanista mais típica, que se fundamentem em hipóteses análogas ou equivalentes. Fora do contexto da moderna psicologia transpessoal e das visões mais arrojadas de algumas ciências do novo paradigma, uma compreensão da trajetória evolutiva do universo conforme a apresentada por Rogers, de uma origem anterior a toda manifestação cósmica, até um destino de retorno consciente ao mesmo todo transcendente que lhe deu origem, só encontra paralelo em relatos das tradições místicas. É o caso do belo poema de Abdullah Ansari, poeta e mestre sufi do século XI que, retratando a evolução da mente através das eras e dos reinos naturais, concebe que a criatura humana pode, pela via do desenvolvimento espiritual e consciencial, atingir um novo *ir além*, ultrapassando a dualidade eu-mundo e acessando possibilidades *transumanas* inimagináveis mediante sua absorção em Deus, a inefável fonte e destino último da existência universal:

Do não manifesto eu vim
E armei minha tenda,
Na Floresta da Existência Material.
Passei através
Dos reinos mineral e vegetal,
E minha bagagem mental
Levou-me ao reino animal;
Lá chegando, fui além;
E na concha cristalina do coração humano
Em Pérola, cuidadosamente, a gota do eu tornei.
E associado a bons homens
Andei ao redor da Casa de Oração,
E tendo isso experimentado, fui além;
Tomando o Caminho que leva a Ele,
Converti-me num escravo em Seu Portal;
Então a dualidade desapareceu;
Tornei-me absorvido Nele.

(Ansari, 1990, p. 12.)

Um conceito transpessoal de consciência e identidade

As noções rogerianas de *consciência* e *identidade*, já na sua teoria mais formal e clássica, prestam-se a certa ambigüidade e confusão conceitual, conforme já observado por alguns autores (Van Belle, 1990; Van Kalmthout, 1995); por isso, convém apresentar alguns esclarecimentos quanto a essa questão antes de examinarmos as modificações, de teor transpessoal, que a nova formulação teórica da hipótese fundamental vem trazer para esses tópicos.

Na questão da identidade, amplamente desenvolvida na teoria do *eu (self)* que integra a explanação mais completa de sua teoria de personalidade (Rogers, 1959), a confusão é causada pela indiscriminação com que é utilizado o termo *self*, ora entendido como sinônimo de *autoconceito, imagem de si*, ou *estrutura do eu*, ou seja, a *Gestalt* cognitivo-experiencial que o indivíduo associa com a sua identidade e se mostra freqüentemente rígida e incongruente com a totalidade da experiência organísmica, ora é utilizado para indicar a direção ideal do processo de desenvolvimento saudável, descrito como "tornar-se o próprio *self*".

Creio que não haverá maiores objeções teóricas em se afirmar explicitamente aquilo que me parece amplamente implícito nas formulações de Rogers: na verdade ele está se referindo a dois tipos ou qualidades de *eu* (*self*). Um primeiro tipo é o *autoconceito,* estruturado em um impermeável *sistema do eu,* isto é, o eu cristalizado a partir de simbolizações rígidas que o indivíduo faz a respeito de si e que são, em grande medida, incongruentes com a experiência total do organismo. O segundo tipo de eu, que traduz a identificação com a totalidade do organismo, incluindo mente e corpo integrados e congruentes na experienciação, seria um eu flexível, fluido e processual, intrínseco à natureza mais profunda da pessoa e sempre potencialmente pronto a emergir quando forem relaxadas as defesas. Poderíamos assim falar de um *falso eu,* representado pelo autoconceito rígido e experiencialmente incongruente, e de um *verdadeiro eu,* um *eu organísmico,* que representaria nossa real natureza e, portanto, nossa verdadeira identidade. Assim, superar as limitações impostas por nossa identificação com o primeiro e redescobrirmos nossa identidade real na experiência plena e não-distorcida do segundo consistiria, em resumo, a finalidade do processo de tornar-se pessoa.

No caso da consciência, dualidade análoga à observada na questão da identidade se dá a partir da relação entre os conceitos rogerianos de consciência e experiência. Na sua teoria clássica (1959), o termo consciência é considerado sinônimo da capacidade de simbolizar ou representar mentalmente a experiência, a qual, por sua vez, é entendida como o processo mais amplo pelo qual o organismo vivencia integradamente a totalidade de informações, provenientes do meio interno e do ambiente, a que tem acesso num dado momento, e, potencialmente ao menos, pode ser acessada pela consciência.

Para Rogers, no entanto, a representação (ou a consciência) nem sempre retrata fidedignamente a experiência, pois, agindo defensivamente contra experiências que ameaçam a integridade do eu (conceito de eu, ou o falso eu a que me referi), distorce ou elimina a simbolização de grande parcela do que é experienciado pelo organismo total (o verdadeiro eu, como anteriormente defini). Poderíamos aqui falar também de dois tipos, níveis, estados, qualidades ou, ainda, de *atitudes* da consciência. Uma poderíamos chamar de *falsa consciência*, identificada por Rogers como uma *atitude defensiva* contra a experiência, colocada a serviço da manutenção do falso eu e que distorce a correta apreensão da experiência real. Outra, uma *verdadeira consciência*, construída a partir da atitude de confiança no próprio organismo (verdadeiro eu) que foi nomeada por Rogers, em consagrada expressão, como a atitude de "abertura à experiência", capaz de tornar facilmente disponível à correta simbolização a totalidade da experiência organísmica.

Dessa forma, na teoria clássica, os tópicos consciência e identidade encontram-se intimamente intricados, pois, se de um lado é graças à capacidade simbolizadora da consciência que ao indivíduo é possível distinguir e organizar uma porção de seu campo fenomenal (ou experiencial) total numa estrutura ou *Gestalt* que identifica como o próprio eu, é, por sua vez, a partir da estruturação da própria identidade (o autoconceito) que o indivíduo passa a realizar a conscientização de sua experiência, simbolizando e dando acurado acesso à percepção consciente somente àquelas experiências que se ajustam, sem ameaçá-lo, ao seu conceito de eu.

Com base nessas idéias, podemos distinguir duas situações em que a associação eu-consciência se dá: uma doentia e limitadora, outra, sempre potencialmente presente, em que o organismo humano funcionaria na plenitude de seu potencial. No primeiro caso temos a consciência (falsa consciência ou consciência defensiva) e o eu (falso eu ou autoconceito rígido) apartados da experiência e do organismo total. No segundo, uma consciência a tal ponto congruente com a experiência e um eu a tal ponto coerente com o organismo integral, que se torna quase impossível distinguir os termos um do outro, de tal forma que *eu* e *processo organísmico*, assim como *experiência* e *autoconsciência*, passam a ser praticamente sinônimos, tornando-se a pessoa conscientemente o eu que ela realmente é, ou seja, seu próprio organismo e a totalidade de sua experiência. É o que Rogers (1982), em seu livro *Tornar-se pessoa,* de 1961, descreve ao falar da finalidade do processo terapêutico em sua abordagem:

> [...] a psicoterapia (pelo menos a psicoterapia centrada no cliente) é um processo pelo qual o homem se torna o próprio organismo – sem deformação, sem se iludir sobre si mesmo. O que é que isto significa?
>
> [...] Na terapia a pessoa acrescenta à experiência ordinária a consciência integral e não-distorcida da sua experiência – das suas reações sensoriais e viscerais. [...] Pode tomar consciência daquilo que está realmente experienciando, não simplesmente

daquilo que se permite experimentar depois de ter passado por um filtro conceitual. Nesse sentido, a pessoa torna-se pela primeira vez o potencial total do organismo humano, com o elemento enriquecedor da consciência livremente acrescentada ao aspecto fundamental das reações sensoriais e viscerais. A pessoa *torna-se* no que é, como o cliente diz com tanta freqüência durante a terapia. O que isso parece querer indicar é que o indivíduo *se torna* – na sua consciência – aquilo que *é* – na experiência. O indivíduo é, em outras palavras, um organismo humano completo e em pleno funcionamento. (Rogers, 1982, pp. 104-5)

A forma mais adequada de visualizar essa concepção é localizar os dois tipos de eu, assim como os dois tipos de consciência propostos pela teoria clássica rogeriana, como pontos extremos de um contínuo, que caminha de uma consciência defensiva que distorce e se afasta da experiência real para uma consciência baseada na abertura à experiência, capaz de representar, de forma acurada e integradora, a complexidade total da experiência organísmica num dado momento. O mesmo contínuo, tomando-se por critério a questão da identidade, varia de um extremo de um autoconceito rígido, impermeável e incongruente à realidade organísmica total, até outro extremo em que o sentido de identidade decorre da auto-identificação com a unidade processual que envolve a experiência sempre cambiante de seu organismo em constante interação com o meio.

As novas colocações de Rogers, assim me parece, vêm acrescentar uma terceira possibilidade à expansão ou abertura da consciência, assim como uma terceira possibilidade para a auto-identificação. Do ponto de vista do modelo de um contínuo, pode-se dizer que foi acrescentado a este um novo seguimento, sendo que agora a consciência da experiência pessoal e a auto-identificação da pessoa com a totalidade de seu organismo plenamente funcionante não representam mais o ponto extremo na direção do desenvolvimento saudável da personalidade. Na nova formulação, como vimos brevemente no subtópico anterior, são apresentadas possibilidades ainda mais amplas para a expansão da consciência e para a própria fundamentação de nosso sentido de identidade, possibilidades essas que só encontram adequada conceitualização no ponto de vista de uma teoria transpessoal. Examinemos, pois, as novas perspectivas que a hipótese da tendência formativa traz, implicadas, para a concepção da consciência e da identidade na teoria rogeriana.

No Capítulo III de seu livro de 1980 (Rogers, 1983a), em que expõe a hipótese da tendência formativa, Rogers, ao falar de sua concepção de consciência e da função que esta representa na evolução da espécie e no desenvolvimento do indivíduo, inicialmente apresenta sua posição em termos bastante semelhantes ao que já afirmara em fases anteriores de sua obra. Compreende, assim, a consciência como uma recente aquisição da evolução, representando uma pequena, mas muito importante parte do processo. Descrevendo a autoconsciência, na imagem que utiliza, como o topo iluminado de uma vasta pirâmide, a qual representa o fluxo da vida que se processa tanto em níveis conscientes como inconscientes da vivência organísmica, Rogers afirma que o aumento da consciência de si, isto é, dos estímulos internos e externos que se processam no organismo, possibilita uma escolha livre de introjeções e mais afinada ao fluxo evolutivo. Ao final dessas afirmações, apresenta a situação de uma pessoa que tornou sua consciência congruente ao que realmente ocorre na vivência organísmica, numa descrição condizente com sua proposição anterior do ideal de *pessoa de vida plena*, salvo pela substituição da expressão *tendência atualizante* pelo conceito mais amplo, agora proposto, de *tendência formativa*:

> O importante é que quando uma pessoa está funcionando plenamente, não há barreiras, inibições, que impeçam a vivência integral do que quer que esteja presente no organismo. Essa pessoa está se movimentando em direção à inteireza, à integração, à vida unificada. A consciência está participando dessa tendência formativa mais ampla e criativa. (Rogers, 1980, p. 47)

Se Rogers se restringisse a essa descrição do papel e da natureza da consciência na reformulação que propôs para a teoria com a inclusão da nova hipótese, poderíamos concluir, como muitos rogerianos parecem fazer, que a hipótese da tendência formativa pouco mais trouxe para a teoria do que uma ampliação do contexto em que esta se insere. A motivação e o desenvolvimento humanos seriam agora entendidos como associados a um processo isomórfico da evolução natural e universal mais ampla, da qual, entretanto, continuaríamos mantidos distintos e apartados nos limites de nossas potencialidades e identidade como organismos espaço-temporalmente limitados, cujas possibilidades experienciais conseqüentes, inclusive, representariam os limites máximos para a expansão da consciência, ou seja, "a vivência integral do que quer que esteja presente no organismo". Rogers, porém, dessa vez não pára nesse extremo do contínuo que sua teoria anteriormente traçara e dá um passo além, admitindo novas possibilidades expansivas para a consciência e para a identidade, abertas pela vivência de estados alterados e ampliados de consciência conforme revelado pelos estudos de renomados psicólogos transpessoais como John Lilly e o casal Grof, e por sua própria experiência no trabalho com grupos intensivos:

> Pesquisadores como Grof e Grof (1977) e Lilly (1973) acreditam que as pessoas são capazes de ultrapassar o nível comum de consciência. Seus estudos parecem revelar que em estados alterados de consciência as pessoas entram em contato com o fluxo da evolução e apreendem seu significado. Esse contato é vivenciado como um movimento que os aproxima de uma experiência de transcendente unidade. É como se o eu se dissolvesse numa região de valores superiores, especialmente de beleza, harmonia e amor. A pessoa sente como se ela e o cosmos fossem um só. A realização obstinada de pesquisas parece que vem confirmando as experiências de união dos místicos com o universo. Minha experiência mais recente, especialmente com grupos intensivos, tem confirmado essa concepção. (Rogers, 1980, p. 47)

Nessa passagem de Rogers, podemos notar várias afirmações de grande interesse para entendermos suas últimas posições teóricas relativas aos tópicos consciência e identidade. Ao citar as vivências de estados alterados e as experiências místicas de unidade pessoa-cosmos, estudadas pelos transpessoais e por estes integradas em suas teorias como expressão de potencialidades superiores da pessoa, Rogers está indicando uma preocupação em integrá-las também em sua teoria. Conforme ele próprio afirma e já tivemos farta oportunidade de constatar no Capítulo 5, trata-se de fenômenos crescentemente observados como emergentes na própria prática da ACP, campo intrinsecamente associado, na tradição dessa escola, aos esforços e desenvolvimentos teóricos anteriores. Mais ainda, ao apresentá-las justo no texto em que formula modificações à teoria e, como vimos, ao associar essas experiências ao limite extremo das possibilidades de crescimento a que o indivíduo e a espécie humana são impulsionados pela tendência formativa, fica claro que Rogers desejava postular firmemente em sua teoria essas novas potencialidades do eu e da consciência, assumindo, assim, uma postura tipicamente transpessoal nesses tópicos.

Ao referir-se animadoramente a pesquisas de estados alterados de consciência em que a pessoa pode tornar-se consciente do próprio fluxo evolutivo da totalidade universal, Rogers está propondo que a consciência, anteriormente definida como a parcela da experiência organísmica que se torna representada para o eu, pode ainda ir muito além, participando da própria experiência do cosmos como um todo. Vemos assim a consciência abandonando as fronteiras da experiência organísmica usual e atingindo uma região de valores superiores onde, se algum *campo fenomenal* ainda persiste, não se limita mais ao campo experiencial restrito às experiências emocionais, cognitivas e sensoriais do aparato orgânico, estando agora ampliado a uma nova região da realidade, inacessível e transcendente às nossas habilidades conscienciais usuais.

Ora, qualquer consciência que ultrapasse as possibilidades cognitivas e perceptivas do organismo, que ultrapasse a simbolização da experiência sensorial e visceral no *aqui-agora* imediato e sempre mutante, não encontra respaldo no campo teórico da psicologia humanista. Como o modelo humanista, com toda ênfase na experiência organísmica como fonte e limite máximo das possibilidades da consciência, poderá incluir a possibilidade de uma consciência que perscruta o sentido evolucionário do mais profundo *background* cósmico e abrange, em sua unidade inclusiva, o todo do universo, conscientizado de uma perspectiva que se coloca para além do tempo, do espaço e de uma identidade organísmica, histórica e temporal? A própria noção de *eu*, não mais limitada pela totalidade das experiências de um organismo funcionando plenamente, parece agora dissolver-se para, entretanto, reencontrar-se num nível de identidade muito maior e, por ser ilimitado, inclui em seu campo, com um sentido de unidade indissolúvel, o cosmos inteiro: "A pessoa sente como se ela e o cosmos fossem um só". Como, mais uma vez, o modelo humanista, com toda sua ênfase na identidade organísmica pessoal, poderá incluir um nível de identificação e fusão com o todo universal? Isso só pode ser feito no contexto de uma teoria de personalidade que adote um modelo transpessoal. Abandonamos assim, definitivamente, o modelo humanista e rogeriano clássico sobre consciência, identidade e possibilidades para o desenvolvimento sadio e adentramos o terreno conceitual das teorias transpessoais – ou das antigas psicologias espirituais[1] – sobre as possibilidades últimas da consciência e da identidade humanas.

No modelo transpessoal de pessoa, conforme síntese elaborada com muita propriedade por Walsh e Vaughan (1980, 1991), à consciência são atribuídas possibilidades ilimitadas, sempre potencialmente presentes e disponíveis quando relaxado o caráter defensivo de nosso estado de consciência habitual. Ora, não será difícil reconhecer a semelhança entre essa visão e a tradicional concepção da teoria rogeriana de que a experiência total é disponível a uma consciência que troque uma atitude defensiva por uma de abertura à experiência. A única diferença é que a teoria centrada na pessoa anterior à reformulação agora examinada limitava a experiência total às possibilidades de coleta de informação do organismo. Com as possibilidades transpessoais cósmicas e transcendentes que Rogers agora reconhece para a consciência que vá além dos estados habituais, sua teoria, ao menos nesse tópico, tornou-se mais uma versão do ponto de vista transpessoal, revelando-se análoga à síntese que Walsh e Vaughan elaboraram da visão transpessoal de consciência. Isto também se dá na questão da identidade. Se a identificação saudável com o próprio *self* organísmico era descrita, na teoria anterior de Rogers, como o limite último para o eu, vêmo-lo agora falar de um eu que se dissolve numa experiência transcendente de unidade universal. Da mesma forma que o conceito de eu rígido deve se dissolver para dar margem à consciência de um eu mais profundo que inclui a unidade processual da experiência organísmica, na nova teoria também o *eu organísmico*, tão enaltecido pelos humanistas como o ideal do desenvolvimento pessoal, deve ceder à experiência de unidade transcendente na qual à consciência cósmica corresponde uma identidade cósmica em que pessoa e cosmos são um só. Ora, é justamente esse o ponto de vista transpessoal sobre as direções e possibilidades últimas para expansão da identidade, sendo postulado que, após um estágio de auto-identificação com o *eu verdadeiro* da experiência organísmica total, segue-se um novo salto de desidentificação e reintegração numa identidade mais ampla e transpessoal, conforme resume Vaughan em artigo intitulado, bem a propósito do que estamos examinando, *Descobrindo a identidade transpessoal*:

> À medida que crescemos em direção à totalidade e nos tornamos mais conscientes, o conceito de eu atravessa uma série de transformações. O sentido de eu que emerge de uma saudável integra-

ção entre mente e corpo é o eu "real" ou existencial que forma um todo organísmico coerente e interage com o ambiente como um sistema vivo aberto. O eu nesse estágio relaciona-se com autenticidade, integridade e autodeterminação. [...] Quando a identidade existencial é aceita [...] a identificação exclusiva com o eu existencial separado pode ser transcendida na conscientização do eu transpessoal. O eu transpessoal não é identificado exclusivamente com o eu separado, mas, em virtude da experiência direta e da desidentificação com o ego, descobriu o solo universal do ser que o sustenta. (Vaughan, 1985, p. 13)

Nessa nova visão das possibilidades últimas da consciência e da identidade, um outro conceito-chave da teoria rogeriana deve agora ser transpessoalmente reformulado. Trata-se da noção de "sabedoria organísmica". Na teoria tradicional (1959), Rogers expressa sua convicção de que o organismo humano é sábio e digno de confiança. Comparando-o a um gigantesco cérebro eletrônico, analogia que também utiliza em seu livro *Tornar-se pessoa*, afirma ser o indivíduo totalmente aberto à sua experiência organísmica capaz, com a participação da consciência, de processar uma enorme quantidade de dados tanto internos quanto externos, considerando "cada estímulo, cada necessidade e cada exigência, a sua intensidade e importância relativa e, a partir desse cálculo e dessa avaliação complexa, descobrir a atitude que mais integralmente satisfizesse suas necessidades perante a situação" (Rogers, 1982, p. 170). Tal concepção o levou a afirmar, confirmando sua postulação humanista de que na vivência plena da experiência do organismo em interação com o aqui-agora da situação envolvente residiam as possibilidades saudáveis máximas do desenvolvimento da identidade e da consciência humanas, que a fonte mais profunda de sabedoria e orientação interna a que um ser humano poderia aspirar era a congruência com a experiência organísmica:

[...] a entidade mais digna de confiança em nosso mundo incerto é um indivíduo completamente aberto às duas maiores fontes: os dados da experiência e os dados do mundo externo. Essa pessoa está no pólo oposto do indivíduo dissociado. Ele ou ela tiveram a sorte de não desenvolver a brecha interna entre o organismo vivenciado e o "eu" consciente; ou de que essa brecha fosse eliminada em relacionamentos de ajuda ou por experiências saudáveis de vida. (Rogers, 1978, p. 236)

Apesar do elevado conceito que a sabedoria organísmica obteve em sua teoria, Rogers não a considerava infalível, já que a capacidade de obtenção de informações do meio interno e externo é limitada, justamente por envolver um aparato sensório-perceptivo restrito a um corpo espaço-temporalmente limitado, exigindo constantes reformulações à medida que novos dados fossem acrescentados, conforme descreve ao falar de um indivíduo que vivenciasse plena confiança em seu eu-organísmico:

> Nosso hipotético indivíduo, porém, acharia seu organismo perfeitamente seguro, porque todos os dados possíveis seriam utilizados e estariam presentes de uma forma exata, sem deformações. Seu comportamento seria por isso mesmo tão satisfatório quanto possível a todas as suas necessidades [...] Nesse cálculo, nessa ponderação ou apreciação, o seu organismo não seria de maneira nenhuma infalível. Daria sempre a melhor resposta tendo em consideração os dados fornecidos, mas estes por vezes seriam insuficientes. No entanto, devido ao elemento de abertura à experiência, qualquer erro, qualquer comportamento que não satisfizesse, seria rapidamente corrigido. (Rogers, 1982)

Ora, com a nova formulação teórica, as possibilidades do eu e da consciência são ampliadas para além das limitações organísmicas e da localização espaço-temporal, atingindo uma dimensão do ser e da realidade que integra inclusivamente tudo o que existe não havendo, portanto, mais nenhum dado que deixe de estar potencialmente acessível à apreciação dessa consciência e dessa identidade ampliadas. Configura-se, assim, a possibilidade da conceitualização de uma nova e muito mais confiável – posto que infalível –, fonte de sabedoria e orientação, à qual o indivíduo teria acesso à medida que relaxasse sua identificação com o próprio organismo e com a situação imediata, mediante o ultrapassar de seu estado de consciência habitual. É o que, por exemplo, foi vivenciado e descrito por um dos participantes da pesquisa de Nattielo (1984, p. 170) sobre a "elevada maneira de conhecer" que os *workshops* da ACP promovem: "Eu era, nesse momento, parte de todo conhecimento do universo; meu conhecimento era parte de todo conhecimento e sabedoria do universo". (1982, pp. 6-7)

Nesse caso, porém, a designação dessa nova e mais profunda fonte de sabedoria não pode associar-se mais a uma concepção humanista de pessoa, pois tratando-se de uma *sabedoria transorganís-*

mica, vinculada à vivência de uma realidade transespaço-temporal, ultrapassa os limites da experiência pessoal para se caracterizar como uma vivência, e um potencial, transpessoal. É o que nos afirma Kalmthout ao comentar a experiência da existência de uma dimensão universal da realidade, subjacente e contínua à dimensão pessoal, a que o aprofundamento último do centrar-se na pessoa pode dar acesso:

> O contato com essa realidade não é pessoal no sentido de uma experiência subjetiva limitada, mas antes transpessoal naquilo em que uma "ordem objetiva" universal é encontrada pela pessoa individual. Isto só pode se dar quando toda a carga de conhecimento, científico, religioso, pessoal etc. é deixada para trás, porque essa ordem transcende todo esse conhecimento limitado. (Van Kalmthout, 1991, p.12)

Assim, a postulação da possibilidade de conscientização de uma identidade transpessoal, potencialmente disponível à vivência direta do indivíduo que ultrapasse o nível habitual de consciência, fundamenta teoricamente a existência de um potencial infalível e perfeito de sabedoria e orientação transorganísmica ou transpessoal. É o que Rogers, embora de maneira um tanto indefinida parece admitir, conforme vimos no capítulo anterior em seus comentários sobre a nova característica que descobre em seus melhores momentos como facilitador, ao descrever o incrível e sábio potencial de cura e intuição a que tem acesso quando, em estado alterado, é capaz de relaxar e ficar próximo de seu "âmago transcendental".

É também o que, mais declaradamente, afirma Maria Bowen (1987b). Em seu modelo teórico, proposto como sua própria forma de organizar o que para ela significa a ACP, concebe a existência de um "*Self* interno" descrito como "aquela fonte de sabedoria, conhecimento e amor que vive dentro de nós e transcende a mente consciente, embora ela possa ser vivenciada diretamente" (p.99). Para ela, defendendo a mais assumida concepção teórica transpessoal já apresentada por um autor da ACP, o *Self* interno é entendido como uma instância que fundamenta nossa identidade mais profunda mediante uma interconexão de natureza holográfica e transpessoal com o todo universal: "Gosto de pensar na fonte do *Self* como transcendendo os limites do 'Eu' e estando interconectado com a energia do Universo" (p.102). Aceitando a possibilidade da vivência direta de tal "fonte de sabedoria, conhecimento e amor" que tanto está "dentro de nós" quanto se interconecta com o universo, Maria propõe, em sua compreensão da ACP, uma concepção transpessoal de identidade em que postula um potencial transcendente e ilimitado de conhecimento e experiência, acessível por meios extra-sensoriais desconhecidos. Ultrapassa, dessa forma, o ponto de vista rogeriano-humanista tradicional que admite apenas potenciais associados à instância, corporalmente limitada, da sabedoria organísmica interior:

> A fonte de sabedoria e conhecimento do *Self* interno vem do fato de termos, à nossa disposição, conhecimento e experiência que transcendem tempo e espaço. Essa informação é recebida por meios ainda desconhecidos, que são diferentes do nosso aparelho sensorial, e nós, usualmente, não estamos conscientes disso. (1987b, p.104)

Sintetizando as modificações aqui discutidas, realizadas na visão de homem da teoria rogeriana a partir e em conseqüência da mudança da hipótese fundamental, verificamos que os principais tópicos da teoria de personalidade da ACP foram retirados do interior do organismo, da "pessoa", e lançados numa região transcendente. A motivação básica do ser humano é agora considerada transorganísmica embora sua relação com o organismo se dê desde o mais profundo centro, na própria essência intrínseca do processo que lhe deu origem. A consciência, ao menos em suas possibilidades últimas (e, talvez, na anterioridade ao tempo e espaço em que se deu a gênese da existência universal em geral e dos organismos em particular) também de forma alguma está restrita à "consciência da experiência organísmica", a qual, da perspectiva mais ampla da consciência cósmica, pode ser considerada, ainda, uma atitude defensiva de rigidez e separatividade de um organismo que distorce, em uma visão limitada e incongruente com a realidade mais profunda, a interconectividade holográfica e imaterial entre parte e todo conforme sugerido pela pesquisa física mais avançada em sua descrição da natureza da realidade.

A própria identidade é libertada, na nova visão, dos limites impostos pela identificação com um organismo espaço-temporalmente limitado, e comunga, em inefável concepção de identidade, transcendente experiência de unidade com a totalidade cósmica. Portanto, em todos os sentidos, a nova visão é transpessoal, desidentificada com as limitações do organismo total, antes elevado a critério último das possibilidades humanas na teoria rogeriana. Ora, se "tornar-se pessoa", na visão anterior, era sinônimo de tornar-se o próprio organismo integralmente experienciado na consciência, ao se caracterizar como transorganísmica, a nova visão da ACP assume-se como transpessoal. A finalidade do processo distinguido na visão rogeriana como objetivo da terapia e do desenvolvimento, o tradicional "tornar-se pessoa", passa agora a ser vista apenas como um objetivo parcial da ACP, cuja proposta última pode ser descrita como "tornar-se transpessoal".

Do centrar-se na pessoa ao transcentrar-se: uma nova teoria para a terapia

O principal acréscimo à tradicional teoria rogeriana de terapia e mudança da personalidade (Rogers, 1959) consiste, na última fase de seu trabalho, na proposição de uma nova característica da relação que gera crescimento, extensivamente examinada no capítulo anterior. Lá, de várias maneiras, creio ter demonstrado que se trata de uma nova atitude facilitadora cuja compreensão teórica escapa aos modelos humanistas e só encontra o devido respaldo no contexto de uma teoria transpessoal. Não é, portanto, mera coincidência que seja no mesmo texto em que apresenta a nova hipótese fundamental que Rogers (1983a, cap. III) também postula a descoberta da nova característica facilitadora.

Ainda nesse mesmo texto em que estabelece um novo fundamento teórico para a ACP, é feita referência aos fenômenos transpessoais de alteração da consciência observados no contexto da prática e, como possível efeito desta, da aplicação da ACP, conforme examinamos no Capítulo 5 e que representam, igualmente, importante desafio teórico, já que não se adequam às anteriores formulações de base humanista.

Esses dois aspectos centrais, referentes, respectivamente, a experiências transpessoais emergentes, quer como efeito, quer como método da atuação facilitadora centrada na pessoa, são, na verdade, os principais motivos para uma reformulação no sentido de aproximação entre o referencial teórico da ACP e um campo conceitual e paradigmático em que possam ser coerente e produtivamente abrangidos esses novos fenômenos e aspectos emergentes na prática centrada na pessoa. Tal campo, a meu ver, só pode ser encontrado, na contemporânea psicologia científica, no círculo das psicologias transpessoais, onde os referidos fenômenos encontrariam naturalidade e valorização no contexto de uma visão de homem e de mundo que aceita, enfoca e privilegia as dimensões transcendentes e espirituais da realidade e do potencial humano.

Neste tópico iremos examinar até que ponto o novo fundamento teórico, para além da reformulação da teoria de personalidade e da visão de homem, integra compreensivamente as mudanças de teor transpessoal observadas na prática, representando igualmente uma reformulação transpessoalmente ampliadora da tradicional teoria rogeriana de psicoterapia e mudança da personalidade. Sim, pois, no meu entender, ao apresentar a questão dos fenômenos misteriosos associados às alterações ampliadoras da consciência, justo no capítulo em que propõe uma reformulação do fundamento teórico, e, mais ainda, ao admitir (1983a, p. 48) que as "experiências terapêuticas e grupais" da ACP lidam com o "transcendente, o indescritível, o espiritual" e lamentar o descaso que anteriormente havia apresentado em relação à "dimensão espiritual e mística", subentendo fortemente que Rogers, no seu esforço de reformulação, desejava também dar conta, integrando-as harmoniosamente na teoria, dessas mudanças que vinha observando e experimentando na prática de sua abordagem.

Muito do que examinamos na seção anterior deste capítulo, que diz respeito às reformulações da teoria de personalidade e da visão de homem que fundamentam a ACP, já torna menos enigmaticamente constrangedoras as colocações e a própria linguagem utilizada por Rogers em suas descrições recentes a respeito dos fenômenos observados na prática. As novas conceitualizações apresentadas, de forma explícita ou implícita, a partir da postulação de uma nova hipótese fundamental, nos tópicos de motivação, desenvolvimento, consciência e identidade, e configuram, conforme busquei demonstrar, o esboço de uma alteração generalizada e transpessoalmente ampliadora da teoria de personalidade da ACP, já fornecem a articulação de uma estrutura teórica em que os novos fenômenos podem, congruentemente, ajustar-se.

Na questão da consciência, por exemplo, a aceitação de que esta pode ir além da experiência limitada do organismo individual, e de que, mediante alterações ampliadoras em que a vivência consciencial ultrapassa os limites habituais da consciência de vigília, podem ser acessadas regiões mais profundas da realidade onde perdem a jurisdição as leis físicas usuais de tempo, espaço e de separatividade dos

245

corpos, fornece um substrato teórico congruente à integração dos novos fenômenos de alteração e ampliação da consciência observados na prática recente da ACP.

Também na questão da identidade, a aceitação, ainda que de forma um tanto implícita, da possibilidade da descoberta de novas dimensões ampliadas para o eu, nas quais a identidade ultrapassaria os limites da história de vida, da existência corpórea e do tempo-espaço, até abranger a totalidade cósmica numa vivência de transcendente unidade, traz sustentação para que relacionemos à teoria certas experiências extraordinárias relatadas por terapeutas e clientes da ACP.

Tornam-se, assim, teoricamente aceitáveis, por exemplo, os fenômenos de integração pessoa-grupo na vivência de uma unidade organísmica grupal, relatada como efeito dos grandes grupos. Ou, ainda, torna-se coerente e compreensível o fato de Rogers (1983a, p. 47) utilizar-se, ao descrever sua própria vivência da nova característica facilitadora, de termos tão inusuais (em sua teoria anterior) para se referir à sua percepção, nesses momentos, da existência de um nível mais profundo de identidade, falando então "do que há de desconhecido em mim", de "meu eu interior, intuitivo" ou, ainda, de "meu espírito" e "meu âmago transcendental", ou mesmo da experiência de participação em "algo maior" em que a relação interpessoal "transcende a si mesma".

A meu ver, aliás, não só os fenômenos mais recentemente observados, sobretudo a partir do trabalho com grandes grupos, de alteração transpessoal da consciência e da identidade – como a intuição misteriosa que desvenda aspectos profundos e não-expressos da experiência alheia, ou ainda a constatação de uma misteriosa consciência grupal que atua por meios igualmente misteriosos –, encontram adequada naturalidade e congruência em uma noção de consciência e de identidade que não se restrinja aos limites últimos da vivência organísmica pessoal. Mesmo fenômenos mais prosaicos, de longa data integrados como características fundamentais da prática da ACP, parecem-me agora encontrar modelo teórico mais adequado. Basta citar, nesse sentido, a atitude fundamental da empatia, especialmente quando manifesta em níveis mais intensos e profundos, ou ainda a experiência tipicamente rogeriana do "encontro pessoa a pessoa", na qual os limites da identidade pessoal parecem fundir-se na vivência de uma unidade consciencial com o outro.

Tais fenômenos, assim entendo, encontram maior adequação em

um modelo teórico em que seja admitida a possibilidade da expansão transpessoal do eu e da consciência do que no anterior modelo no qual, por exemplo, a empatia era considerada apenas uma ilusória, e em última instância auto-referente, penetração no mundo do outro, a qual nunca deveria perder de vista a condição de *"como se"*.

Wood (1994) e Cury (1993) argumentam que as novas observações de Rogers, caracterizando os momentos culminantes do processo terapêutico como vivência de um "estado de consciência alterada", apenas nomeiam diferentemente a mesma experiência que, em fases anteriores, sempre caracterizou, embora talvez em menor intensidade, a atuação centrada na pessoa. Concordando com essa afirmação, vou ainda além, crendo que, mais que apenas nomear diferentemente ou dar uma nova perspectiva para a consideração dos fenômenos conscienciais da ACP, a nova concepção teórica formula uma visão transpessoal de consciência e identidade na qual esses fenômenos encontram uma possibilidade de compreensão menos artificial e auto-contraditória que a fornecida pela formulação teórica anterior.

No caso da teoria de motivação e do desenvolvimento, aspectos mais explicitamente modificados por Rogers com sua formulação da nova hipótese fundamental, e mesmo no contexto mais amplo de uma teoria da evolução em que agora passa a inserir sua teoria, as implicações para uma nova compreensão do processo de terapia e facilitação do desenvolvimento humano parecem, também, receber uma atenção mais explícita de Rogers, merecendo uma concisa, mas significativa menção nas conclusões do texto (1983a, cap. III) em que apresenta os novos fundamentos da ACP, cujas implicações teóricas transpessoais de maior alcance procurarei examinar nos próximos parágrafos.

Inicialmente, apresentando suas conclusões, Rogers reafirma sua visão anterior de terapia e facilitação da mudança da personalidade, colocando-se em termos equivalentes aos que poderia ter utilizado em fases anteriores de sua obra:

> O que pretendi dizer é que, em nosso trabalho como terapeutas e facilitadores centrados na pessoa, descobrimos atitudes comprovadamente eficientes na promoção de mudanças construtivas na personalidade e no comportamento dos indivíduos. Quando num ambiente impregnado dessas atitudes, as pessoas desenvolvem uma maior autocompreensão, uma maior autoconfiança, uma maior capacidade de escolher os comportamentos que terão.

Aprendem de modo mais significativo, são mais livres para ser e transformar-se.

Um indivíduo que vive nesse clima estimulante pode escolher livremente qualquer direção, mas na verdade escolhe caminhos construtivos e positivos. A tendência à auto-realização é ativa no ser humano. (Rogers, 1983a, p. 50)

Nesse ponto, porém, indo além de sua tradicional fundamentação humanista de postulação de uma tendência à auto-realização, Rogers utiliza sua nova concepção de uma "tendência mais ampla", atuante em todos os níveis, para reformular ampliadoramente sua visão do sentido de nossa atuação como facilitadores centrados na pessoa:

Essa tendência se confirma ainda mais quando descobrimos que ela não se encontra apenas nos sistemas vivos, mas faz parte de uma poderosa tendência formativa do nosso universo, evidente em todos os níveis.

Assim, quando criamos um clima psicológico que permite que as pessoas sejam – sejam elas clientes, estudantes, trabalhadores ou membros de um grupo – não estamos participando de um evento casual. Estamos descobrindo uma tendência que permeia toda a vida orgânica – uma tendência para se tornar toda a complexidade de que o organismo é capaz. Em uma escala maior, creio que estamos sintonizando uma tendência criativa poderosa, que deu origem ao nosso universo, desde o menor floco de neve até a maior galáxia, da modesta ameba até a mais sensível e bemdotada das pessoas. E talvez estejamos atingindo o ponto crítico de nossa capacidade de nos transcendermos, de criar direções novas e mais espirituais na evolução humana.

No meu entender, esse tipo de formulação é o princípio fundamental de uma abordagem centrada na pessoa. Ela justifica meu engajamento com um modo de ser que ratifica a vida. (Rogers, 1983a, p. 50)

"Estamos sintonizando uma tendência criativa poderosa, que deu origem ao nosso universo". Eis a nova definição que Rogers apresenta do que realmente faz, em um nível mais profundo ou "em uma escala maior", o facilitador que atua seguindo os princípios da ACP. Ora, levada às últimas conseqüências, essa afirmação implica a possibilidade de trabalharmos, de forma consciente e propositada, a partir dessa nova concepção e não mais de nossa antiga concepção de fundamentar nossa atuação na facilitação de uma instância intra-organísmica ou intrapessoal, voltada ao desenvolvimento pleno das potencialidades do organismo. Centramo-nos agora, a partir da reformulação da hipótese fundamental, em uma instância transpessoal, transorganísmica e mesmo transuniversal, já que, segundo as palavras de Rogers, o próprio universo origina-se da atuação dessa "tendência criativa poderosa". De acordo com essa nova concepção, ao atuarmos facilitadoramente no sentido de favorecer a conscientização e a expressão congruente de nossos impulsos motivacionais mais intrínsecos não estamos apenas atendendo e facilitando –, como afirmava a teoria anterior –, a tendência natural de nosso organismo para se manter e desenvolver na direção de maior autonomia, complexidade e organização. Na verdade, agora estaríamos atendendo e favorecendo – numa atitude que só encontra paralelo na atitude de servidão e entrega altruística ao todo transcendente assumida pelos místicos – os desígnios criativos e os propósitos de algo muito maior que nossa existência limitada como indivíduos ou mesmo como espécie.

Nacmias (1988), ao apresentar diversos aspectos do "espiritual" que vislumbrava como um "estado de consciência" na prática da ACP, parece ter compreendido de forma bastante acurada o sentido transpessoal que a formulação da nova perspectiva teórica traz para a compreensão do trabalho de facilitador na ACP.

Em um tópico intitulado *Ligando a parte ao todo*, apresentado por ele como forma de descrever o que ocorre na relação terapêutica e torna clara a presença e a importância do "espiritual" no processo, Nacmias procura demonstrar como, em grande parte, isso consiste na simples conscientização, por parte do terapeuta, de que seu trabalho está vinculado a um processo total muito mais abrangente que a relação pessoal envolvida, participando, na verdade, como uma faceta da totalidade, do processo cósmico transcendente. Ilustra o que entende por essa faculdade de "ligar a parte ao todo" com um conto em que três pedreiros, envolvidos no mesmo trabalho de corte de pedras para a construção de uma catedral, respondem de diferentes perspectivas em relação ao todo quando indagados sobre o que faziam: o primeiro respondeu que fazia o seu trabalho, o segundo, que estava cortando pedras, e o terceiro declarava-se construindo uma catedral.

Adaptando a parábola para o campo da prática psicoterapêutica, Nacmias comenta que as respostas de três hipotéticos terapeutas envolvidos em um atendimento seriam, respectivamente, que estava envolvido em seu trabalho ou curando uma pessoa que sofre, ou ajudando um ser humano a se tornar uma pessoa. A ampliação ainda maior da perspectiva do último terapeuta, por certo um psicólogo rogeriano humanista, nos daria, segundo Nacmias, uma boa imagem da dimensão espiritual da terapia, traduzindo também, assim entendo, o sentido transpessoal implicado na mudança de perspectivas trazida pela nova concepção teórica de Rogers:

> Enquanto reflexo da atitude centrada na pessoa, a terceira resposta pode também envolver um estado de consciência no qual "tornar-se pessoa" é visto como parte de uma lei cósmica (a tendência formativa) na qual ele, como terapeuta, tem sua parte a representar. Agindo assim, ele não está apenas fazendo seu trabalho, não está apenas usando seus recursos para curar uma pessoa que sofre. Antes, está desempenhando sua parte individual sentindo-se também em plena harmonia com a permanente construção da "catedral" cósmica. Quando um tal "estado alterado de consciência" é experienciado, a mim parece que o espiritual está presente. (Nacmias, 1988, p. 2)

Wood, autor especialmente envolvido com o desafio de integrar coerentemente à teoria da ACP os novos fenômenos de consciência e identidade transpessoal evidentes na experiência de unidade organísmica grupal observada como aspecto especialmente notável e relevante nos grandes grupos da ACP, parece concordar plenamente com o que aqui defendo, ou seja, que a postulação da tendência formativa fundamenta, ao mesmo tempo que modifica ampliadoramente, a compreensão teórica do processo envolvido nas práticas facilitadoras da ACP. Tentando atualizar a formulação teórica da ACP, e propondo uma teoria para a "terapia de grupo centrada na pessoa" (na verdade uma teoria para a facilitação centrada na pessoa em geral, já que em seu conceito de terapia de grupo estão incluídas todas as aplicações da ACP, inclusive a terapia individual ou "grupo de duas pessoas"), Wood assim estabelece seu ponto de vista:

> Uma colocação teórica atual, que leve em consideração anos de observação clínica e de pesquisa nos grupos de duas pessoas, pequenos grupos e grandes grupos, pode agora ser formulada.
> O fundamento da teoria da terapia de grupo centrada na pessoa é

a tendência formativa do universo [...]. O teorema fundamental dessa teoria pode ser estabelecido:

Quando pessoas [...] *trazem uma certa disposição para o seu encontro, à tendência formativa é permitido reorganizar capacidades e percepções mais complexas nos indivíduos e no conjunto.* (Wood, 1983c, pp. 60-1)

Vemos assim a mesma concepção aqui defendida de que a aceitação da tendência formativa do universo implica a retirada do foco do pessoal para o transpessoal, ou seja, algo que ultrapassa a pessoa individual. Pois agora é a tendência formativa, não mais a pessoa, que buscamos encontrar mediante a vivência de uma "certa disposição". E é a *ela* – não mais somente à nossa sabedoria organísmica ou qualquer outra instância intrapsíquica – que caberá, com nossa permissão e facilitação, "reorganizar capacidades e percepções mais complexas nos indivíduos e no conjunto". Ora, essas "capacidades e percepções mais complexas" incluem não só as potencialidades organísmicas delimitadas na anterior formulação teórica, mas implicam possibilidades de desenvolvimento humano condizentes apenas com as dimensões transpessoais da nova concepção teórica que Rogers apresenta, conforme vimos examinando neste capítulo:

Capacidades e percepções mais complexas incluem uma crescente consciência organísmica e uma aumentada receptividade à realidade organísmica total e redução da incongruência entre o eu e a experiência – transformando-se em uma pessoa completa, como indivíduo e membro da espécie humana. Essas capacidades podem incluir também autocura, habilidades "parapsíquicas" e "espiritualidade", assim como conhecimento "prático", através do qual a vida humana individual e coletiva pode ser beneficiada. (Wood, 1983c, p. 61)

Mais adiante, ao definir teoricamente os objetivos da atuação facilitadora centrada na pessoa, Wood coloca-se ainda mais claramente em defesa da nova perspectiva transpessoal na compreensão do processo terapêutico, pois é à tendência formativa, agora dotada de qualidades antropomórficas de "sabedoria e propósitos" (anteriormente só aceitáveis como sabedoria e direcionamento intraorganísmicos), que, em sua tarefa de "criar a espécie humana", cabe atuar nos momentos de terapia, desenvolvimento e evolução do indivíduo, dos grupos e da espécie. Nosso objetivo, como facilitadores da ACP, a partir dessa formulação, restringe-se a criar um clima que favoreça uma harmonização consciente e a não-interferência com a atuação dessa tendência formativa universal em cujos sábios propósitos depositamos agora, de acordo com o novo *credo* rogeriano, nossa fé e as nossas melhores esperanças:

> Que cada participante seja provido de uma oportunidade para viver conscientemente em harmonia com a sabedoria e os propósitos da tendência formativa, à medida que ela cria a espécie humana, é o objetivo da terapia de grupo centrada na pessoa. A abordagem centrada na pessoa confia na potência das forças naturais da vida e esforça-se por estabelecer um clima que não interfira com seus propósitos. (Wood, 1983c, pp. 64-5)

Colocações de outros autores da ACP, harmonizadas com as últimas formulações de Rogers, parecem de fato indicar que o sintonizar-se facilitadoramente na atuação do centro da pessoa deixou de ser o foco último do *centrar-se* do terapeuta rogeriano. O estado de consciência "ligeiramente alterado" que Rogers experimenta nos momentos em que declara ser "capaz de relaxar e ficar próximo do meu âmago transcendental" parece, na verdade, abrir caminho não-diretivamente para a manifestação de forças que vão além da sabedoria organísmica e do poder pessoal. O'Hara (1983) expressa essa nova percepção da atuação do terapeuta utilizando a antiga imagem religiosa do *espírito que a tudo move* para designar o efeito dessa atitude (ou desse "estado de consciência") de abertura e disponibilidade facilitadora à atuação de "algo maior" (na expressão de Rogers):

> O que estes momentos têm em comum é que nossa confiança primária em nossas habilidades racionais está relaxada. Estamos totalmente acordados e atentos, mas não envolvidos em pensamento. Prontos para nos deslocarmos no momento precisamente certo. Não estou sugerindo um papel passivo, mas antes um estado de consciência em que estamos atentos, plenamente conscientes de nosso processo interior e do contexto em que estamos, não pensando, planejando, julgando, avaliando, mas simplesmente esperando.
> Esperamos até que o "espírito nos mova", e ele irá nos mover. Nós nos moveremos para, ou nos afastaremos. Teremos uma ima-

gem, um pensamento, alguma coisa virá como uma parte de ser naquela realidade, naquele momento. (O'Hara, 1983, p. 101)

Mais adiante, no mesmo texto, reafirma ainda mais explicitamente a impressão de que nossa atuação como facilitadores, em última instância, consiste em nos mantermos sensíveis, disponíveis como não-interferentes veículos para expressão e atuação de um "amor" que está "além de nós" e de energias que nos transcendem, agora relacionadas à imagem do "vento", antiga imagem metafórica do *Espírito* na tradição religiosa:

Momentos terapêuticos são como o amor – nos tomam de surpresa. Não podemos nos determinar a amar. Quando ele vem, flui através de nós. Vem a nós e flui de nós, e não podemos segurá-lo. Está além de nós.

Assim, acho que a energia curadora flui em nós e brota de surpresa. E, se estamos disponíveis, ela nos moverá para uma ação que é natural e harmoniosa com a nossa situação. Da mesma forma que o vento tocará música numa harpa quieta... Tornamo-nos um instrumento através do qual a cura pode ocorrer. (O'Hara, 1983, pp. 101-2)

Na verdade, tais concepções teóricas ampliadas do processo de facilitação do desenvolvimento não excluem a importância do centrar-se na pessoa, da mesma forma que as novas concepções de motivação, desenvolvimento, consciência e identidade não invalidaram, mas apenas relativizaram – contextualizando-as como uma faixa intermediária a meio caminho de possibilidades e instâncias transpessoais últimas – as anteriores formulações da teoria de personalidade rogeriana, conforme já discutido neste capítulo. O "centrar-se na pessoa" e a "relação pessoa a pessoa", desse ponto de vista ampliado, representam agora, assim entendo, uma instância intermediária, de certo modo um portal ou uma ponte, a partir da qual poderemos ir "além da pessoa", isto é, transcender esse centro focalizando – e comungando com – um novo centro mais profundo, transpessoal e cósmico. É a conclusão a que parece chegar O'Hara ao comentar os efeitos de nossa presença pessoal como "um outro", na relação com o cliente, como a porta que dá acesso à união mais profunda com o universo:

Nossos clientes consertar-se-ão por si próprios se pudermos aprender a estar presentes com relação a nós próprios, a eles e a nossos grupos, nesse estado de nos entregarmos ao que quer que brote em nós. Nossos companheiros humanos nos necessitam não pelo que podemos fazer, mas pelo nosso essencial ser, pela nossa própria natureza. [...] Precisam de nós para que testemunhemos os eventos que estão vivendo, e para sermos pelo menos um outro, de tal forma que a união com o universo possa ser possível. (O'Hara, 1983, p.102)

É possível ainda uma compreensão transpessoal e holográfica do fenômeno, baseada na concepção de que "a parte contém o todo" – ou, como dizem os místicos, "tudo está em tudo". Sob esse ponto de vista – ou melhor, nesse "estado de consciência" – o "centrar-se na pessoa" e o centrar-se no cosmos tornam-se sinônimos. Como diz a bonita frase de O'Hara que chegou a ser estampada na camiseta promocional da saudosa Associação Rogeriana de Psicologia do Rio de Janeiro: "Os sábios dizem que em cada gota d'água estão todos os oceanos, em cada pedaço de grama está toda a vida, em cada pessoa, a energia do universo; é apenas uma questão de ver e ouvir". Creio que é essa qualidade de "ouvir" – esse "centrar-se holográfico" que na pessoa desvenda o cosmos – que Rogers (1980) descreve em uma expressiva passagem de sua obra recente:

Há uma outra satisfação peculiar em realmente ouvir alguém: é como ouvir a música das esferas, porque para além da mensagem imediata da pessoa, não importando qual seja essa mensagem, está o universal. Ocultas em todas as comunicações pessoais que eu realmente ouço parecem haver ordenadas leis psíquicas, aspectos da mesma ordem que encontramos no universo como um todo. Assim, há ao mesmo tempo a satisfação de ouvir essa pessoa, e também a satisfação de sentir o próprio eu tocando o que é universalmente verdadeiro. (1980, p. 8)

Roberto Crema, psicólogo brasileiro identificado com a perspectiva holística e transpessoal, apresenta uma interessante contribuição teórica para o tema, em tudo coincidente com a visão aqui defendida. Propõe que o desenvolvimento dos facilitadores, independentemente da linha teórica que adotem, passa idealmente por três estágios, culminando no que chama de "facilitador centrado no cosmos" (Crema, 1984) ou "facilitador holocentrado" (Crema, 1991).

Em sua concepção (Crema, 1991), o primeiro estágio, considerado a "infância do facilitador", consiste no "facilitador centrado na técnica", isto é: "quando o facilitador, diante da imensidão do fenômeno humano, busca segurança e apoio em algum modelo teórico e em procedimentos já aprovados pela prática" (p. 79). Superada a insegurança inicial, e os perigos implicados na adoção de um modelo mecanicista e reducionista da terapia e do ser humano, o terapeuta chega a um estágio de "maturidade", tornando-se o "facilitador centrado na pessoa", do qual o paradigma exemplar Crema considera a descrição que Rogers faz do facilitador atuando a partir de uma compreensão do ser humano como um ser intrinsecamente voltado para a auto-realização positiva. Para Crema, entretanto, há um novo estágio caracterizado como de "excelência do facilitador", que emerge como conseqüência, mas também pela transcendência do "centrar-se na pessoa", e pela compreensão (justamente a que parece ter orientado Rogers em suas últimas formulações teóricas) de que a pessoa não está isolada, mas indissoluvelmente ligada a um todo maior:

O passo seguinte há de ser na direção da maestria. Quando nos centramos no outro, com abertura e inclusividade, em algum momento haveremos de deparar-nos com o Mistério da não-dualidade. É quando os véus se dissipam, quando caem os muros, quando nos expandimos além do *maya* da separatividade. (Crema, 1991, p. 82)

Nesse ponto, a posição humanista é superada e atingimos uma concepção da inseparatividade entre pessoa-cosmos (a mesma admitida por Rogers em suas recentes formulações sobre a direção final do processo de desenvolvimento e evolução da consciência e identidade humanas), que só encontra aceitação na visão dos místicos ou em concepções científicas advindas da revolução paradigmática ou, ainda, nos estados ampliados caracterizados como de consciência cósmica, concepções essas que, reunidas, configuram as proposições teóricas e as evidências afirmadas pelo ponto de vista transpessoal sobre o substrato holográfico e transcendente da natureza humana:

Centrar-se no outro ainda é um reducionismo humanista, um aprisionamento ao exclusivamente humano. Um *espaço* infinito nos envolve, interligando tudo. Em outras palavras, centrar-se na pessoa é uma atitude antropocêntrica, excluidora da dimensão não-humana. A pessoa não está isolada; ela insere-se no todo e dele participa. Segundo a concepção holográfica (Pribam e outros) pode-se afirmar, com respaldo em evidências, que assim como a parte está no todo, o todo está nas partes [...] [cita a seguir concepções teóricas das modernas ciências naturais que fundamentam esse ponto de vista]. Tudo é inter-relacionado numa rede viva habitada de eventos dinâmicos, de ritmos entrelaçados. Num nível mais profundo não há fronteiras, não há divisões. Somos células de um mesmo corpo vivo, indissoluvelmente ligados em padrões de compasso na dança do todo. (Crema, 1991, pp. 82-3)

De acordo com Crema, essa nova compreensão da natureza unitária e interconectada da realidade em seus níveis mais profundos, para ser efetiva, não pode se restringir à mera mudança de conceitos, mas deve traduzir-se numa mudança atitudinal global, fundamentada numa "nova consciência" e expressa em uma mudança radical na forma de estar-no-mundo. Essa transformação, no seu entender, é um aspecto crucial das mudanças paradigmáticas em que se encontra envolvida a humanidade nestes fins de milênio:

Colocar em prática este conceito da inseparatividade – o que não é fácil – remete-nos a um mundo extraordinariamente novo e a uma inusitada atitude de estar-no-mundo. Como sabemos, uma cosmovisão não é meramente uma representação mental ou tentativa racional de apreensão da realidade. A visão que temos do mundo modela e define nossa ação no mundo. Uma nova cosmovisão, portanto, implica uma redefinição atitudinal global, uma efetiva mudança no modo condutual de estar-no-mundo. Nada menos que isso encontra-se em jogo quando acontece uma transição paradigmática em ampla escala como a que, atualmente, estamos testemunhando. A *atitude holocentrada* respalda-se nessa nova consciência e representa a excelência do facilitador. (Crema, 1991, p. 84)

As colocações de Crema, parece-me, ao mesmo tempo confirmam e elucidam as reformulações teóricas na concepção do processo de facilitação apresentadas por Rogers a partir da postulação da tendência formativa como hipótese fundamental da ACP[2].

Confirma-se que, para além da pessoa, o processo terapêutico pode ser compreendido com fundamentação científica na nova visão holográfica de mundo e de pessoa emergente nas ciências do novo paradigma (aí incluída a psicologia transpessoal), conforme Rogers integrou (ao menos como um esboço) em sua nova concepção teórica. Confirma-se, ademais, que o centrar-se num todo mais amplo e transcendente ("sintonizar-se" com uma "tendência criativa poderosa", segundo Rogers, ou "holocentrar-se", segundo Crema), fundamenta-se num "estado de consciência ligeiramente alterado", segundo Rogers ou "numa nova consciência" (segundo Crema), e torna-se transparente numa nova "atitude de estar-no-mundo" ou num novo "jeito de ser".

Confirma-se, ainda, que esta nova abertura consciencial e atitudinal franqueia e facilita a atualização de potencialidades de crescimento espiritual e transcendência para o indivíduo e para a espécie. E sustenta nossas melhores esperanças de que, nestes tempos difíceis, mas prenhes, em que está em jogo o destino da humanidade, testemunhamos e facilitamos com nossa atuação o nascimento de um novo mundo e de uma nova pessoa. Pois, ao atuarmos como facilitadores sintonizados com "algo maior" que a pessoa, conforme a nova concepção teórica, "talvez estejamos atingindo o ponto crítico de nossa capacidade de nos transcendermos, de criar direções novas e mais espirituais na evolução humana". (Rogers, 1983a, p.50)

Creio, assim, ter demonstrado que, embora possa não parecer evidente a uma leitura mais superficial, a reformulação teórica da hipótese fundamental implica uma radical mudança qualitativa do foco central da ACP, que deixando de "centrar-se na pessoa", passa a centrar-se, de forma colaborativa e facilitadora, em uma instância cósmica transcendente e onipresente. Mas se não estamos mais "centrados na pessoa", se fomos além da pessoa também em nossa compreensão do processo terapêutico, como se pode ainda falar, daqui para a frente, de uma abordagem "centrada na pessoa", a não ser para designar algumas das aplicações mais limitadas e provisórias, ou ainda para caracterizar uma fixação em visões anteriores por parte de rogerianos que negam os desenvolvimentos recentes do trabalho mais amplo visado pela abordagem criada por Rogers, da mesma maneira como atualmente alguns rogerianos distinguem a terapia centrada no cliente da abordagem centrada na pessoa? Não é, portanto, sem fundamento que, a exemplo de Crema, que propõe a designação de facilitador cosmo-centrado ou holocentrado para designar essa perspectiva ampliada da atuação terapêutica, John Wood (*apud* Cury, 1993), em determinado período de sua carreira, tenha proposto o designativo mais amplo de *abordagens centradas na vida* para nomear a perspectiva rogeriana em psicologia.

Semelhante ponto de vista é ainda defendido por Bryant-Jefferies (s.d.), autor inglês, que também considera que os últimos pensamentos de Rogers tornaram ultrapassada a concepção organísmica de pessoa e elevaram o "centrar-se" rogeriano a uma instância transcendente e espiritual (ingressando no que chama "psicologia centrada na alma"). Sugere, então, a necessidade de uma atualização da denominação da ACP, baseado na "necessidade de confiarmos no que já temos, admitindo que além do centrar-se na pessoa há alguma coisa que poderia ser chamada de 'centrar-se na transpessoa'[ou *centrar-se no transpessoal*, numa tradução mais elegante de *transperson-centredness*]" (p.4). Eu próprio tenho sugerido – como mais adequada às novas concepções de Rogers – a designação de *abordagem transcentrada na pessoa*, que além de caracterizar a aproximação ACP-psicologia transpessoal aqui analisada, chama a atenção para o fato de que o centrar-se na pessoa é apenas uma atitude e uma etapa provisória no processo de trabalho da ACP, a ser ultrapassada, dando acesso a um "centro" mais profundo e transcendente, no momento em que sua plenitude for atingida. Ou, então, simplificadamente, o título *abordagem transcentrada*, que informa que o nosso foco último de centralização é a dimensão transcendente do ser e da realidade.

No meu entender, ao aceitarmos a hipótese da tendência direcional formativa, só se poderá continuar a falar de uma abordagem "centrada na pessoa" se, dadas as características antropomórficas de intencionalidade e de sabedoria atribuídas a essa tendência, por Rogers e outros autores como John Wood, a ACP passar a ser considerada como uma forma teísta de psicologia transpessoal. Seus seguidores e praticantes seriam então adequadamente descritos como servos ou instrumentos voluntários sintonizados e facilitadoramente centrados na PESSOA ou *personalidade cósmica* total, que incluiria, em sua identidade transcendente, o universo e a espécie humana.

Embora possa parecer uma conclusão extravagante, creio que é uma possibilidade que transparece nas formulações de Rogers e de Wood sobre a tendência direcional formativa do universo, nas quais fica clara a concepção de que "a sabedoria e os propósitos de uma tendência criativa poderosa, que deu origem a nosso universo" é *o que* – ou talvez seja melhor dizer *quem* – na verdade opera nos processos de crescimento facilitados pela ACP, desde que seja adequadamente sintonizada, ou que seja criado, segundo Wood, um "clima que não interfira em seus propósitos", e dela as pessoas se aproximem "com certa disposição".

Tal disposição, que na proposta clássica de facilitação da ACP fundamenta-se em uma atitude de confiança incondicional na capacidade de autodirecionamento positivo e na sabedoria organísmica da pessoa, é agora ampliada na consideração positiva incondicional de algo muito mais profundo, mais positivamente orientado, mais sábio e mais amplo que a pessoa individualmente tomada, ou seja, uma instância transpessoal e mesmo transhumana, equivalente a um *Self Transpessoal*, um *Eu Superior,* um *Si-Mesmo*, um *Cristo Interno, um Deus em mim*, ou termos análogos com que as teorias transpessoais e a tradição mística costumam referir-se à dimensão cósmica e espiritual subjacente e transcendente às personalidades individuais. O próprio Rogers, em entrevista a Bergin (*apud* Wood, 1994) em que coloca as implicações religiosas de seu ponto de vista, chega a afirmar que: "Minha presente visão, bastante provisória, é que talvez exista uma pessoa essencial que persiste através do tempo, e mesmo através da eternidade" (p. 232).

Fadiman e Frager (1979), ao tentarem exemplificar com uma analogia o sentido da atitude de consideração positiva incondicional proposta por Rogers, recorrem ao exemplo do encontro entre um guru (mestre espiritual) hindu e um jovem estudante americano que visitava a Índia. O mestre, ao ser apresentado ao estudante, o saúda como se fosse Shiva (uma das pessoas de Deus na trindade hindu) e, apesar das tentativas de o estudante se identificar pelo seu verdadeiro nome, o guru continua a reverenciá-lo como se fosse o próprio Deus encarnado. Essa atitude, para os autores, seria "paralela" à do terapeuta centrado no cliente em sua fé incondicional no potencial positivo intrínseco a qualquer pessoa humana, mantidas naturalmente as proporções que separam a *Pessoa* de Deus (conforme concebido pelas religiões) e a noção de *pessoa* na teoria rogeriana clássica:

> Não importa o que o estudante diga, pense ou acredite, ainda assim o mestre o trata como a encarnação viva de Shiva. Seus protestos são tomados como uma evidência da ignorância a respeito de sua própria natureza interna. O mestre sabe que toda

pessoa é um aspecto dessa natureza divina e não constitui, portanto, nenhum esforço de sua parte ignorar até mesmo o comportamento não-divino das pessoas que o visitam.

De forma paralela, o terapeuta centrado no cliente mantém uma certeza de que a personalidade interior, e talvez não desenvolvida do cliente, é capaz de entender a si mesma. (Fadiman e Frazer, 1979, pp. 239-40)

Ora, diante da reformulação da hipótese fundamental da ACP, o terapeuta centrado na tendência direcional formativa do universo não me parece comparável a esse exemplo apenas "de forma paralela", mas de forma literalmente idêntica. No centrar-se em uma instância "que deu origem ao nosso universo", que identifica por trás de cada cliente, grupo em evento de crescimento, humano ou não, não é difícil aproximar a atitude do terapeuta rogeriano de toda uma tradição mística teísta, típica do cristianismo, e de importantes correntes budistas, islâmicas e hinduístas, como a do exemplo citado. Para essa tradição, afinada com a concepção transpessoal e espiritual de homem, Deus (Criador do Universo e Sábio direcionador daqueles *que vão a seu encontro com certa disposição e sintonia*) está na verdade no âmago e por trás de toda criatura e acontecimento. A atitude recomendada ao sábio é a de em tudo e em todos, de forma amorosamente incondicional, considerar e desvelar a Pessoa, a Palavra, a Presença e os desígnios de Deus, da *mesma forma* que na ACP ao facilitador se recomenda incondicional e positiva consideração e favorecimento à ação transformadora oriunda da, conforme vimos Wood dizer: "[...] sabedoria e propósitos da tendência direcional formativa do universo".

Seja na forma teísta, metafísica e espiritual, seja na forma naturalista, holográfica, seja enfim na forma em que quisermos interpretar, a nova formulação transpessoal da hipótese fundamental coloca o centrar-se rogeriano em sintonia com uma instância transcendente, entendida como a essência mesma do significado mais amplo da palavra VIDA, sábia e inexoravelmente oniatuante no sentido de levar a pessoa e o Universo inteiro na direção positiva de uma maior complexidade, unidade, consciência, harmonia, beleza, sabedoria e amor. Fé ingênua, esperança utópica, incurável e infundado otimismo? Não sei... É disso que nós, rogerianos, temos sempre sido acusados. Mas, sem dúvida, é essa a nova hipótese fundamental que Rogers nos deixou, em seus últimos escritos, como base de sua teoria e justificativa do jeito de ser dos praticantes da ACP: "No meu entender, esse tipo de formulação é o princípio fundamental de uma abordagem centrada na pessoa. Ela justifica meu engajamento com um modo de ser que ratifica a vida". (Rogers, 1983a, p. 50)

Notas

1. Em interessante artigo, Harman (1997) concorda com a opinião aqui expressa de que o conceito de "indivíduo plenamente funcionante" foi reformulado e ampliado pelas últimas colocações de Rogers. Acredita que, em seu caminhar, Rogers cada vez mais se aproximava de uma visão transcendente de ser humano, conforme é expressa pelos pontos de vista das psicologias formuladas pelas tradições espirituais do Oriente, especialmente o budismo, cuja noção de saúde psicológica se compara à descrição que Rogers faz da pessoa do futuro, e conclui: "Assim como as conceitualizações de Rogers sobre o indivíduo plenamente funcionante podem ser entendidas pelos terapeutas como uma ponte entre as psicologias ocidentais e orientais, também a abordagem centrada na pessoa funciona como uma ponte para os clientes entre estágios fenomenologicamente distintos de auto-absorção, auto-entendimento e autotranscendência" (p. 30). De maneira semelhante, Esperdito Pedro da Silva, psicólogo centrado na pessoa e professor universitário na Paraíba, compara o conceito de *pessoa harmoniosa*, extraído dos ensinamentos espirituais de Gurdjieff, e as novas concepções de Rogers, encontrando notáveis semelhanças. (Silva, 1989)

2. A psicóloga e professora universitária gaúcha Gisele Monza da Silveira, outra proponente brasileira da aproximação entre a ACP e a psicologia transpessoal, também se baseia na leitura de Crema para defender uma evolução "holocentrada" no conceito de facilitação da ACP, conforme ela mesma afirma ter experienciado em sua atuação profissional à medida que seu conceito de pessoa evoluiu "do ser existencial ao ser essencial". (Silveira, 1996)

Conclusão

Uma nova identidade: a emergência de uma abordagem transpessoal rogeriana

De maneira geral, a exploração de novas vias vislumbradas em decorrência do constante evoluir da psicologia, da ciência, da cultura e da humanidade encontra justificativa *a priori* na própria tradição da ACP que, como escola de psicologia, tem-se caracterizado pela capacidade de assimilar o novo e a mudança como fator de enriquecimento e expansão. Em sua teoria, a pessoa saudável é vista como aquela envolvida num ininterrupto processo de crescimento e de transformação, e a doença considerada como a estagnação em uma identidade (ou conceito de eu) rígida e impermeável às fluidas modificações internas e externas do campo total da experiência. Da mesma forma, a ACP, em sua melhor concepção, tem-se mantido como escola viva e saudável à medida que sua identidade se baseia não em dogmas ou posturas definitivas, mas em sua atitude de abertura ao novo e à experiência, assim como no resultante desenvolvimento e ampliação auto-atualizadores de seus conceitos, métodos, interesses e potencial de ação. No caso da tendência específica aqui abordada, a justificativa se impõe mais ainda, pois não se trata de um caminho dissidente ou marginal, mas, sim, originado das observações, formulações e indicativos do próprio Rogers, criador e principal proponente da ACP.

Entretanto, apesar de tão ilustre origem, adesão e recomendação, a tendência de aproximação entre a ACP e o ponto de vista místico, transcendente e espiritual, que contemporaneamente caracteriza as escolas da psicologia transpessoal, tem sido muito pouco considerada, examinada, explorada, reconhecida ou mesmo conhecida, em termos de sua amplitude e profundidade de significados e potencialidades. Este livro, realizando o levantamento e a análise dos conteúdos e formas que toma essa tendência nas últimas concepções de Rogers e no campo teórico e prático da ACP atual, procurou preencher essa lacuna.

Páginas atrás, na Introdução, anunciei que meu exame e discussão dos elementos místico-transcendentes-espirituais, emergentes como característica marcante da última fase da obra de Rogers e de desenvolvimentos recentes da ACP, estariam voltados à defesa de algumas hipóteses, visando à demonstração de uma tese. As hipóteses analisadas afirmam que os elementos estudados modificam pontos fundamentais da teoria e da prática rogeriana, sempre no sentido de afastamento dos tradicionais pontos de vista humanistas – que até agora caracterizaram a identidade da ACP como escola da psicologia contemporânea – e de aproximação das características que identificam as psicologias transpessoais. Tais mudanças, em seu conjunto, configurariam – esta é a tese que defendo – a possibilidade da transformação da ACP em uma nova escola de psicologia transpessoal.

Após ter estabelecido, nos primeiros capítulos da Parte I, as características identificadoras e diferenciais, em vários campos, da posição humanista e da posição transpessoal, meu exame passou a centrar-se, nos diversos capítulos da Parte II, na defesa das hipóteses propostas. Creio ter aí demonstrado que Rogers, apoiado e seguido por diversos colaboradores, de fato, modificou os fundamentos de sua abordagem, tendo adotado novas posições, em tudo harmoniosas e equivalentes às que caracterizam a corrente transpessoal na psicologia contemporânea, no que se refere à temática privilegiada, à visão de ciência, à visão de homem, e aos métodos e técnicas. Resumindo as novas concepções propostas por Rogers, conforme transparecem nos elementos místicos, transcendentes e espirituais de seus últimos escritos, podemos apreciar sua configuração total:

1. a ACP deve reconhecer a emergência de um novo paradigma científico – envolvendo a convergência da ciência moderna e a milenar tradição místico-espiritual – e adequar-se a ele, dando especial atenção ao significado e à importância que a nova visão de mundo atribui às vivências transpessoais;
2. deve enfocar e dar destaque às experiências espirituais e transpessoais de ampliação da consciência, entendendo-as como fator de crucial importância no desenvolvimento hu-

mano, tanto individual quanto da cultura e da própria evolução da espécie;

3. deve empregar métodos e tecnologias de atuação que facilitem o experienciar dos estados alterados e ampliados de consciência;

4. deve propor, como síntese e coroamento de sua forma característica de atuação facilitadora, a necessidade do desenvolvimento de uma atitude facilitadora transpessoal; e

5. deve defender, como princípio fundamental de sua teoria, de sua prática e da visão de homem que propõe, a existência de uma tendência cósmica poderosa, sábia e onipresente, que move o desenvolvimento humano – assim como a evolução de tudo o mais – na direção da autotranscendência, da espiritualidade e da comunhão consciente com o todo universal.

Se cada um desses tópicos, por si só, significa uma notável revolução teórica ou metodológica, tomados em seu conjunto articulado representam uma radical transformação, um completa mudança de identidade, na qual a ACP deixa de ser uma abordagem humanista e se torna uma abordagem transpessoal. Tal processo de transformação que, assim acredito, Rogers deixou configurado como um potencial para ser conscientizado e atualizado (no sentido de passar de potência para ato) pela ACP, o Tornar-se Transpessoal referido no título deste livro, parece-me, em tudo equivalente – mas "uma oitava acima", digamos assim – ao tradicional *Tornar-se Pessoa*, descrito como o processo de crescimento em direção à saúde e à auto-atualização de potenciais no qual também o indivíduo experiencia momentos de incongruência, perplexidade, questionamentos e crise, superados por uma transformação e mudança de identidade. Creio que essa analogia é excelente para compreendermos a natureza e os sentidos da possibilidade de transformação da ACP, que creio estar implicada na tendência que estivemos examinando, assim como poderá esclarecer como entendo o propósito deste meu trabalho. Portanto, vou desenvolvê-la um pouco nos próximos parágrafos.

Em suas mais conhecidas e formais elaborações teóricas sobre a natureza e o funcionamento do psiquismo humano, conforme vimos de forma breve no último capítulo, Rogers propõe uma teoria sobre o desenvolvimento, a dinâmica e a mudança da personalidade. Para ele, independentemente da consideração à questão filosófica de *o que é a realidade*, se há ou não um *mundo* concreto e objetivo, forçoso é o reconhecimento do fato de que cada indivíduo vive e atua em um mundo de experiências subjetivas próprias ou, na expressão que adotou, um *campo fenomenal*, que constitui a *realidade* para o experienciador. Esse mundo, percebido como tal, e construído a partir de experiências, sobretudo valorativas, derivadas do intercâmbio com *pessoas significativas*, inclui necessariamente uma região de vital importância: a percepção de si mesmo, o autoconceito, a própria identidade conscientemente percebida pelo indivíduo, a que Rogers chamou de sistema do eu, de estrutura do eu, de conceito de eu ou, simplesmente, eu (*self*). Tal sistema ou estrutura, na verdade, é uma configuração de crenças, percepções, idéias, imagens, opiniões e valores que a pessoa tem em relação a si mesma e constituem aquilo a que conscientemente chama de *eu*, o centro a partir do qual, ou em referência ao qual, organiza sua simbolização do mundo e sua relação com este.

Inevitável, e mesmo necessário, o desenvolvimento e a cristalização do eu é também responsável, em associação com seu subsistema *eu ideal* (o eu que o indivíduo gostaria de ser, ou como gostaria que os outros o percebessem), por toda sorte de deficiências e problemas psíquicos, representando o principal obstáculo ao crescimento psicológico sadio em direção a uma existência plenamente funcionante. Resumindo toda a problemática do sofrimento e da doença psíquica a uma palavra, *incongruência*, Rogers a define como o estado de desacordo entre a noção do eu e a experiência total, tanto externa quanto interna, vivenciada pelo organismo, ocasionando tensão, sensação de ameaça e angústia, com a conseqüente utilização de defesas que distorcem ou bloqueiam a correta *simbolização* consciente ou a expressão interpessoal da experiência vivida organismicamente.

Levar a pessoa a simbolizar de modo adequado sua experiência e comunicá-la, não necessariamente de forma verbal, mas sobretudo de forma existencial, em suas relações e presença no mundo, é simultaneamente o objetivo de qualquer intervenção da ACP, seja em psicoterapia ou em educação, como ainda a direção natural do crescimento psicológico sadio, impulsionado pela tendência atualizante, e não obstaculizado por *condições de valor* adversas, ou seja, imposições que condicionam o recebimento de consideração positiva (afeto, atenção e valorização) da parte de outros significativos (pessoas importantes para o indivíduo).

Em outras palavras, a pessoa só adquire uma personalidade sadia quando seu eu é flexível e processual o bastante para se manter congruente ao fluxo sempre mutante de sua *experiência organísmica total*, cuja qualidade de eficiência e capacidade de adequação na relação organismo-meio ambiente mereceu de Rogers a designação de *sabedoria organísmica*.

O processo de mudança em direção à congruência mais estreita entre o eu, ou identidade assumida, e a *experiência* total não é entretanto tranqüilo, mas em geral sentido como profundamente perturbador e ameaçador. Na verdade, tendo o indivíduo desenvolvido uma tendência para manter e desenvolver o seu sistema de eu, ocorre que essa tendência pode entrar em choque com parcelas de sua experiência organísmica, a qual, por sua vez, se associa à *tendência atualizante* mais ampla e inata, a saber, a tendência de todo organismo para desenvolver suas potencialidades na direção de sua conservação e enriquecimento, sua autonomia e unidade. Havendo tal choque, o eu, pressentindo a ameaça à sua estrutura e estabilidade, tentará se proteger, quer interceptando, quer deformando a experiência incongruente à sua auto-imagem, usando, para tanto, toda gama de artifícios que Freud tão bem descreveu sob o título de *mecanismos de defesa*.

No entanto, com o crescer das experiências incongruentes, o *eu* com o qual a pessoa se identifica começa a falhar em se proteger das ameaças à sua integridade, sobrevindo a angústia ou a ansiedade e instalando-se uma crise na personalidade. Vários podem ser os desfechos, incluindo a desintegração psicótica do eu, ou a igualmente psicótica cisão da personalidade em dois ou mais núcleos de identidade autônomos e incomunicáveis que eclodem alternadamente (tipo Dr. Jekill e Mr. Hyde), ou mesmo simultaneamente, como na dissociação esquizofrênica. Entre outras soluções possíveis para a crise, está a exacerbação das defesas, nos diversos graus e formas da neurose, na tentativa de bloquear a angústia e a ameaça, mediante a *evitação* e a *distorção* da experiência, e uma maior ainda auto-identificação com um *sistema de eu* cada vez mais rígido e estereotipado.

Naturalmente, a solução ideal, atingível em uma psicoterapia bem-sucedida ou por outro processo que favoreça o desenvolvimento sadio e a natural ação da tendência atualizante, será a superação da crise pela configuração de um *novo eu*, que represente e expresse mais congruentemente a experiência, tanto interna quanto externa, vivenciada pelo organismo total. Então, emerge da crise uma nova pessoa, mais madura, plena, autônoma, eficiente e complexa que a anterior, tendo superado mais uma etapa de seu desenvolvimento em direção ao ideal rogeriano de pes*soa plenamente funcionante*, ou seja, aquela que realiza o acordo perfeito entre sua identidade e a complexidade processual de sua experiência organísmica global.

Mutatis mutandis, creio ser esse o processo por que passa a ACP nas fases mais recentes de seu desenvolvimento. Novos e emergentes elementos de regiões de sua experiência, apresentados anteriormente como mudanças de visão de mundo, de interesses, de visão de pessoa, de resultado de suas ações e atitudes, e forma de ser no mundo, têm provocado confusão e ameaça à sua identidade ou *eu*, como escola de psicologia, prenunciando ou mesmo instalando uma grave crise. As possibilidades, que vão desde a dissolução e o desaparecimento da ACP, passando pela sua cisão em tendências conflituosas, pela dissociação entre sua teoria e sua prática, e pela negação dos desenvolvimentos mais recentes, com a fixação em fases anteriores, já estão se manifestando. O que este livro se propôs, dentro dos limites de seu alcance e temática, foi facilitar à ACP a integração, de forma congruente, das novas áreas da experiência humana a que as circunstâncias internas e externas de seu desenvolvimento a levaram, em diversas faixas de sua atividade (científica, temática, teórica, de resultados e de atuação).

Não encaro meu trabalho como o de proponente, construtor ou líder de algo novo, de uma nova tendência, teoria ou ponto de vista para a ACP. Meu projeto, humilde ou ambicioso, é fazer o que os rogerianos fazem tão bem: *facilitar* que as tendências naturais para o crescimento e a atualização das potencialidades intrínsecas, manifestas e atuantes em diversos campos e níveis da experiência, sejam reconhecidas, aceitas, assumidas e integradas pelo cliente como a legítima expressão de si mesmo, de seu *eu* mais pleno e profundo, podendo assim ter livre curso em sua ação processual positiva e transformadora.

Os propósitos deste livro, assim, se assemelham aos de um processo psicoterapêutico rogeriano, pois aí também se parte do exame de elementos diversos (sobretudo as experiências incongruentes que ameaçam a estabilidade do *eu* do indivíduo), procurando articulá-los em torno de seu sentido unificado, entendido em sua essência como manifestação de uma tendência atualizante direcionada à aproximação de um novo eu mais abrangente, complexo e integrador das experiências totais.

O método que o terapeuta utiliza nesse processo envolve basicamente o uso das atitudes facilitadoras e consiste na investigação dos elementos experienciais perturbadores, em um clima de aceitação, compreensão e autenticidade. Busca-se, em tal procedimento, o exame e a discussão desses elementos, visando extrair e esclarecer o significado articulado que lhes é implícito; a resolução dos problemas que sua emergência e implicações trazem para o cliente; e a exploração de novas possibilidades e direções que se descortinam a partir da integração dos elementos experienciais que se manifestam. Ao final, se bem-sucedida a montagem do *quebra-cabeças* existencial que constitui o processo terapêutico, o método utilizado resultará na configuração de um novo *eu*, em relação ao qual os elementos experienciais, anteriormente perturbadores, se organizam de forma harmoniosa, congruente e produtiva.

Tomando por modelo essa analogia, o método que adotei neste livro tratou da identificação, do exame e da discussão de *elementos* que, emergindo recentemente no *campo experiencial* da ACP, não se encaixam em sua identidade humanista, mas aproximam-na de uma nova identidade transpessoal. A exemplo do trabalho terapêutico, meu trabalho incluiu a organização articulada das experiências incongruentes, a discussão de seu sentido unificador, o equacionamento e encaminhamento da resolução dos problemas que a integração desses elementos envolve, e a especulação de novas possibilidades de desenvolvimento que se vislumbram a partir da aceitação e da integração dos elementos experienciais perturbadores em uma nova identidade ou jeito de ser.

Uma pessoa procura a terapia quando vivencia elementos de experiência incongruentes com sua auto-imagem e visão de mundo em um ou mais dos campos de sua experiência, o que lhe ocasiona angústia ou sensação de ameaça, relacionadas ao temor de dissolução de seu *eu*. O processo que examinamos neste livro, porém, mais do que a uma crise provocada por bloqueios doentios da experiência, assemelha-se antes a uma crise natural do desenvolvimento, já que obedece padrões de mudança conhecidos, a saber os que envolvem o afastamento de uma identidade humanista em direção a uma identidade transpessoal. Assim, o *modelo terapêutico rogeriano*, que estamos utilizando para esclarecer o sentido e os objetivos deste livro, tornar-se-á mais adequado e esclarecedor se o enfocarmos a partir do exemplo de um cliente hipotético com um problema análogo ao aqui examinado. Poderia, por exemplo, referir-se à problemática enfrentada por uma criança que se torna adolescente. Vamos chamar esse personagem imaginário de *cliente X* e acompanhá-lo em seu hipotético processo de transformação.

O cliente X, até recentemente uma criança feliz e adaptada, modelar integrante de seu grupo de crianças, vem sendo crescentemente perturbado por elementos de sua experiência que ameaçam a estabilidade de sua identidade. Tais elementos experienciais eclodem em diversas dimensões de sua vida. Perturba-se X ao verificar que o mundo, até então compreendido por ele como o ambiente mais imediato de seu lar, escola e companheiros de brincadeiras, é na verdade muito mais amplo, complexo e multifacetado do que supunha sua ingênua concepção infantil (mudanças no modelo de mundo). Surpreende-se ao verificar que, ao mesmo tempo em que as antigas brincadeiras não o atraem tanto, uma crescente gama de novos interesses, tais como as pessoas do sexo oposto, sua aparência e as estranhas transformações de seu corpo, passam a assaltá-lo (mudanças de *interesses*). Na seqüência de seus novos interesses e das aflitivas transformações por que passa, X angustia-se ao notar que os antigos parâmetros que norteavam seu julgamento e admiração pelas pessoas e seus objetivos pessoais de desenvolvimento – a habilidade em brincar, em contar histórias, em ser divertido e jogar futebol, por exemplo – são agora substituídos por outros, totalmente diversos: os atrativos corporais, a habilidade de dançar e de manter conversação e popularidade com o sexo oposto, por exemplo (mudanças na visão de pessoa). Mais ainda, percebe que suas antigas habilidades no manejo de técnicas de brincadeiras e métodos de atrair a atenção de sua mãe são agora desprezadas, e se envolve ansiosamente no aprendizado de técnicas e métodos que lhe possibilitem tornar-se mais atraente – com que impaciência aguarda exercitar-se na técnica de se barbear! – e sobretudo que lhe permitam abordar as enigmáticas e sedutoras figuras femininas: "onde, com mil diabos, se aprende a complexa arte da *paquera?!*" (mudanças de métodos e técnicas).

Enfim, X se vê desesperado, não reconhece mais o mundo, outrora um lugar estável e seguro, agora uma ameaça informe e incompreensível; não reconhece sequer a si mesmo, essa criatura estranha e desajeitada que o contempla do outro lado do espelho. Parece-lhe estar ficando louco, assaltado por demoníacas idéias e desejos, e, como último recurso desesperado, procura o conselheiro (rogeriano, por feliz coincidência!) da escola, para que o ajude a se livrar de tantos elementos perturbadores, restabelecendo a antiga tranqüilidade de um mundo e um eu conhecidos.

Esse conselheiro, seja terapeuta ou educador, naturalmente identificará nesses *elementos* aparentemente caóticos e sem sentido que emergem no campo experiencial de seu pequeno cliente, a configuração da natural tendência ao crescimento, que afasta X de sua identidade de criança e o aproxima de sua identidade de adolescente. Em um processo de ajuda que, além das atitudes básicas da proposta rogeriana, possivelmente incluiria o fornecimento de informações sobre a natureza das transformações experienciadas e do quanto elas se assemelham ao vivido por outras crianças da mesma idade, o conselheiro ajudaria X a compreender, aceitar e valorizar suas novas experiências, passando mesmo a dar livre curso e a colaborar com a atuação da tendência que subjaz a elas, uma vez que no decorrer do processo X perceberia que, ao final da transformação, em vez de se ver perdido, estaria reencontrando a si mesmo numa versão atualizada e melhorada de seu próprio *eu*, configurada em um novo jeito de ser. Sentir-se-á, então, mesmo impaciente, nosso cliente X, para que isso ocorra o quanto antes, já antegozando as vantagens, possibilidades e realizações que o aguardam quando dominar e exercer sua nova condição de adolescente.

Assim que aceitar a mudança por que está passando, X poderá receber grande ajuda (e retribuir) de um grupo de pessoas que passou ou está passando por experiências semelhantes e lhe foram apresentadas pelo conselheiro, que (por outra feliz coincidência) sabia das reuniões de um grupo de púberes e adolescentes, na mesma escola. X talvez se surpreenda em reconhecer, nesse novo grupo, alguns indivíduos que até havia pouco pertenciam ao mesmo grupo de crianças com que anteriormente brincava. Os adolescentes mais velhos, ao perceber que a criança havia crescido, abririam seus braços para o novo companheiro de explorações, de intercâmbio de idéias, de descobertas e de apoio mútuo, do qual poderiam assim receber as contribuições singulares e potenciais que X tem a oferecer para a *turma* e para cada um de seus componentes.

Assim, foi este trabalho de terapeuta, conselheiro ou orientador de púberes que este livro pretendeu executar. De um lado, realizando o exame e a discussão de elementos emergentes nos referidos campos da ACP, visando facilitar sua integração em uma nova identidade. De outro, identificando e demonstrando que tais elementos se relacionam e configuram uma tendência determinada no sentido de aproximar a ACP de um grupo de escolas, em que tais elementos e sua configuração, em vez de serem considerados incômodas anomalias ou excentricidades, seriam aceitos e valorizados como as próprias características identificadoras do grupo, abrindo-se em conseqüência, para a ACP, todo um novo ambiente de intercâmbio e de desenvolvimento.

Da perspectiva que adotei neste trabalho, a aproximação da ACP do campo de interesses e de estudo da psicologia transpessoal é vista como a possibilidade de um diálogo enriquecedor e não como fator de empobrecimento, divisão ou descaracterização. No diálogo, situação que tão bem Rogers examinou, ocorrem alguns dos mais interessantes e maravilhosos paradoxos do crescimento e transformação. Nele envolvidos, abrimos mão de nossos preconceitos, de nossos pontos de vista cristalizados, de nossa imagem social e até do próprio *eu* que acreditamos ser, *pondo à mesa* tudo que temos para, esvaziados, desarmados e despidos, recebermos o outro em sua unicidade e inteireza. Do diálogo, emergimos mudados, novos, transformados e, não obstante, misteriosamente nos sentindo muito mais próximos daquilo que, no mais íntimo, realmente somos.

É relevante observar que, ao caracterizar a emergência de temáticas *espirituais* ou *místicas* na literatura recente da ACP como indicativo de que estaria ocorrendo um movimento de aproximação da psicologia transpessoal, não pretendo de nenhuma forma propor a subordinação da ACP a alguma outra teoria ou visão relativa a essa dimensão do ser. Ao contrário, reconhecendo que a emergência desse interesse e desses temas no âmbito da ACP é conseqüência muito mais de sua própria elaboração do quadro decorrente das mudanças e dos desenvolvimentos internos e externos em seu campo de atuação e reflexão, o que pretendo é tão-somente aproximá-la de todo um novo círculo de teorias independentes e autônomas, congregadas para intercâmbio, fortalecimento e enriquecimento mútuo no campo de seus interesses, pontos de vista e propostas comuns. O que, aliás, talvez tenha sido o principal motivo que levou à organização tanto do movimento humanista quanto do movimento transpessoal.

Espero, assim, que este livro possa facilitar e criar pontes para essa aproximação. Acredito que, ao buscar para além do grupo humanista um novo círculo organizado de teorias e abordagens, não só a ACP como também a psicologia transpessoal são enriquecidas. Encontrando interlocutores experientes e amadurecidos (alguns dos quais já antigos conhecidos do círculo humanista anterior) no estudo das novas dimensões a que sua própria experiência a levou, e que agora se lhe apresentam como campo desconhecido mas prenhe de possibilidades e promessas, a ACP cresce. Já para a psicologia transpessoal, mudar a imagem com que considerava a ACP e abrir suas portas para recebê-la, representa não só a possibilidade de se fortalecer mediante a inclusão de mais essa respeitada e prestigiada escola, mas também, e sobretudo, a possibilidade de se ver fecundada pelas contribuições criativas e singulares que a ACP, com seu *jeito de ser*, tem sabido oferecer a cada novo campo das coisas humanas e a cada nova dimensão da pessoa em que adentrou durante a bem-sucedida história de seu desenvolvimento.

Desejo também esclarecer que o fato de eu defender que a tendência mística, transcendente e espiritual dos últimos pensamentos de Rogers dá margem ao estabelecimento da *abordagem centrada na pessoa* como uma completa e típica escola de psicologia transpessoal, não significa, de maneira alguma, que eu esteja propondo que todos os psicólogos identificados com a abordagem psicológica por ele criada devam, a partir de agora e sob pena de exclusão das fileiras rogerianas, se assumirem como psicólogos transpessoais. As contribuições de Rogers, inclusive na maior parte de seu trabalho na última fase de sua existência, representam indeléveis e características contribuições ao campo da psicologia humanista ou, caso se queira assumir certa licença nominativa, ao campo da psicologia fenomenológico-existencial, fornecendo bases e diretrizes para uma atuação eficiente e profícua aos rogerianos que desejem limitar-se, tanto em sua atuação como em sua própria perspectiva filosófica e científica sobre o ser humano e sobre o mundo, aos pontos de vista da psicologia humanista mais tradicional.

Da mesma forma que no panorama atual da ACP existem facções ortodoxas identificadas apenas com a teoria e a prática da terapia centrada no cliente conforme desenvolvida até a década de 1960, renegando os desenvolvimentos posteriores das idéias e do trabalho de Rogers, nada impede, a meu ver, que no futuro uma ACP *humanista* conviva harmoniosamente com uma ACP *transpessoal* identificada com a tendência mística dos últimos pensamentos de Rogers. Que ninguém, a contragosto, seja obrigado a aceitar uma visão de mundo, de ser humano, de ciência ou de psicologia, que lhe pareça incômoda, irrealista ou perniciosa!

Entretanto, como pessoa envolvida na comunidade nacional e internacional de profissionais identificados com a ACP, tenho observado que as temáticas transpessoal e espiritual atraem o interesse de muitos colegas rogerianos, quer seja por leituras ou experiências próprias, quer seja por necessidades e pressões da clientela, já que tais assuntos têm emergido em vários campos da cultura atual. Esse interesse, em princípio, deveria fortalecer e estimular o desenvolvimento e o estudo dessa tendência no âmbito da ACP, mas, estranhamente, muitas vezes o que ocorre é o oposto. Interessados no assunto paulatinamente se afastam para ir buscar, em outras fontes teóricas e metodológicas, orientação e instrumentos para exploração dessas dimensões do ser, desconhecendo que em sua própria abordagem de referência muito poderia ser encontrado e desenvolvido. Por outro lado, também, dados os preconceitos com que visões mais estreitas dos círculos acadêmicos e profissionais costumam encarar a perspectiva transpessoal, os seguidores da ACP que investigam o tema acabam malvistos e incompreendidos por parte de seus próprios colegas ditos *centrados na pessoa*. Em conseqüência, uma vez mais, é comum que se afastem para buscar em outros círculos maior receptividade e interlocução.

A meu ver, tal situação é uma lástima e um absurdo, pois em muitos sentidos são justamente os interessados no *transpessoal* os mais genuínos e atualizados seguidores de um caminho que Rogers, na culminância de sua existência, de seu trabalho e pensamento, traçou para os continuadores de sua obra. Desde a perda da liderança de seu criador, é comum, nos círculos profissionais da ACP, a discussão de temores de sua dissolução e desaparecimento como *linha* da psicologia atual, em conseqüência da falta ou deserção de interessados e *adeptos*. Assim, é para mim uma triste ironia que uma tendência que poderia renovar, fortalecer e ampliar a contribuição da ACP à psicologia, acabe contribuindo para seu esvaziamento e descaracterização, por rejeição e abandono de supostos dissidentes ou marginais, os quais, por desinformação ou falta de conscientização, não são reconhecidos, nem a si mesmos reconhecem, como representantes da mais pura tradição rogeriana.

Portanto, uma de minhas expectativas ao buscar demonstrar que as últimas colocações de Rogers fundamentam o estabelecimento de uma completa e promissora abordagem transpessoal, e nisso enfatizo a dignidade dos rogerianos que se sentem atraídos pela visão de mundo e de pessoa, assim como pelo campo de estudo, reflexão e atuação, que contemporaneamente caracterizam as escolas da psicologia transpessoal, é que eles, dando continuidade ao desenvolvimento desse ponto de vista na ACP, também sejam aceitos e reconhecidos como representantes, contribuintes e continuadores legítimos da abordagem criada por Rogers.

Quero, em resumo, permitir a mim mesmo, e a quem mais deseje, poder declarar de forma aberta e fundamentada, tanto para meus colegas centrados na pessoa como para meus clientes e alunos, e ainda para os colegas das diversas abordagens humanistas e transpessoais: "sou um psicólogo transpessoal e sigo a abordagem rogeriana". Ou, melhor ainda: "SOU UM PSICÓLOGO TRANSPESSOAL ROGERIANO!"

E, por fim, devo confessar que mesmo para mim, que estudo e proponho esse tipo de desenvolvimento para a ACP, foi uma surpresa conscientizar-me, em dado momento da elaboração deste trabalho, da extensão em que Rogers já havia realizado a mudança de identidade de sua abordagem, na direção de torná-la transpessoal. Quando iniciei, há cerca de dez anos, o levantamento, a organização e o estudo dos elementos místicos, transcendentes e espirituais presentes nos últimos textos de Rogers, não tinha ainda idéia da amplitude e da profundidade do que viria a emergir de sua configuração total. É evidente que não havia me passado despercebido o fato de que essas colocações de Rogers, aparentemente esparsas e deslocadas do resto de sua obra, faziam todo um sentido articulado quando comparadas ao ponto de vista transpessoal, com o qual me pareciam inteiramente coincidentes; e justamente foi essa primeira impressão que me motivou a iniciar a pesquisa que, após várias etapas e versões, resultou neste livro. Contudo, pensava eu, esses elementos *transpessoais* da recente literatura rogeriana tratavam-se apenas de tendências esboçadas e possibilidades aventadas por Rogers, de forma especulativa, para um futuro desenvolvimento de algo que ele lhe parecia um caminho promissor, ou seja, a eventual extensão e expansão da ACP para os domínios da experiência típica e exclusivamente enfocados – na psicologia contemporânea – pelas escolas de psicologia transpessoal.

Na verdade, propondo-me a seguir esses indicativos que percebia nas referidas colocações de Rogers, tinha o pretensioso desejo secreto, entendido como meta a longo prazo de meu trabalho, de iniciar por essa pesquisa a construção, apoiada nos sinais favoráveis fornecidos por Rogers, do edifício de uma nova ACP, que fosse não mais simplesmente uma psicologia humanista, mas se consolidasse como uma psicologia transpessoal. Acreditava, assim, que ainda estavam por ser lançadas as bases desse processo de construção, sendo necessário para tanto que alguém – que *modestamente* esperava poder ser eu! – elaborasse e formulasse os fundamentos teóricos e metodológicos do que poderia vir a ser essa possível ACP transpessoal.

Entretanto, anos depois, em uma madrugada em que redigia algum trecho do que viria a ser este livro, ocorreu-me um *insight* perturbador: o que eu via como meta a longo prazo de meu trabalho, na verdade, já estava feito, e não havia sido eu quem o fizera, mas sim o próprio Rogers, sem que ninguém o percebesse! Na *calada da noite*,

274

como quem esconde um tesouro, de forma intencional ou inconsciente, ele havia confeccionado as peças do *quebra-cabeças*, as bases formuladas de uma ACP transpessoal, ampliando, para além da perspectiva humanista, os interesses, os modelos de homem e de ciência, os métodos e técnicas de atuação, o posicionamento teórico e, sobretudo, a postura atitudinal, que definem e caracterizam o *jeito de ser* rogeriano, a abordagem que criou e ajudou a desenvolver.

Ao contrário do *Testamento secreto de Wilhelm Reich*, ou dos *Segredos de Fátima*, trancados sob mil chaves e recomendações, o esconderijo escolhido por Rogers foi outro. O *tesouro* que deixara estava *ali*: em textos publicados, inclusive traduzidos para o português, há anos conhecidos. Tão-somente estava disperso, embaralhado, como disse, em peças de um quebra-cabeças, à espera apenas de alguém que as encontrasse, identificasse, juntasse, e montasse como uma única figura total: *Os fundamentos de uma abordagem transpessoal rogeriana.*

Contando essa impressão que tive à doutora Ronilda Ribeiro, que na ocasião orientava a elaboração de minha dissertação de mestrado, logo lhe ocorreu compará-la a certa temática de contos de fada, algo como a história de alguém que sai em missão à procura de pérolas perdidas e, em meio a mil peripécias e aventuras, termina por encontrá-las nos lugares mais insuspeitos, podendo então o colar ser montado. Para combinar com o clima de conto de fadas, o colar, além do valor e beleza das pedras encontradas, teria naturalmente algum poder mágico e transformador, como o de libertar ou despertar algum reino ou princesa ou, ainda, revelar a identidade principesca do até então humilde buscador. Na verdade, não conheço – ou não me recordo claramente – do conto ou dos contos que desenvolvem a temática, mas a simples menção da idéia envolveu-me em todo um halo de encantadas e misteriosas aventuras orientais...

Maria Bowen (1987b), explicando o significado que tinha para ela o processo da psicoterapia centrada na pessoa afirma, entre outras colocações, que: "O processo de desenvolvimento do potencial é identificar o que já existe lá dentro de nós mesmos em vez de se tornar o que ainda não somos" (p. 88). Mais adiante, complementa:

> Nós, terapeutas, atuamos como recolhedores de informações, nas quais nós pegamos os pedaços desconectados e fragmentados da experiência do cliente e os colocamos juntos, no que nós vivenciamos como uma "impressão integrativa". Nós mandamos então

de volta para o cliente essa "experiência integrativa", refletindo sentimentos, metáforas, afirmações de problemas encobertos ou sugestão de algum experimento. Os clientes, então, usam essas "impressões integrativas" como um processo catalítico para organizar a experiência deles em um novo nível de consciência. (1987b, p. 88)

Já que meus propósitos de ser o inventor ou o construtor da ACP transpessoal foram sabotados pela antecipação de ninguém menos que o próprio Rogers, e já que eu me conformei com o *modesto* papel de facilitador da crise de identidade e de transformação por que passa a ACP, que possa então este livro cumprir sua função de "impressão integrativa" e ajudá-la no *processo de identificar e se tornar aquilo que já existe dentro dela mesma*. Ou seja:

TORNAR-SE TRANSPESSOAL!

Referências bibliográficas

ANSARI, A. *As invocações de Abdullah Ansari*. Rio de Janeiro, Dervishe, 1990.

ASSAGIOLI, R. *Psychosynthèse: principes et techniques*. Paris, EPI, 1976.

ARNOLD, L. The person-centered approach and spiritual development. In: Segrera, A. S. (ed.) *Proceedings of the first international forum of the PCA*, México, 1982.

BARRETO, C.L.B.T. Abordagem centrada na pessoa: reconhecimento de pontos de abertura e direcionamento para uma visão holística da realidade. Texto apresentado no 6º Encuentro Latino del Enfoque Centrado en la Persona. La Paz, Bolívia, 1992.

BERTOLUCCI, E. *Psicologia do sagrado: psicoterapia transpessoal*. São Paulo, Ágora, 1991.

BOHM, D. *A totalidade e a ordem implicada: uma nova percepção da realidade*. São Paulo, Cultrix, 1992.

BOWEN, M.C.V.B. Psicoterapia: o processo, o terapeuta, a aprendizagem. In: SANTOS, A. M.; ROGERS, C. R., e BOWEN, M.C.V.B. *Quando fala o coração: a essência da psicoterapia centrada na pessoa*. Porto Alegre, Artes Médicas, 1987a, pp. 56-66.

_____. Espiritualidade e abordagem centrada na pessoa: interconexão no universo e na psicoterapia. In: SANTOS, A. M.; ROGERS, C. R.; e BOWEN, M.C.V.B. *Quando fala o coração: a essência da psicoterapia centrada na pessoa*. Porto Alegre, Artes Médicas, 1987b, pp. 86-122.

_____. A interiorização das características básicas necessárias para a mudança de personalidade propostas por Carl Rogers. Texto apresentado na 3ª Jornada de Psicologia Humanista. Rio de Janeiro, 1987c.

_____. Uma nova busca: uma experiência de grupo na descoberta interior. Texto apresentado no 4º Fórum Internacional da Abordagem Centrada na Pessoa. Rio de Janeiro, 1989.

_____. Intuition and the person-centered approach. Texto apresentado na 2ª International Conference on Client-Centered and Experiential Psychotherapy, Stirling, Escócia, 1991.

BOZARTH, J.B. Beyond reflection: emergent modes of empathy. In: LEVANT, R.F., e SHLIEN, J.M. (eds.) *Client centered therapy and the person centerd aprroach: new diretions in theory, research and practice.* Nova York, Praeger Publishers, 1984, pp. 59-75.

_____. Quantum theory and the person centered approach. *Journal of Counseling and Development, 64*, 1985, pp. 179-82.

BRANDÃO, D. M. S., e CREMA, R. (orgs.) *Visão holística em psicologia e educação.* São Paulo, Summus, 1991.

BRAZIER, D. (ed.) *Beyond Carl Rogers: towards a psychotherapy of the twenty-first century.* Londres, Constable, 1993.

BROWN, E.A. Intuition and inner guidance. *AHP Newsletter* (maio), 1984, p. 18.

BRYANT-JEFFERIES, R. *From person to transperson-centredness: a future trend?* (texto disponível via *internet* no *site* autor: http://www.hartcentre. demon. co.uk). (s.d).

BUCKE, R.M. Da consciência de si mesmo à consciência cósmica. In: White, J. (org.) *O mais elevado estado da consciência.* São Paulo, Cultrix, 1993, pp. 78-89.

CAPLE, R.B. Counseling and the self-organization paradigm. *Journal of Counseling and Development, 64*, 1985, pp. 173-8.

CAPRA, F. (s.d.) *O ponto de mutação.* São Paulo, Clube do Livro.

CLARK, F. V. Exploring intuition: prospects and possibilities. *Journal of Transpersonal Psychology 5* (2), 1973, pp.156-70.

CORSINI, R. (ed.) *Encyclopedia of psychology.* Nova York, John Wiley, 1984.

COULSON, A. The person centered approach and the reinstatement of the unconscious. Trabalho apresentado ao 6º International Forum on the Person-Centered Approach, Grécia, 1995.

CREMA, R. *Análise transacional centrada na pessoa... e mais além.* São Paulo, Ágora, 1984.

_____. *Introdução à visão holística.* São Paulo, Summus, 1989.

_____. Novos desafios, nova liderança: O facilitador holocentrado. In: BRANDÃO, D.M.S., e CREMA, R. (orgs.) *Visão holística em psicologia e educação.* São Paulo, Summus, 1991, pp. 74-108.

CURY, V. E. *Psicoterapia centrada na pessoa: evolução das formulações sobre a relação terapeuta-cliente.* (Dissertação de mestrado) Universidade de São Paulo, 1987.

_____. *Abordagem centrada na pessoa: um estudo sobre as implicações dos trabalhos com grupos intensivos para a terapia centrada no cliente.* (Tese de doutorado) Universidade de Campinas, 1993.

DeCARVALLHO, R.J. A history of the "Third Force" in psychology. *Journal of Humanistic Psychology 30* (4), 1990, pp. 22-43.

De ROPP, S.R. *The master game beyond the drug experience.* Londres, Georg Allen & Unwin Ltd., 1968.

EVANS, R.I. *Carl Rogers: o homem e suas idéias.* São Paulo, Martins Fontes, 1979.

FADIMAN, J. A posição transpessoal. In: WALSH, R.N., e VAUGHAN, F. (orgs.) *Além do ego: Dimensões transpessoais em psicologia.* São Paulo, Cultrix/Pensamento, 1991, pp. 185-96.

FADIMAN, J., e FRAGER, R. *Teorias da personalidade.* São Paulo, Harper & Row, 1979.

FERGUSON, M. *A conspiração aquariana.* Rio de Janeiro, Record, (s.d.).

FRICK, W. *A psicologia humanista: entrevistas com Maslow, Murphy e Rogers.* Rio de Janeiro, Zahar, 1975.

_____. Subpersonalities: who conducts the orchestra? *Journal of Humanistic Psychology 33* (2), 1993, pp. 122-8.

GOLEMAN, D. Perspectivas em psicologia, na realidade e no estudo da consciência. In: WEIL, P. (org.) *Cartografia da consciência humana.* Petrópolis, Vozes, 1978, pp. 83-100.

GREENING, T. C. (org.) *Psicologia humanista existencial.* Rio de Janeiro, Zahar, 1975.

GROF, S. *Royaumes de l'inconscient humain.* Mônaco, Du Rocher, 1983.

_____. *Psychologie transpersonnelle.* Mônaco, Du Rocher, 1984.

_____. *Além do cérebro.* São Paulo, McGraw-Hill, 1988.

_____. e GROF, C. (orgs.) *Emergência espiritual: crise e transformação pessoal.* São Paulo, Cultrix, 1992.

HALL, C.S., e LINDZEY, G. *Teorias da personalidade* (v. 2, 18ª ed.). São Paulo, EPU, 1984.

HARMAN, J. L. Roger's late conceptualization of the fully functioning individual: correspondence and contrasts with buddhist psychology. *The Person-Centered Journal 2* (4), 1997, pp. 23-31.

HART, J. T. The development of client-centered therapy. In: HART, J.T. e TOMLINSON, T. M. (eds.) *New directions in client centered therapy.* Boston, Houghton Mifflin, 1970a.

_____. Beyond psychotherapy: the applied psychology of the future. In: HART, J.T. e TOMLINSON, T. M. (eds) *New directions in client centered therapy.* Boston, Houghton Mifflin, 1970b.

HART, J.T., e TOMLINSON, T. M. (eds.) *New directions in client centered therapy.* Boston, Houghton Mifflin, 1970.

HOLANDA, A. Repensando as fases do pensamento de Rogers. Trabalho apresentado no 7º Encontro Latino-Americano da Abordagem Centrada na Pessoa. Maragogi, Alagoas, 1994.

HOUSTON, J., e MASTERS, R.E.L. A indução experimental de experiências do tipo religioso. In: WHITE, J. (org.) *O mais elevado estado da consciência.* São Paulo, Cultrix, 1993, pp. 246-59.

HUXLEY, A. *As portas da percepção: céu e inferno.* São Paulo, Clube do Livro, (s.d.).

HYCNER, R. *De pessoa a pessoa: psicoterapia dialógica.* São Paulo, Summus, 1995.

JAFFÉ, A. *Ensaios sobre a psicologia de C. G. Jung.* São Paulo, Cultrix, 1988.

JAMES, W. *As variedades da experiência religiosa.* São Paulo, Cultrix, 1991.

KIRSCHENBAUM, H. Carl Rogers. In: SUHD, M. M. (ed.) *Positive regard.* Palo Alto, Science and Behavior Books, 1995, pp. 1-90.

KRIPPNER, S. Parapsicologia, psicologia transpessoal e o paradigma holístico. In: BRANDÃO, D. M. S., e CREMA, R. (orgs.) *Visão holística em psicologia e educação.* São Paulo, Summus, 1991, pp. 13-23.

KUHN, T. S. *A estrutura das revoluções científicas.* São Paulo, Perspectiva, 1987.

LAING, R. D. A relação entre a experiência transcendental, a religião e a psicose. In: GROF, S., e GROF, C. (orgs.) *Emergência espiritual: crise e transformação pessoal*. São Paulo, Cultrix, 1992, pp. 67-78.

LeSHAN, L. (1974). *The medium, the mystic and the physicist*. Nova York, Random House. (no Brasil, traduzido sob o título: *O médium, o místico e o físico:* por uma teoria geral da paranormalidade). São Paulo, Summus, 1994.

_____. Físicos e místicos: semelhanças na visão de mundo. In: Weil, P. e outros. *Mística e ciência*. Petrópolis, Vozes, 1991, pp. 101-22.

LEVANT, R. F., e SHLIEN, J. M. (eds.) *Client centered therapy and the person centerd aprroach: new diretions in theory, research and practice*. Nova York, Praeger Publishers, 1984.

LEVY, P. Does meditation trust the body? *The Focusing Connection VI* (4), 1989, p. 4.

LIEATER, G.; ROMBAUTS, J.; e VAN BALEN, R. (eds.) *Client-centered psychotherapy in the nineties*. Leuven, Bélgica, Leuven University Press, 1990.

LILLY, J.C. *The centre of the cyclone: an autobiography of inner space*. Londres, Calder & Boyars, 1973.

MASLOW, A.H. *Religious, values and peak-experiences*. Columbus, Ohio State University Press, 1964.

_____. Various meanings of transcendence. *Journal of Transpersonal Psychology 1*(1), 1969, pp. 57-66.

_____. *The farther reaches of human nature*. Nova York, Viking Press, 1971.

_____. Uma teoria da metamotivação: raízes biológicas da vida dos valores. In: WALSH, R.N. e VAUGHAN, F. (orgs.) *Além do ego: dimensões transpessoais em psicologia*. São Paulo, Cultrix/Pensamento, 1991, pp.135-44.

_____. *Introdução à psicologia do ser*. Rio de Janeiro, Eldorado. (s.d.).

MATSON, F. D. Teoria humanista: a terceira revolução em psicologia. In: GREENING, T.C. (org.) *Psicologia humanista existencial*. Rio de Janeiro, Zahar, 1975.

MENDIZABAL, A. A la busqueda de nuestro chamanismo perdido: trascendiendo. Trabalho apresentado no 6º Encuentro Latino del Enfoque Centrado en la Persona. La Paz, Bolívia, 1992.

METZNER, R. *Maps of consciousness*. Nova York, Collier Books, 1971.

MOREIRA, V. *Para além da pessoa: uma revisão crítica da psicoterapia de Carl Rogers*. (Tese de doutorado.) Pontifícia Universidade Católica de São Paulo, 1990.

MOUSSEAU, J. Entrevista com Allan Watts. *Nuevo Planeta* 2, 1970, pp. 48-56.

NACMIAS, E. The spiritual: a state of awareness in person-centered therapy. Texto apresentado ao 4º Fórum Internacional da Abordagem Centrada na Pessoa. Rio de Janeiro, 1988.

NAGELSCHMIDT, A.M. *Argonautas dos espaços interiores: uma introdução à psicologia transpessoal*. São Paulo, Vetor, 1996.

NATIELLO, P. The nature of knowing in the person centered approach. In: SEGRERA, A.S. (ed.) *Proceedings of the first international forum of the PCA*, México, 1982.

O'HARA, M.M. A consciência do terapeuta. In: ROGERS, C.R. e outros. *Em busca de vida: da terapia centrada no cliente à abordagem centrada na pessoa*. São Paulo, Summus, 1983, pp. 97-104.

O'HARA, M.M. e WOOD, J.K. Patterns of awareness: consciousness and the group mind. *Gestalt Journal 6* (2), 1983, pp. 103-16.

ORNSTEIN, R. *Multimind: a new way of looking at human behavior.* Nova York, Houghton Mifflin Co., 1986.

PRIGOGINE, I. *From being to becoming.* São Francisco, W. H. Freeman, 1979.

PUENTE, M. de la. *Carl Rogers: de la psychotherapie a l'enseignement.* Paris, EPI Editeurs, 1970.

RING, K. Uma visão transpessoal da consciência: mapeamento das mais distantes regiões do espaço interior. In: WEIL, P. (org.) *Cartografia da consciência humana.* Petrópolis, Vozes, 1978, pp. 55-98.

ROGERS, C.R. The necessary and sufficient conditions of therapeutic personality change. *Journal of Counsulting Psychology 21,* 1957, pp. 95-103

_____. A theory of therapy, personality, and interpersonal relationships, as developed in the client-centered framework. In: KOCH, S. (ed.) *Psychology: a study of a science, v. III.* Nova York, McGraw-Hill, 1959, pp.184-256.

_____. *Grupos de encontro.* Lisboa, Martins Fontes, 1974.

_____. *Sobre o poder pessoal.* São Paulo, Martins Fontes, 1978.

_____. The formative tendency. *Journal of Humanistic Psychology, 18* (1), 1978a, pp. 23-6.

_____. *A way of being.* Boston, Houghton Mifflin Co., 1980.

_____. *Tornar-se pessoa.* São Paulo, Martins Fontes, 1982.

_____. *Um jeito de ser.* São Paulo, EPU, 1983a.

_____. Um novo mundo: uma nova pessoa. In: ROGERS, C.R. e outros. *Em busca de vida: da terapia centrada no cliente à abordagem centrada na pessoa.* São Paulo, Summus, 1983b, pp. 9-20.

_____. Reaction to Gunnison's article on the similarities between Erickson and Rogers. *Journal of Counseling and Development, v.* 63 (maio), 1985.

ROGERS, C.R.; STEVENS, B.; e outros. *De pessoa para pessoa: o problema do ser humano.* São Paulo, Pioneira, 1976.

ROGERS, C.R. e KINGET, G.M. *Psicoterapia e relações humanas.* Belo Horizonte, Interlivros, 1977.

ROGERS, C.R. e ROSENBERG, R.L. *A pessoa como centro.* São Paulo, EDU/EDUSP, 1977.

ROGERS, C.R. e WOOD, J.K. Teoria centrada no cliente. In: BURTON, A. *Teorias operacionais da personalidade.* Rio de Janeiro, Imago, 1978, pp.193-232.

ROGERS, C.R. e outros. *Em busca de vida: da terapia centrada no cliente à abordagem centrada na pessoa.* São Paulo, Summus, 1983.

ROGERS, N. *A mulher emergente: uma experiência de vida.* São Paulo, Martins Fontes, 1993.

ROSAK, T. *Para uma contracultura.* Lisboa, Dom Quixote. (s.d.)

RUD, C. A. Acercamiento centrado en la persona. In: BODAS, A.S. (ed.) *Psicoterapias en Argentina: como ayudan los que ayudan.* Buenos Aires, Holos, 1994, pp. 196-235.

SÁ, L. H.. Abordagem centrada na pessoa: sinal dos tempos. Texto apresentado ao 4º Fórum Internacional da Abordagem Centrada na Pessoa. Rio de Janeiro, 1989.

SANFORD, R. The theory of the person-centered approach and the theory of chaos: from Rogers to Gleick and back again. In: BRAZIER, D. (ed.) *Beyond Carl Rogers: towards a psychotherapy of the twenty-first century.* Londres, Constable, 1993, pp. 253-73.

SANTOS, A.M. *Momentos mágicos: a natureza do processo energético humano.* Brasília, Centro Gráfico do Senado Federal, (s.d.).

SANTOS, A.M., ROGERS, C.R.; e BOWEN, M.C.V.B. *Quando fala o coração: a essência da psicoterapia centrada na pessoa.* Porto Alegre, Artes Médicas, 1987.

SEGRERA, A. S. (ed.) *Proceedings of the first international forum of the PCA.* México, 1982.

SILVA, E.P. Gurdjieff e Rogers: a pessoa harmoniosa, presente e futuro. Texto apresentado no 4º Fórum Internacional da Abordagem Centrada na Pessoa. Rio de Janeiro, 1989.

SILVEIRA, G.M. A evolução do terapeuta: do terapeuta centrado na técnica ao terapeuta holocentrado – a evolução do ser: do ser existencial ao ser essencial. Trabalho apresentado no Fórum Brasileiro da Abordagem Centrada na Pessoa, Rio de Janeiro, 1996.

SMITH, M.B. Humanistic psychology. *Journal of Humanistic Psychology 30* (4), 1990, pp. 6-21.

SOUSA SANTOS, B. Um discurso sobre as ciências na transição para uma ciência pós-moderna. *Revista Estudos Avançados – USP 2* (2), 1988.

SPAHN, D. Observations on healing and person-centered appproach. *Person-Centered Journal 1* (1), 1992, pp. 33-7.

SUHD, M.M. (ed.) *Positive regard.* Palo Alto, Science and Behavior Books, 1995.

STAMATIADIS, R. Sharing life therapy: a personal and extended way of being with clients. *Person Centered Rewiew, v. 5* (3), 1990, pp. 287-307.

SUTICH, A. Transpersonal therapy. *Journal of Transpersonal Psychology 5* (1), 1973, pp. 2-6.

_____. Algumas considerações a respeito da psicologia transpessoal. In: WEIL, P. e outros. *Mística e ciência.* Petrópolis, Vozes, 1991, 21-35.

TABONE, M. *A psicologia transpessoal.* São Paulo, Cultrix, 1988.

TART, C. *Altereted states of consciousness.* Nova York, Douton, 1977.

_____. *Psicologias transpersonales.* (Vol. 1) Buenos Aires, Paidós, 1979.

_____. Fundamentos científicos para o estudo de estados de consciência. In: Weil, P. (org.) *Mística e ciência.* Petrópolis, Vozes, 1991, pp. 37-79.

TEILHARD DE CHARDIN, P. *O fenômeno humano.* São Paulo, Herder, 1970.

THORNE, B. *Person-centered counselling: therapeutic and spiritual dimensions.* Londres, Whurr Publishers, 1993.

VAN BELLE, H. A. Roger's later move toward mysticism: implications for client-centred therapy. In: LIEATER, G.; ROMBAUTS, J.; e VAN BALEN, R. (eds.) *Client-centered psychotherapy in the nineties.* Leuven, Bélgica, Leuven University Press, 1990.

VAN DUNSEN, W. A profundidade natural do homem. In: ROGERS, C. R.; STEVENS, B.; e outros. *De pessoa para pessoa: o problema do ser humano.* São Paulo, Pioneira, 1976.

VAN KALMTHOUT, M. A. On the personal and the universal. Texto apresentado na II

International Conference on Cient Centered and Experiential Psychoterapy, Stirling, Escócia, 1991.

_____. Religious dimension of Rogers' work. *Journal of Humanistic Psychology, 35* (4), 1995, pp. 23-39.

VAUGHAN, F. *Awakening intuition.* Nova York, Anchor Books, 1979.

_____. Discovering transpersonal identity. *Journal of Humanistic Psychology, 25* (3), 1985, pp.13-37.

WALSH, R.N., e VAUGHAN, F. Beyond the ego: toward transpersonal models of the person and psychoterapy. *Journal of Humanistic Psychology, 20* (1), 1980.

_____. O que é a pessoa?. In: WALSH, R.N., e VAUGHAAN, F. (orgs.) *Além do ego: dimensões transpessoais em psicologia.* São Paulo, Cultrix/Pensamento, 1991, pp. 60-9.

WALSH, R.N. e VAUGHAN, F. (orgs.) *Além do ego: dimensões transpessoais em psicologia.* São Paulo, Cultrix/Pensamento, 1991.

WEIL, P. *A consciência cósmica: uma introdução à psicologia transpessoal.* (2ª ed.) Petrópolis, Vozes, 1978.

_____. A resistência ao transpessoal e a abordagem holística do real. *Revista Thot, 51,* 1989, p. 35-9.

WEIL, P. (org.) *Experiência cósmica e psicose.* Petrópolis, Vozes, 1978.

WEIL, P. e outros *Mística e ciência.* (2ª ed.) Petrópolis, Vozes, 1991.

WHITE, J. (org.). *O mais elevado estado da consciência.* São Paulo, Cultrix, 1993.

WILBER, K. *The atman project.* Wheaton, Quest, 1980.

_____. *O espectro da consciência.* São Paulo, Cultrix, 1990.

_____. *Consciência sem fronteiras: pontos de vista do Oriente e do Ocidente sobre o crescimento pessoal.* São Paulo, Cultrix, 1991.

WILBER, K. (org.). *O paradigma holográfico e outros paradoxos.* São Paulo, Cultrix, 1991.

WOOD, J.K. "Não se presume que um grupo faça você se sentir bem". In: ROGERS, C.R. e outros. *Em busca de vida: da terapia centrada no cliente à abordagem centrada na pessoa.* São Paulo, Summus, 1983a, pp. 89-93.

_____. Sombras da entrega. In: ROGERS, C.R. e outros. *Em busca de vida: da terapia centrada no cliente à abordagem centrada na pessoa.* São Paulo, Summus, 1983b, pp. 23-44.

_____. Terapia de grupo centrada na pessoa. In: ROGERS, C.R. e outros. *Em busca de vida: da terapia centrada no cliente à abordagem centrada na pessoa.* São Paulo, Summus, 1983c, pp. 45-88.

_____. Community trance-formation. *Journey 3* (1), 1983d, pp. 5-11.

_____. Communities for learning: a person centered approach. In: LEVANT, R. F., e SHLIEN, J. M. (eds.) *Client centered therapy and the person centered approach: new diretions in theory, research and practice.* Nova York, Praeger Publishers, 1984, pp. 297-316

_____. Estados de consciência. In: WOOD, J. K. *Vestígios de espanto.* São Paulo, Ágora, 1985, pp. 55-68.

_____. *Um ensaio para entender o efeito do grupo.* (Texto não-publicado) Campinas, 1989.

_____. *Everything and nothing: client-centered therapy, the person centered approach and beyond.* (Texto não-publicado) 1990.

WOOD, J. K. Dimensões dos grandes grupos. In: BRANDÃO, D.M.S. e CREMA, R. *Visão holística em psicologia e educação*. São Paulo, Summus, 1991, pp. 67-73.

_____. Da abordagem centrada na pessoa à terapia centrada no cliente: uma retrospectiva de 60 anos. In: WOOD, J. K. *Abordagem centrada na pessoa*. Vitória, Fundação Ceciliano Abel de Almeida, 1994.

_____. Carl Rogers and transpersonal psychology. Trabalho apresentado no 6º Congresso Holístico e Transpessoal Internacional. Águas de Lindóia, 1997.

WOOD, J. K. (org.) *Abordagem centrada na pessoa*. Vitória, Fundação Ceciliano Abel de Almeida, 1994.

ZOHAR, D. *O ser quântico*. (2ª ed.). São Paulo, Best Seller, (s.d.).

Elias Boainain Jr.

Paulistano, 43 anos, radicado na região de Taubaté, São Paulo, define-se como um "psicólogo transpessoal rogeriano".

Foi membro fundador e conselheiro, por mais de uma gestão, do Núcleo Paulista da Abordagem Centrada na Pessoa, e professor das Faculdades Metropolitanas Unidas e da Universidade de Mogi das Cruzes, nas disciplinas "Teorias e Técnicas de Aconselhamento Psicológico" e "Teorias e Sistemas Psicológicos", bem como docente do Curso de Especialização em Abordagem Centrada na Pessoa do Instituto Sedes Sapientiae, de São Paulo. Atualmente leciona "Psicologia Geral" e "Psicologia da Personalidade" na Universidade de Taubaté, e faz parte da equipe docente do Curso de Formação em Abordagem Centrada na Pessoa, promovido em São Paulo pelo Centro de Psicologia da Pessoa, do Rio de Janeiro.

É mestre em Psicologia pela Universidade de São Paulo, onde cursa o doutorado e integra o Laboratório de Estudos e Pesquisas do Potencial Humano.

www.gruposummus.com.br